Die Finanzierung internationaler Umweltpolitik

Aike Müller

Die Finanzierung internationaler Umweltpolitik

Eine Erklärung des Vergabeverhaltens und der ungleichen Beteiligung von OECD-Geberländern bei der Vergabe von Umwelthilfe

PETER LANG
Frankfurt am Main · Berlin · Bern · Bruxelles · New York · Oxford · Wien

Bibliografische Information der Deutschen Nationalbibliothek
Die Deutsche Nationalbibliothek verzeichnet diese Publikation in der Deutschen Nationalbibliografie; detaillierte bibliografische Daten sind im Internet über http://dnb.d-nb.de abrufbar.

Zugl.: Hamburg, Univ., Diss., 2011

Umschlaggestaltung:
© Olaf Gloeckler, Atelier Platen, Friedberg

Gedruckt auf alterungsbeständigem, säurefreiem Papier.

D 18
ISBN 978-3-631-61816-5

www.peterlang.de

Vorwort

Das vorliegende Buch ist eine leicht überarbeitete, korrigierte und gekürzte Fassung meiner am 06. Juli 2010 am Fachbereich Sozialwissenschaften der Universität Hamburg eingereichten Dissertation. Sie widmet sich der Finanzierung internationaler Umweltpolitik. Ursprünglich sollte mit der Arbeit gezeigt werden, dass der globale Umweltschutz – gemessen an seiner Bedeutung – chronisch unterfinanziert ist. Außerdem sollten Auswege aus dem Finanzierungsdilemma aufgezeigt werden. Nach einiger Beschäftigung mit dem Thema stellte sich schnell heraus, dass dieser Ansatz wissenschaftlich kaum umzusetzen war, ohne sich in einer rein normativen Argumentation zu verlieren. Von der internationalen Armutsbekämpfung bis zur nationalen Bildungspolitik sind praktisch alle wichtigen Politikfelder unterfinanziert. Hieran wird sich aufgrund der steigenden Schuldenproblematik in den nächsten Jahrzehnten kaum etwas ändern. Daher rückte eine andere Frage in den Mittelpunkt des Forschungsinteresses: Welche Faktoren können die unterschiedliche Gebebereitschaft und die ungleiche Beteiligung der größten Industrieländer an der Finanzierung globaler Herausforderungen wie den Umweltschutz überhaupt erklären? Antworten hierauf liefern auch Indizien dafür, warum für wichtige Politikbereiche nicht genügend finanzielle Ressourcen aufgebracht werden.

Die Beteiligung an dieser Arbeit war vielfältig. Im Gegensatz zur Umwelthilfe war diese allerdings rein altruistisch motiviert. Dass sie in dieser Form vorgelegt werden konnte, ist das Ergebnis eines langen Weges, den der Verfasser im Jahr 2005 eingeschlagen hat. Sie wäre ohne die Unterstützung von Freunden, Kollegen und Familie in dieser Form nicht möglich gewesen.

Besonders danken möchte ich meiner Doktormutter Prof. Dr. Katharina Holzinger für die Betreuung dieser Arbeit. Als ich im April des Jahres 2005 eine Stelle als wissenschaftlicher Mitarbeiter am neu gegründeten Centrum für Globalisierung und Governance (CGG) an der Universität Hamburg antrat, übernahm sie diese Aufgabe mehr oder weniger zufällig auf der Grundlage eines zwanzigseitigen Exposés. Ihr hoher wissenschaftlicher Anspruch, ihre reflektierten Ratschläge, aber auch ihre aufmunternden Worte und zuweilen sanfter ‚institutioneller' Druck haben maßgeblich dazu beigetragen, dass die vorliegende Schrift im positiven Sinne nur noch wenig mit der ursprünglich formulierten Forschungsidee zu tun hat. Das Betreuungsverhältnis bestand auch nach einem Ruf an die Universität Konstanz fort. Besonderen Dank schulde ich auch Prof. Dr. Kai-Uwe Schnapp für die Betreuung und Begutachtung. Herr Schnapp übernahm trotz zahlreicher anderer Aufgaben als Prodekan und diverser universitärer Ämter erst im zweiten Drittel die Betreuung und konnte insbesondere in methodischer Hinsicht wertvolle Hinweise geben.

Einen außerordentlich großen Beitrag zur Qualität (und Quantität) der Arbeit hat auch Prof. Dr. Christian Martin geleistet. Als Juniorprofessor für Politikwissenschaft an der Universität Hamburg war er von Beginn an in das Projekt eingebunden. Er war bis zur Aufnahme einer Tätigkeit als Visiting Professor an der Northwestern University in Chicago der Zweitbetreuer dieser Arbeit. Seine analytischen Fähigkeiten, sein Kenntnisreichtum quantitativer Methoden, aber auch sein wissenschaftlicher Pragmatismus waren stets Vorbild und wichtiger Ansporn. Des Weiteren möchte ich auch dem wechselnd zusammengesetzten Direktorium des CGG an der Universität Hamburg für nicht immer einfache, aber mit zahlreichen akademischen Freiheitsgraden versehene Arbeitsbedingungen danken. Zu nennen sind hier insbesondere Prof. Dr. Birgit Pfau-Effinger, Prof. Sonja Drobnič (PhD), Prof. Dr. Jürgen Beyer sowie Prof. Dr. Friedbert W. Rüb. Als studentische Hilfskräfte am CGG haben Jörn Unsöld, Marie Popp und Elena Chliamina dafür gesorgt, dass mehr Zeit für die Dissertation blieb und mir so manchen Gang in die Bibliothek erspart.

Außerdem haben mich Freunde, Kollegen und Doktoranden innerhalb und außerhalb der Universität in zahlreichen Gesprächen, Seminaren und Kolloquien durch kluge und skeptische Hinweise unterstützt. Hierzu möchte ich in alphabetischer Reihenfolge Dr. Roman Buss, Prof. Dr. Anita Engels, Prof. Dr. Michael Th. Greven, Dr. Sebastian Haunss, Prof. Dr. Cord Jakobeit, Dr. Lisa Knoll, Dr. Angela Oels, Dr. James Scorer, Prof. Dr. Bernd Siebenhüner, Dr. Thomas Sommerer und Nils Steiner besonders hervorheben. Zu diesem Kreis gehört auch der Kollege Martin Huth, der kurz nach Abgabe dieser Arbeit für mich völlig überraschend verstarb. Mir werden die vielen fachlichen und privaten Gespräche in guter Erinnerung bleiben.

Ganz besonders danke ich meinen Eltern, meinem Bruder, meiner Frau Constanze und meinem Sohn Aaron, denen ich diese Arbeit widme. Meine Eltern haben das „Projekt“ immer unterstützt. Meine Mutter hat alle Kapitel mit Lehrerblick auf orthografische und grammatikalische Richtigkeit geprüft. Constanze hat sowohl die produktiven und spannenden Phasen als auch die bei einer solch langwierigen Arbeit zwangsläufig auftretenden Durststrecken mit mir durchlebt. Vor allem hat sie mich motiviert und mir den Rücken freigehalten, als es nach Stadt- und Jobwechsel darum ging, diese Doktorarbeit in viel zu vielen Feierabend- und Wochenendschichten fertigzustellen. Ohne ihre Unterstützung und Motivationshilfen wäre dies nicht gelungen.

Während der Promotionszeit wurde mein Sohn Aaron geboren. Die notwendige Flucht ins Außerakademische gelang mir in seiner Gegenwart stets am besten.

Inhaltsverzeichnis

ABBILDUNGEN

TABELLEN

ABKÜRZUNGEN

AfDF	African Development Bank
AsDF	Asian Development Bank
AU	Allgemeiner Umweltschutz
BFI	Broad Framework Indicator
Biodiv	Übereinkommen über die Biologische Vielfalt
BIP/BNE	Bruttoinlandsprodukt / Bruttonationaleinkommen
Cartagena	Internationales Protokoll über die biologische Sicherheit
CBD	Convention on Biological Diversity
CCD	Convention to Combat Desertification
CDM	Clean Development Mechanism
CEO	Chief Executive Officer
CEPIA	Country Environmental Policy and Institutional Assessment Indicator
Cites	Washingtoner Artenschutzübereinkommen
COP	Conference of Parties
CRS	Creditor Reporting System
DAC	Development Assistance Committee
DAG	Development Assistance Group
DI	donor interest
EAs	Enabling Activities
ebd.	ebenda
EF	Environment Fund (UNEP)
EOA	Environment-oriented aid (Umweltorientierte Entwicklungshilfe)
ExComm	Exekutivkomitee
FAO	Food and Agricultural Organisation
FCCC	Framework Convention on Climate Change
FCKW	Fluorchlorkohlenwasserstoff
FSPs	Full Sized Projects
GATT	General Agreement on Tariffs and Trade
GBI	GEF Benefits Index
GEF	Global Environment Facility / Globale Umweltfazilität
GET	Global Environment Trust Fonds
GFATM	Global Fund to Fight Tuberculosis, Aids and Malaria
GNI	Gross National Income
GPG/IPG	Global Public Goods/International Public Good
GPI	GEF Performance Index
Heritage	Übereinkommen zum Schutz des Kultur- und Naturerbes der Welt
IBRD	International Bank for Reconstruction and Development
IDA	International Development Association
IDB	Inter-American Development Bank (Special Operation Fund)
IEA	International Energy Agency

IFAD	International Fund for Agricultural Development
IPCC	Intergovernmental Panel on Climate Change
IUCN	International Union for Conservation of Nature and Natural Resources
MDG	Millennium Development Goals
MOP	Meeting of Parties
MSPs	Medium-Sized Projects
NGO	Non Governmental Organisation
NPG	National Public Good
NSF	National Science Foundation
ODA	Official Development Assistance
OECD	Organisation for Economic Co-Operation and Development
OLS	Ordinary Least Squares
OP	Operational Programme
PCSE	Panel Corrected Standard Errors
PD/GG	Participatory Development / Good Governance
POA	Policy Objective of Aid
POP	Stockholmer Übereinkommen über Persistente Organische Schadstoffe
PPI	Portfolio Performance Indicator
PPP	Public Private Partnerships
RAF	Resource Allocation Framework
Ramsar	Ramsar-Konvention über Feuchtgebiete
REDD	Reducing Emissions from Deforestation and Forest-Degradation
RN	recipient need
SDR	Special Drawing Rights
SR/SC	Sicherheitsrat/Security Council
Timber	Internationales Tropenholzübereinkommen
UNAIDS	Joint United Nations Programme on HIV/AIDS
UNCED	United Nations Conference on Environment & Development
UNCLOS	United Nations Convention on the Law of the Seas
UNDP	United Nations Development Programme
UNEP	United Nations Environment Programme
UNFCCC	Klimarahmenkonvention
UNICEF	United Nations Children's Fund
UNIDO	United Nations Industrial Development Organisation
UNON	United Nations Office Nairobi
USAID	U.S. Agency for International Development.
WBGU	Wissenschaftlicher Beirat der Bundesregierung Globale Umweltveränderungen

"In view of the different contributions to global environmental degradation, States have common but differentiated responsibilities. The developed countries acknowledge the responsibility that they bear in the international pursuit to sustainable development in view of the pressures their societies place on the global environment and of the technologies and financial resources they command".

(Rio Declaration on Environment and Development, Principle 7)

1 Einleitung

Im Zentrum dieser Arbeit steht die *Finanzierung internationaler Umweltpolitik.* Im Gegensatz zur Umweltpolitik gehören die Finanzpolitik im Allgemeinen und Finanzierungsfragen einzelner Politikaspekte im Besonderen zum Bereich der ‚high politics', dem große Wichtigkeit beigemessen und Aufmerksamkeit zuteil wird. Ob über den Haushalt der Bundesregierung Deutschland, den Haushalt der Vereinten Nationen, den Etat der Europäischen Union oder ob auf internationalen Geberkonferenzen über die Wiederauffüllung der Globalen Umweltfazilität[1] (GEF) oder Wiederaufbauhilfe für von Krieg- oder Naturkatastrophen zerstörte Regionen beraten wird: Die Verteilung von knappen finanziellen Mitteln auf verschiedene Akteure mit großen Begehrlichkeiten und unterschiedlichen Interessenskonstellationen stellt sich häufig als problematisch dar. Es sind Finanzierungsfragen, die im Mittelpunkt von politischen Verhandlungen stehen, eine politische Einigung erschweren, möglich machen oder mit denen politischer Druck ausgeübt wird[2].

Umweltpolitik wurde lange Zeit im Bereich der ‚low politics'[3] verortet, deren Priorität einer Art politischem Konjunkturzyklus (Downs 1972) unterliegt und besonders während Krisenzeiten Gefahr läuft, von Politikfeldern wie Ökonomie, Sicherheitspolitik oder Finanzpolitik verdrängt zu werden, denen kurz- und mittelfristig eine höhere politische Relevanz beigemessen wird:

> „Because policy-makers must adopt a short-term view of matters, they are unlikely to be highly concerned with international environmental problems. Economic and security concerns will sweep away inconvenient environmental policies in times of political crisis" (Barkdull/Harris 2002: 70).

---

1 Global Environment Facility.

2 Ein Beispiel aus dem politischen Tagesgeschäft ist der sogenannte „Britenrabatt", der regelmäßig auf der Tagesordnung des Rates der Europäischen Union steht.

3 Die Unterscheidung zwischen ‚high' und ‚low' politics (manchmal auch ‚hard' und ‚soft' politics) ist in der politikwissenschaftlichen Teildisziplin der internationalen Beziehungen durchaus gebräuchlich, aber nicht unumstritten und geht auf die (neo)realistische Theorieschule zurück (vgl. etwa Keohane/Nye 1989).

Dies steht im Widerspruch zur Bedeutung der Probleme. Umweltprobleme sind längst nicht mehr lokal begrenzt, sondern haben ein globales Ausmaß erreicht: Der Klimawandel, die Zerstörung der Ozonschicht, die Verschmutzung und Überfischung der Weltmeere, die legale und illegale Rodung von Tropenwäldern, Biodiversitätsverluste oder Desertifikation konterkarieren die Wirtschafts- und Lebensweise der zukünftigen Generationen. Nicht wenige Autoren sehen diese Probleme als Auslöser für politische Krisen oder kriegerische Auseinandersetzungen (vgl. Homer-Dixon 1991, Carius/Lietzmann 1998, Gleditsch 2001)[4].

Im Schlepptau einer starken öffentlichen Sensibilisierung für die Folgen des globalen Klimawandels ist die Umweltpolitik in den letzten Jahren wieder verstärkt auf die nationale und internationale Agenda gerückt. Hierfür gibt es verschiedene Gründe. Neben der Häufung extremer Wetterphänomene und einem sehr milden Winter 2006/2007 waren es vor allem zwei Berichte, welche den weltweiten Klimawandel und die damit verbundenen Kosten thematisierten und in den Mittelpunkt des öffentlichen und politischen Interesses rückten: Im Oktober des Jahres 2006 stellte die britische Regierung einen 700seitigen Bericht vor, den der ehemalige Weltbank-Chefökonom Sir Nicholas Stern im Auftrag der Regierung verfasst hatte. Anhand verschiedener ökonomischer Modelle und Szenarien schätzt Stern den volkswirtschaftlichen Schaden eines ungebremsten Klimawandels auf ein Äquivalent von 5 % des weltweiten Bruttoinlandsprodukts (BIP) jährlich. Je nach Modell können sich diese Kosten aber auch auf bis zu 20 % des weltweiten BIPs belaufen. Im Vergleich hierzu werden sich die Kosten bei entschlossenem umweltpolitischen Handeln, das auf die Abwendung der schlimmsten Folgen des globalen Klimawandels abzielt, auf jährlich ca. 1 % des weltweiten BIPs belaufen Hierfür steht in etwa ein Zeitfenster von 10-20 Jahren zur Verfügung (Stern 2007)[5]. Einen weiteren Schub erhielt das Thema Umwelt- und Klimaschutz durch die Veröffentlichung des vierten Weltklimaberichts des Weltklimarates (IPCC - Intergovernmental Panel on Climate Change), der auch die letzten ernstzunehmenden Zweifel am anthropogenen Treibhaus-

4 In jüngerer Zeit weisen zahlreiche Autoren außerdem auf den Zusammenhang zwischen natürlichen Ressourcen und (gewaltsamen) Konflikten hin (Bannon/Collier 2003, Ross 2004). Die massive Konzentration des Vorkommens der Energieträger Öl und Gas in zwei politisch konfliktträchtigen Regionen der Welt stufen andere Autoren (Müller 2003b, Umbach 2003, Carius et al. 2003) bereits kurz- und mittelfristig als ein Risiko für die Gewährleistung der Energiesicherheit ein.

5 Im Jahr 2006 belief sich das weltweite BIP auf ca. 47 Billionen US-$ (World Bank 2008), ein Prozent dieser Summe entsprechen also ca. 470 Mrd. US-$, die jährlich in den Umbau der Volkswirtschaften fließen müssten, um den schlimmsten Folgen des Klimawandels entgegenzuwirken. Der Stern-Report wurde allerdings vor der momentanen Finanz- und Wirtschaftskrise veröffentlicht, die für einen massiven weltweiten Konjunktureinbruch verantwortlich war.

effekt und seinen Folgen beseitigt und Sterns Prognosen weitestgehend bestätigt (IPCC 2007).

Für den weltweiten Klimawandel und die meisten der oben geschilderten globalen Umweltprobleme sind die entwickelten Industrieländer aufgrund ihrer rasanten industriellen Entwicklung in der Vergangenheit überproportional verantwortlich. Allerdings sind es vor allem die Entwicklungsländer, die aufgrund ihrer geographischen Lage, ihrer wirtschaftlichen Entwicklung und politisch-administrativer Kapazitäten ungleich stärker an den Folgen von Klimawandel und Umweltstress leiden werden.

Nicht nur aus diesem Grund stimmen die umweltpolitischen Prioritäten der Industrie- und Entwicklungsländer bei den internationalen Bemühungen zur Lösung globaler Umweltprobleme nicht überein. Entwicklungsländer betrachten die Forderung seitens der Industrieländer nach ihrer Beteiligung an der Lösung globaler Umweltprobleme mit Skepsis, betonen ihr Recht auf eigene wirtschaftliche Entwicklung und verweisen darauf, dass die Industrieländer als Hauptverursacher globaler Umweltprobleme eine entsprechende Verantwortung tragen müssen. Bei der Zusammenarbeit zur Lösung globaler Umweltprobleme sind also Kosten und Nutzen ungleich verteilt. Während die „Nachfrage" nach postmateriellen Gütern (Inglehart 1990: 291ff) wie Umweltschutz mit steigendem Einkommen und Wohlstand steigt, sind Regierungen armer oder krisengeschüttelter Länder selten willens, knappe finanzielle Mittel ausgerechnet im Bereich des Umweltschutzes einzusetzen (Bedarff et al. 1995: 318, Porter et al. 2000: 57f)[6].

Verschärft wird die Situation dadurch, dass Länder wie China und Indien durch ihr rasantes Wirtschaftswachstum in den vergangenen Jahren immer stärker auch zu globalen Umweltproblemen wie etwa dem Klimawandel beitragen. So hat China die Vereinigten Staaten als weltweit größtem CO_2-Emittenten in absoluten Zahlen (Gigatonnen) längst abgelöst. Gemessen an den CO_2-Emissionen pro Kopf liegt China mit rund 4,6 Tonnen (t) CO_2 weltweit auf Rang 59 (USA: Rang 7, 19 t) der größten CO_2-Emittenten (IEA 2009: 177). Eine effektive Lösung globaler Umweltprobleme macht deshalb die Einbindung dieser Länder in die internationalen Verhandlungsbemühungen unabdingbar. Bei den Verhandlungen über die Zukunft des internationalen Klimaschutzregimes über

6 Diese Argumentation orientiert sich an der Logik der Diskussion um die empirische Evidenz von 'Environmental Kuznets Curves'. Die Idee hierzu ist dem ursprünglichen Konzept von Simon Kuznets entlehnt und besagt, dass wirtschaftliches Wachstum kurzfristig zu ungleicher Einkommensverteilung führt aber langfristig in einer ausgeglichenen Verteilung mündet (Kuznets 1955). Diese Logik wurde in den neunziger Jahren auf den Umweltbereich übertragen. Analog lautet das Argument, dass die Umweltbelastung in frühen Phasen wirtschaftlichen Wachstums (etwa in Entwicklungsländern) langfristig wieder abnimmt, wenn ein bestimmtes Wohlfahrtsniveau erreicht ist (Vgl. Grossman/Krueger 1995 oder Stern et al. 1996, Martin 2005).

Kyoto hinaus wird die Einbindung der Entwicklungs- und Schwellenländer deshalb eine entscheidende Rolle spielen. Die USA haben in den vergangenen Jahren stets darauf verwiesen haben, dass sie sich nicht an einem Regime beteiligen, welches die Entwicklungsländer nicht in Reduktionsverpflichtungen einbezieht. Die Vereinigten Staaten weigerten sich außerdem lange, umweltpolitischen Vereinbarungen zuzustimmen, die mit direkten finanziellen Zuwendungen an Entwicklungsländer verbunden waren oder Patentrechte amerikanischer Firmen beeinträchtigten (Harris 2001a: 18).

Das zähe Ringen um konkrete finanzielle Zusagen von Seiten der Industrieländer ließ sich zuletzt im Vorfeld des letzten Klimagipfels von Kopenhagen im Dezember 2009 sogar in der Tagespresse verfolgen (Handelsblatt 2009a, 2009b, FAZ 2009, Neues Deutschland 2009). Expertenschätzungen gehen davon aus, dass ab dem Jahr 2020 jährlich rund 100 Mrd. US-$[7] für Klimaschutz- und Anpassungsmaßnahmen zur Verfügung gestellt werden müssen. Woher diese Mittel kommen sollen und wie die Lasten innerhalb der Gruppe der Industrieländer geteilt werden sollen, konnte selbst bei progressiven Akteuren wie der EU nicht geklärt werden. Die EU ging schließlich ohne konkrete Finanzierungszusagen in die Verhandlungen von Kopenhagen. Sie einigte sich aber darauf, dass von den oben genannten 100 Mrd. US-$ zwischen 22 – 50 Mrd. aus öffentlichen Mitteln kommen müsse. Die EU wolle hieran einen fairen Anteil tragen (FTD Deutschland 2009).

In der völkerrechtlich unverbindlichen Abschlusserklärung des Kopenhagen-Gipfels (Copenhagen-Accord)[8] findet sich eine ebenso allgemeine Formulierung zu den finanziellen Aspekten einer neuen Klimavereinbarung. Die Industrieländer bekennen sich grundsätzlich zur gemeinsamen Mobilisierung von 100 Mrd. US-$ ab dem Jahr 2020. Etwas konkreter ist die Zusage, für die Jahre zwischen 2010 und 2012 gemeinsam rund 30 Mrd. US-$ bereitzustellen. Dieses Geld soll überwiegend für Anpassungsmaßnahmen, Technologieentwicklung und Waldschutzmaßnahmen (REDD)[9] ausgegeben werden und dient als Schnellstarterfonds (WEF 2010: 19). Die genaue Ausgestaltung und finanzielle Lastenteilung bleibt aber weiterhin ungeklärt und wird eine der zentralen Aufgaben des weiteren Verhandlungsprozesses sein. Dennoch loben Beobachter die Tatsache, dass konkrete Zahlen in die Abschlusserklärung aufgenommen wurden (ENB 2009). Sie kann als Entgegenkommen an die Entwicklungsländer gewertet werden, sich an einem internationalen Klimaabkommen mit eigenen konkreten Reduktionszielen zu beteiligen. Die meisten Entwicklungsländer machen ihre Beteiligung an der Lösung globaler Umweltprobleme davon abhängig, ob

7 In dieser Arbeit werden Zahlungen in US-$ zu jeweiligen Preisen angegeben, sofern dies nicht ausdrücklich anders angegeben wird.

8 www.bmu.de/files/english/pdf/application/pdf/cop15_cph_auv_bf.pdf (22.01.2010).

9 Reducing Emissions from Deforestation and Forest-Degradation.

die entstehenden Mehrkosten durch den Umweltschutz von den Industrieländern getragen werden.

Auf dem Weltgipfel für Umwelt und Entwicklung im Jahr 1992 in Rio (UNCED[10]) wurden die unterschiedlichen Interessen zwischen Industrie- und Entwicklungsländern erstmalig öffentlich sichtbar. Neben der Unterzeichnung einer Reihe wichtiger Konventionen und Deklarationen zum Schutz der globalen Umwelt[11] wurde die Vergabe von Umwelthilfe durch die grundlegende Reform der Globalen Umweltfazilität (Global Environment Facility - GEF) quasi institutionalisiert. Durch die Reform wurde die GEF zum wichtigsten Finanzierungsmechanismus der globalen Umweltpolitik und gilt für viele als die „einzige finanzielle Errungenschaft" des Rio-Gipfels (GEF 2001: 3). Alle weiteren Maßnahmen werden wie bisher aus den traditionellen Mitteln öffentlicher Entwicklungshilfe (Official Development Assistance - ODA)[12] finanziert. So war es vorgesehen, dass die auf dem Gipfel in Rio verabschiedete Agenda 21 durch eine Erhöhung des Entwicklungshilfeetats auf durchschnittlich 0.7 % des Bruttonationaleinkommens (BNE) der Industrieländer hätte gegenfinanziert werden sollen. Die Kosten hierfür wurden durch das im Vorfeld gegründete UNCED-Sekretariat auf durchschnittlich 600 Milliarden US $ jährlich (1993-2000) geschätzt. Hiervon sollten 125 Milliarden von den Industrienationen über Kredite und freiwillige Leistungen an die Entwicklungsländer geleistet werden (Agenda 21: Kapitel 33, Abs. 18). Wie später noch genauer gezeigt wird, haben nur einige wenige OECD-Staaten dieses Ziel erreicht, der Großteil verfehlt es dagegen deutlich.

1.1 Fragestellung und Ziel der Arbeit

Neben der globalen Umweltfazilität GEF und den bilateralen Umwelttransfers aus ODA-Mitteln spielen auch andere Institutionen und Mechanismen bei der Finanzierung von Umweltpolitik eine Rolle. Hierzu zählen etwa der 1990 gegründete multilaterale Fonds zum Schutz der Ozonschicht (Ozon-Fonds) oder der seit 1972 bestehende Umweltfonds (Environment Fund – EF) des Umweltprogramms der Vereinten Nationen (United Nations Environment Programme - UNEP). Vom finanziellen Volumen her fallen die Leistungen aus der ODA am größten aus.

Die Finanzierung globaler Umweltpolitik fußt also auf einem starken institutionellen Fundament und freiwilligen Leistungen der Staatengemeinschaft. Die finanziellen Leistungen der Geberländer und die Ausstattung der Organisationen

10 United Nations Conference on Environment & Development.

11 Hierzu gehören die Deklaration von Rio über Umwelt und Entwicklung, die Klimarahmenkonvention, die Artenschutz-Konvention, die Walddeklaration und die Agenda 21.

12 Im Folgenden werden die englische Abkürzung ODA und die Bezeichnung Entwicklungshilfe synonym verwendet.

durch diese folgen zwar bestimmten Verteilungsschlüsseln, die meist aber unverbindlich bleiben. In der Regel werden die Ressourcen durch die nationalen Haushalte aufgebracht, die zunehmend durch Staatsverschuldung und andere Budgetzwänge unter Druck geraten. Letzteres gilt ebenso für die unregelmäßig stattfindenden internationalen Geberkonferenzen und Fachministertreffen, bei denen über die finanzielle Ausstattung von Institutionen wie der GEF oder des Ozon-Fonds entschieden wird.

Es ist durchaus plausibel anzunehmen, dass die Zuweisungen abhängig von der wirtschaftlichen und haushaltspolitischen Lage der Geberländer hohen Schwankungen unterliegen. Wie im empirischen Teil dieser Arbeit gezeigt wird, weisen die erhobenen Daten in der Tat auf eine erklärungsbedürftige Varianz im Allokationsverhalten hin, die nicht alleine Sparmaßnahmen oder wachsender Staatsverschuldung zugeschrieben werden kann. Die Erklärung dieser Varianz ist das Ziel dieser Arbeit. Es kann davon ausgegangen werden, dass die Umwelthilfeleistungen der Geber- an Empfängerländer und internationale Institutionen nicht zufällig erfolgen, sondern unterschiedliche Interessen widerspiegeln und sich durch verschiedene Determinanten erklären lassen. Die für diese Arbeit formulierte übergeordnete Fragestellung lautet:

> Warum beteiligen sich die wichtigsten OECD-Geberländer unterschiedlich stark an der Finanzierung internationaler Umweltpolitik und welchen Vergabekriterien unterliegen die bilateralen finanziellen Zuweisungen dieser Länder an die wichtigsten Empfängerländer?

Oder anders formuliert: Unterliegen die Zuweisungen für internationale Umweltpolitik bestimmten Vergabekriterien und welche Determinanten erklären die unterschiedliche finanzielle Beteiligung an der Umwelthilfe der OECD-Staaten für den Bereich der Umweltpolitik?

Zur Aufarbeitung der Frage nach der ungleichen Beteiligung wird vor allem die Geberperspektive beleuchtet. Die Varianz und damit die abhängige Variable liegt in diesem Fall auf der Seite der Geberländer. Die Höhe der Transfers unterscheidet sich nämlich nicht nur absolut, sondern auch relativ zur Zahlungsfähigkeit (capacity to pay) der Staaten, die üblicherweise im Verhältnis zur Wirtschaftskraft eines Landes oder pro Kopf gemessen wird. Einige Staaten oder Staatengruppen beteiligen sich finanziell deutlich stärker an der Bekämpfung globaler Umweltprobleme als andere. Zwar lässt diese Beobachtung eine Reihe von Ad-hoc-Hypothesen zu, Ziel dieser Arbeit ist es aber, politikwissenschaftlich fundierte Erklärungen hierfür zu liefern. Von besonderem Interesse ist dabei die Frage, ob sich Erklärungsfaktoren für die ungleiche Beteiligung an der Umwelthilfe im Hinblick auf bilaterale und multilaterale Finanzierungsformen unterscheiden. In der Literatur zum Thema wird regelmäßig darauf verwiesen, dass multilaterale Institutionen ‚weniger anfällig' für politische Einflussnahme durch Geld seien. Dies wird auch im Literaturüberblick von Kapitel 2 näher thematisiert werden.

Zur Ermittlung der Vergabekriterien wird die abhängige Variable auf Seiten der Empfängerländer operationalisiert. Vergabekriterien können rational motiviert sein. Dies bedeutet, dass Staaten bei der Vergabe eher eigeninteressierte Motive verfolgen und sich zum Beispiel an traditionellen ökonomischen, strategischen oder sicherheitspolitischen Interessen orientieren. Die Folge wäre, dass Empfängerstaaten, die für die Geberstaaten wirtschaftlich interessant oder geostrategisch von Bedeutung sind, mehr Geld erhalten als Staaten, die dies nicht sind und der hierfür zur Verfügung stehende Etat relativ knapp bemessen ist. Die Vergabekriterien können aber auch normativ-ideell motiviert sein. Das bedeutet, dass mit der Vergabe von Umwelthilfe bestimmte Wertvorstellungen innerhalb eines politischen Systems oder der Bevölkerung honoriert werden. Letzteres würde bedeuten, dass Staaten, die gemeinsame Normen im Hinblick auf den Schutz der globalen Umwelt mit einem Geberland teilen, eher Geld erhalten als zum Beispiel wirtschaftlich interessante oder strategisch relevante.

Da der Süden zum Schutz der globalen Umwelt auf finanzielle Leistungen angewiesen ist, stellt sich außerdem die Frage, warum die Geberstaaten einige Länder besonders stark fördern und andere weniger. So könnte man die Hypothese formulieren, dass Geberländer diejenigen Staaten bei der Vergabe von Umwelthilfeleistungen bevorzugen, mit denen sie ohnehin enge wirtschaftliche und politische Beziehungen pflegen oder die für den Außenhandel eines Geberlandes von Bedeutung sind. Auch sicherheitspolitische bzw. strategische Erwägungen könnten bei der Vergabe eine Rolle spielen. Interessant erscheint auch die Frage, ob diejenigen Staaten mehr unterstützt werden, die für den globalen Umweltschutz von besonderem Nutzen sind oder in denen sich die „grünen Lungen" der Erde (z.B. Regenwälder und andere CO_2-Senken) befinden?

Im weiteren Verlauf der Arbeit werden die Vergabekriterien anhand von Überlegungen konkretisiert, die auf Theorien der internationalen Beziehungen aufbauen. Darüber hinaus sollen die so gewonnenen Annahmen einer Reihe empirischer Tests unterzogen werden. Für diese empirischen Tests wurden im Rahmen dieser Doktorarbeit zwei neue Datensätze konstruiert. Es ist ausdrücklich nicht das Ziel dieser Arbeit, die Großtheorien der internationalen Beziehungen gegeneinander auszuspielen oder zu widerlegen. Die Theorien stehen jedoch Pate zur Formulierung sinnvoller Hypothesen über das Vergabeverhalten westlicher Geberländer.

Die hier formulierte Fragestellung hat neben dem reinen Forschungsinteresse auch praktische Relevanz. In der wissenschaftlichen Literatur ist es beinahe unbestritten, dass der Bereich der Umweltpolitik chronisch unterfinanziert ist (Connolly 1996: 361, WBGU 2001, WBGU 2002, Clémençon 2006a). Wenngleich nahezu alle Politikbereiche an der Knappheit finanzieller Ressourcen und unzureichender Finanzierung leiden, so ist die Diskrepanz zwischen Anspruch und Wirklichkeit in der Umweltpolitik besonders deutlich. Wie bereits erwähnt wurde, hat es die Staatengemeinschaft bisher nicht vermocht, die von ihnen zugesagten 125 Mrd. US-$ zur Umsetzung der Agenda 21 aufzubringen. Zuletzt war der Klimagipfel von Kopenhagen auch an einer Einigung um die Finanzierung des weltweiten Klimaschutzes und an seiner Anpassung gescheitert. Wenngleich diese Arbeit keine Politikempfehlungen abgibt, wie die notwendigen finanziellen Ressourcen aufgebracht und eine internationale Einigung erzielt werden kann, so liefert sie wichtige Informationen darüber, warum die Staaten dies nicht schaffen bzw. unterschiedlich stark bei der Finanzierung globaler Umweltpolitik mitwirken. Gesicherte wissenschaftliche Kenntnisse hierüber sind deshalb eine Grundvoraussetzung, die der bloßen Forderung nach mehr Geld oder neuen Finanzierungsmechanismen vorangehen muss.

1.2 Forschungsbedarf

Der Finanzierung internationaler Umweltpolitik wird in der wissenschaftlichen Literatur nicht der Stellenwert eingeräumt, den das Thema in Relation zu seiner Wichtigkeit verdient. Finanzierungsfragen werden vor allem als ‚Nebenprodukt' bei der Analyse internationaler Institutionen[13] und Regime analysiert. Im Vordergrund steht dabei vielfach das institutionelle Design von Finanztransferinstitutionen, der Beitragsschlüssel, nach dem Geberländer diese Institutionen mit finanziellen Mittel ausstatten sowie der Verteilungsschlüssel, nach dem das Geld an Empfängerländer verteilt wird. Dabei wird häufig festgestellt, dass die umweltpolitischen Institutionen, gemessen an der umweltpolitischen Reichweite ihrer Aufgaben, chronisch unterfinanziert sind. Begründet wird dies meist mit der mangelnden Zahlungsbereitschaft der Geberländer und fehlendem politischen Willen. Diese grundsätzlich richtige normative Feststellung greift analytisch deutlich zu kurz, da der Frage nach dem ‚Warum' nicht nachgegangen wird. Aus politikwissenschaftlicher Sicht sollte es Gründe geben, warum sich Staaten nur unzureichend und vor allem unterschiedlich stark an der Finanzierung globaler Herausforderungen wie der internationalen Umweltpolitik beteiligen. Nicht zuletzt könnten hierfür wirtschaftliche und politisch-strategische Interessen eine Rolle spielen.

In der umweltpolitischen Literatur fehlen nahezu völlig Arbeiten, welche das unterschiedliche Gebe- und Finanzierungsverhalten und die ihm zugrunde liegenden Interessen von Staaten untersuchen. Genau diese Frage ist für die vorliegende Arbeit von besonderer Relevanz. Während das Thema im Bereich der Umweltpolitik nur bruchstückhaft erschlossen ist, ist die Diskussion in der ökonomischen und entwicklungspolitischen Literatur schon weiter fortgeschritten. Hier werden vor allem zwei Erklärungsmodelle genutzt, um unterschiedliches Vergabeverhalten zu erklären. Das sogenannte Geberinteressenmodell (donor

13 In dieser Arbeit werden die Begriffe Internationale Institution und Internationale Organisation gleichbedeutend verwendet. Damit unterscheidet sich der hier verwendete Begriff von der soziologischen Bedeutung.

interest model – DI) orientiert sich an traditionellen Sicherheits- und ökonomischen Interessen der Geberstaaten, während beim Empfängerbedürftigkeitsmodell (recipient need model – RN) die Bedürftigkeit von Empfängerstaaten bei der Vergabe im Vordergrund steht. Das Kapitel zum Forschungsstand (hier insbesondere Abschnitt 2.2) wird diese Diskussion aufarbeiten, um die Erkenntnisse anschließend für den Bereich der Umweltfinanzierung nutzbar zu machen und um Erklärungsmodelle für die Finanzierung internationaler Umweltpolitik zu entwickeln. Dies erscheint vor allem vor dem Hintergrund sinnvoll, dass die Finanzierung von Umweltpolitik zu einem nicht unerheblichen Teil aus Mitteln der traditionellen Entwicklungshilfe bestritten wird. Aus diesem Grund liegt es nahe, Erkenntnisse aus dem Bereich der Entwicklungshilfe für den Bereich der Umweltfinanzierung zu übertragen. Überraschenderweise ist dies bisher kaum geschehen.

1.3 Forschungsdesign und Aufbau der Arbeit

Um die Fragestellung und dadurch implizierte Unterfragen beantworten zu können, sind verschiedene Vorarbeiten notwendig: Zunächst ist eine theoretische Fundierung der Fragestellung und das Ableiten von Erklärungsmodellen und Hypothesen erforderlich. Diese sollen im weiteren Verlauf der Arbeit auf ihre Gültigkeit hin geprüft werden. Ein theoretisches Fundament liefern Theorien der internationalen Beziehungen, die um Theorieansätze aus der Ökonomie und der Entwicklungspolitik ergänzt werden. Ziel des theoretischen Kapitels 3 ist es, die Erkenntnisse aus dem entwicklungspolitischen Forschungsstand, den internationalen Beziehungen und der ökonomischen Literatur für Fragen der Umweltpolitik nutzbar zu machen und allgemeine Hypothesen zum Vergabeverhalten abzuleiten. Hierfür liefert auch der Überblick über den Forschungsstand einen wichtigen Beitrag, der in Kapitel 2 ausgearbeitet wird.

Die Kapitel 4 und 5 dienen der empirischen Aufarbeitung der vergangenen und gegenwärtigen Finanzierungstrends, die auch aktuelle Entwicklungen im Bereich der internationalen Umweltpolitik berücksichtigt. Eine entsprechende Aufarbeitung der wichtigsten Finanzierungsmechanismen sucht man in der Literatur zum Thema bisher vergeblich. Daher widmen sie sich den wichtigsten Finanztransfers und Finanzierungsmechanismen im Bereich des globalen Umweltschutzes. Die eher deskriptiv angelegten Kapitel dienen vor allem dazu, dem Leser einen Eindruck über die für die Arbeit gesammelten Daten zu verschaffen, die in die spätere quantitative Analyse einfließen. In diesem Zusammenhang wird auch das Datenerhebungs- und Erfassungssystem der OECD vorgesellt. Wenngleich über dieses System auch multilaterale Zahlungen erfasst werden, erfolgt die Aufarbeitung der multilateralen Umweltfinanzierung separat in Kapitel 5. Für die Daten werden eigene Berechnungen zur Aggregation und Aufarbeitung angestellt sowie Korrelations- und Regressionsanalysen durchgeführt, die sich an gängigen mathematischen und statistischen Verfahren orientieren.

In Kapitel 6 werden die allgemeinen Hypothesen aus dem Theorieteil wieder aufgegriffen und sieben spezifische Hypothesen zur ungleichen Beteiligung und zum Vergabeverhalten der Geberländer im Bereich der Umwelthilfe formuliert und statistisch getestet.

1.4 Definition und Eingrenzung des Untersuchungsgegenstands

In dieser Arbeit werden Institutionen bzw. ‚institutionalisierte' Leistungen wie bilaterale Umwelttransfers untersucht, deren vorrangiges Ziel es ist, globale Umweltschutzprojekte zu finanzieren. Im Vordergrund der Analyse stehen OECD-Staaten, die im Development Assistance Committee (DAC) [14] organisiert sind.

Für diese Arbeit definiert sich Umwelthilfe als finanzieller Transfer von reichen zu armen Ländern, die das Ziel haben, den globalen Umweltschutz zu fördern und deren Zuwendungen häufig über Internationale Organisationen kanalisiert werden[15]. Diese Definition schließt die folgenden Transfers ein:

1) Staatliche Transfers und Zuweisungen an die multilateralen Institutionen GEF, UNEP und Ozon-Fonds und die entsprechende Weiterverwendung dieser Mittel durch die multilateralen Institutionen;
2) bilaterale Zuwendungen aus dem Bereich der öffentlichen Entwicklungshilfe des Entwicklungshilfekomitees der OECD, die für Zwecke des globalen Umweltschutzes eingesetzt werden.

Im Gegensatz zur Globalen Umweltfazilität (GEF) und dem Ozon-Fonds stellt das Umweltprogramm der Vereinten Nationen (UNEP) zwar keinen ausschließlichen Finanzierungsmechanismus dar, ist aber einer der wichtigsten Akteure in diesem Politikfeld und stellt innerhalb des UN-Systems den institutionellen Arm beim Kampf für den globalen Umweltschutz dar. Darüber hinaus verfügt UNEP mit seinem Umweltfonds über ein wichtiges Mittel zur Finanzierung globaler Umweltschutzprojekte und wird deshalb in dieser Arbeit berücksichtigt. In quantitativer Hinsicht haben die in dieser Arbeit summierten Institutionen (GEF, Ozonfond, UNEP) und bilateralen Umwelttransfers ein Volumen von gut 55

14 Im Entwicklungshilfekomitee sind 22 OECD-Staaten und die Europäische Union organisiert.

15 Im Standardwerk zur Thematik definiert Keohane Institutionen für den Transfer dieser Mittelzuweisungen als „sets of rules, typically linked to one or more international organization, established to govern a flow of funds from richer to poorer countries to achieve specific environmental purposes" (Keohane 1996: 5).

Mrd. US-$ im für die Arbeit relevanten Untersuchungszeitraum von 1991 bis 2005.

Neben den bisher erwähnten Institutionen GEF, UNEP, Ozon-Fonds und institutionalisierten Leistungen aus der öffentlichen Entwicklungshilfe leisten eine Vielzahl von anderen Akteuren Beiträge zur Finanzierung internationaler Umweltpolitik. An erster Stelle ist hier die Weltbankgruppe[16] zu nennen. Die Ziele der Weltbank haben sich zwar im Laufe ihrer Geschichte gewandelt, orientieren sich aber nach wie vor an wirtschaftlicher Entwicklung und Armutsbekämpfung, wobei die Millennium Development Goals im Vordergrund stehen (Gilbert/Vines 2000: 10). Wenngleich das Thema Umwelt innerhalb der Weltbank stetig an Bedeutung gewonnen hat, steht es nicht im Vordergrund ihrer Tätigkeit und bietet regelmäßig auch Anlass zur Kritik, weil immer wieder Projekte mit nachweislich negativen Auswirkungen auf die globale Umwelt gefördert wurden[17]. Darüber hinaus lässt sich die hier formulierte Fragestellung nur schwer auf die Weltbank anwenden, da ihre finanzielle Ausstattung durch die Mitgliedsländer einer besonderen Logik folgt und nicht umweltpolitischen Gesichtspunkten Rechnung trägt, wie dies etwa bei der Ausstattung der GEF der Fall ist. So verfügt etwa die IBRD über einen Grundkapitalstock, von dem die Mitgliedsländer bestimmte Anteile zeichnen, die zugleich auch die Stimmenanzahl des jeweiligen Landes festlegt. In der Regel wird von dem gezeichneten Grundkapital rund 20 % eingezahlt, der Rest kommt als Haftungskapital nur dann zum Einsatz, wenn Schuldner ihre Kredite nicht zurückzahlen können.

In den letzten Dekaden und Jahren ist außerdem die Bedeutung nichtstaatlicher Akteure stark angewachsen. Dies gilt ganz allgemein für den Bereich der internationalen Umweltpolitik, aber zunehmend auch für seine Finanzierung. Multinationale Unternehmen, Nichtregierungsorganisationen, international agierende Stiftungen oder Public Private Partnerships (PPP) spielen auch zunehmend bei der Finanzierung globaler Herausforderungen wie etwa der Umweltpolitik eine Rolle. Allerdings lässt sich die finanzielle Dimension dieser Beteiligungen nicht ausreichend quantifizieren. Aus diesem Grund werden die finanziellen Beiträge von privaten Akteuren, Stiftungen, Unternehmen und NGOs im Rahmen dieser Arbeit nicht untersucht. Die Wichtigkeit privater finanzieller

16 Zur Weltbankgruppe gehören die 1944 gegründete Internationale Bank für Wiederaufbau und Entwicklung (IBRD), die 1960 gebildete Internationale Entwicklungsorganisation (IDA), die 1956 ins Leben gerufene Internationale Finanzkorporation (IFC), die Multilaterale Investitions-Garantie-Agentur (MIGA), die 1988 ihre Tätigkeit aufnahm sowie das Internationale Zentrum zur Beilegung von Investitionsstreitigkeiten (ICSID, 1966).

17 So wurden in der Vergangenheit immer wieder große Staudammprojekte gefördert, welche die Umsiedlung von Millionen Menschen zur Folge hatte oder kohlenstoffintensive Industrien aufgebaut, die in den entsprechenden Ländern zu einer starken Abhängigkeit von fossilen Energieträgern führte. Gerade diese verbrennen sehr $C0_2$-intensiv (vgl. ausführlich Soroos 1999: 44ff).

Transfers wird dadurch aber nicht in Frage gestellt. Eine Eingrenzung auf Staaten als Hauptfinanziers ist aber gerade in einer politikwissenschaftlichen Arbeit legitim: „We cannot study everything at once, and there are good reasons for marking off the states system as a distinct phenomenon" (Wendt 1999: 14).

2 Forschungsstand

Das folgende Kapitel dient dem inhaltlichen Einstieg und der theoretischen Einordnung des Themas. Während in der umweltpolitischen Literatur die Diskussion um die Motive und Interessen bei der Finanzierung internationaler Umweltpolitik quasi nicht existiert, wurde eine ähnliche Diskussion für den Bereich der Entwicklungspolitik bereits ausführlich geführt. Besonders vor dem Hintergrund des Ost-West-Gegensatzes im Kalten Krieg wurden verschiedene Theorien und Modelle zur Erklärung von staatlicher Auslandsentwicklungshilfe ‚angeboten'.Aus diesem Grund erscheint es sinnvoll, sowohl den Forschungsstand zur Umwelt- als auch den zur Entwicklungspolitik aufzuarbeiten. Da der entwicklungspolitische Diskurs für den weiteren Verlauf dieser Arbeit von entscheidender Bedeutung ist, wird der Forschungsstand zu diesem Thema von einer kurzen empirischen Bestandsaufnahme eingeleitet.

Konkret wird das Ziel verfolgt, an die in der Entwicklungspolitik benutzten Theorien und Erklärungsmodelle anzuknüpfen und sie für den Bereich der Umweltfinanzierung anschlussfähig zu machen. Wie bereits erwähnt, erscheint dies nicht zuletzt deshalb sinnvoll, weil die bilaterale Umwelthilfe eine Unterkatego rie der traditionellen Entwicklungshilfe darstellt.

2.1 Finanzierung von Umweltpolitik

Die wissenschaftliche Literatur zur globalen Umweltpolitik ist nur noch schwer zu überblicken und es gibt kaum ein Problemfeld, das nicht untersucht wurde. Politikwissenschaftlich standen vor allem die politische Bearbeitung und Lösung globaler Umweltprobleme durch die Einrichtung internationaler Organisationen und Regime bzw. Fragen nach der Effektivität dieser Regime im Vordergrund des Forschungsinteresses. Finanzierungsfragen werden dort in der Regel als Nebeneffekt im Rahmen des institutionellen Designs diskutiert. Zur Beantwortung der oben genannten Fragen kann deshalb nur auf einen begrenzten Fundus politikwissenschaftlicher[18] Literatur zurückgegriffen werden.

2.1.1 Institutionalisierung durch internationale Institutionen und Regime

Als Standardwerk zur Thematik kann ein Sammelband von Keohane und Levy (1996) betrachtet werden, der unterschiedliche Institutionen, Regime und Finanzierungsmechanismen aus dem Bereich der internationalen Umweltpolitik auf

18 Einen guten Überblick zu ökonomischen Ansätzen zur Finanzierung von nachhaltiger Entwicklung liefert Panayotou (Panayotou 1998).

ihre Effektivität anhand des aus anderen Arbeiten bekannten ‚C-3-Designs'[19] untersucht (Keohane/Levy 1996). In einem Beitrag in diesem Band betont Connolly, dass Eigeninteressen von Staaten bei der Mittelvergabe eine Rolle spielen und dafür verantwortlich sind, dass sich Umwelthilfe in Form von finanziellen Transfers auf bestimmte geographische Regionen beschränkt und dadurch andere wichtige Regionen und Umweltziele unberührt bleiben (Connolly 1996: 327). Allerdings werden eigennützige Interessen der Geberländer bei Connolly als gegeben vorausgesetzt und nicht näher untersucht. Im gleichen Standardwerk weist Keohane auf das Konfliktpotential[20] von Finanzierungsfragen hin und macht vor allem innenpolitische Gründe für die unterschiedliche Zahlungsbereitschaft verantwortlich:

> "The ability of governments of wealthy countries to provide funding for financial transfers is limited by the degree of domestic support for such transfers and by characteristics of domestic political systems that facilitate or obstruct efforts by supporters to appropriate funds" (Keohane 1996: 14).

Allerdings wird auch diese Behauptung nicht näher überprüft. Insgesamt gesehen werden die finanziellen Dimensionen nur am Rande behandelt. Mit Priorität wird die Entstehung der jeweiligen Institutionen, deren effektive Mittelverwendung und Kontrolle der zugewiesenen finanziellen Mittel untersucht.

Breite Aufmerksamkeit widmet die Literatur auch Institutionen wie der GEF oder dem Ozon-Fonds[21]. Letzterer finanziert die Maßnahmen, die Entwicklungsländern bei ihrem Ausstieg aus der Produktion von FCKW (Fluorchlorkohlenwasserstoff) entstehen. Der Fonds wird ausschließlich von Industrieländern gespeist und finanziert die „vollen vereinbarten Mehrkosten", die Entwicklungsländern nach Artikel 5 des Montrealer Protokolls zum Schutz der Ozonschicht entstehen. Darüber hinaus werden Industrie- und Entwicklungsländer über ein paritätisches Verfahren gleichberechtigt in das Entscheidungsverfahren zur Mittelverwaltung und Freigabe eingebunden (DeSombre/Kaufmann 1996, Breitmeier 1997), was Biermann (1998) als Indiz für die neue Verhandlungsmacht der Entwicklungsländer wertet.

In der Literatur zur Ozonpolitik bzw. zum Fonds werden die Zuweisungen der Staatengemeinschaft zwar erwähnt, aber nicht näher beleuchtet. Konsens herrscht sowohl in der Wissenschaft als auch in der Politik, dass die Politik zum

19 Das C-3-Design dieser Regimeanalyse beinhalten die Analyseebenen „Capacity Building, Concern Building und Contracting Environment (ausführlich hierzu: Haas et al. 1993).

20 "Because international financial transfers involve the provision of funds by one set of countries in order to alter the operational priorities of others, conflicts of interests are endemic" (Keohane 1996: 25).

21 Als Finanzierungsmechanismus für globale Umweltpolitik wird UNEP in der Literatur kaum thematisiert. Eine Ausnahme stellt ein Buch von Klaus Hüfner zur Finanzierung des UN-Systems dar (Hüfner 2006).

Schutz der Ozonschicht als erfolgreich zu betrachten ist und dass der Ozon-Fonds einen wichtigen Beitrag bei der erfolgreichen Verregelung des Konflikts gespielt hat (Benedick 1998, Parson 1993, Breitmeier 1996). Nicht zuletzt deshalb standen die Strukturen des Fonds und besonders sein paritätisches Entscheidungsverfahren zwischen Industrie- und Entwicklungsländern bei der Reform der Globalen Umweltfazilität Pate (Biermann 1997).

Als wichtigster Finanzierungsmechanismus globaler Umweltpolitik finanziert die GEF Umweltprojekte in sechs Schwerpunktbereichen[22]. Auch zur GEF existieren eine ganze Reihe von Publikationen, welche die Entstehung der GEF und ihre Effektivität zur Lösung globaler Umweltprobleme zumeist fallstudienartig untersuchen (Silard 1995, Fairman 1996; Sharma 1996, Payne 1998; Sjöberg 1999, Streck 2001a,b; Obser 1999). Auch die ungenügende finanzielle Ausstattung und die mangelnde Zahlungsmoral bei der Mittelzuweisung durch einzelne Staaten oder Staatengruppen werden in der einschlägigen Literatur thematisiert. So sieht Fairman den Beitrag der GEF zur Lösung globaler Umweltprobleme als gering an, „given the gap between the resources governments are prepared to commit and the human and physical capital investments needed in each of its problem areas" (Fairman 1996: 77f).

Vor dem gleichen Problemhintergrund erklärt Clémençon die finanzielle Situation der GEF als Folge von Pfadabhängigkeit. Problematisch für ihn ist, dass das am wenigsten großzügige Geberland die finanzielle Ausstattung der GEF bestimmt. Seiner Meinung nach wurde die GEF nicht als Antwort auf globale Umweltprobleme gegründet, sondern weil man separate Finanzierungsmechanismen für jede einzelne Konvention vermeiden wollte. „They did, on the other hand, want the institutional and budgetary embedding into general development cooperation activities and control of the allocation of the resources to programs and projects in developing countries" (Clémençon 2006b: 63).

Allerdings ist es nicht das Ziel Clémençons, die unterschiedliche Zahlungsmoral zu erklären oder genauer zu untersuchen, er sucht vielmehr nach Wegen, wie die finanzielle Ausstattung der GEF zukünftig besser gewährleistet werden kann. Nicht selten geht die Kritik mangelnder finanzieller Ausstattung der GEF und anderer relevanter Institutionen mit Forderungen nach neuen oder ‚innovativen' Finanzierungskonzepten[23] für die globale Umweltpolitik einher. Die Vorschläge reichen von der Einführung komplizierter Berechnungsverfahren zur Bestimmung der Geber- und Nehmerländer (Grafton et al. 2004) über die Einführung von Umweltsonderabgaben (Clémençon 2000), Entgelten zur Nutzung globaler Gemeinschaftsgüter (WBGU 2002), Debt-for-nature swaps (Jakobeit

22 Klimaschutz, Biodiversität, Internationaler Gewässerschutz, Schutz der Ozonschicht (nur für Staaten, die keinen Zugang zu den Mitteln des Ozon-Fonds haben), Persistente Organische Schadstoffe (POP), Landdegradation.

23 Zu einer allgemeinen Aufarbeitung des Themas verweise ich auf Panayotou 1998, Jakobeit 2000, Müller 2003a, Miles 2005.

1996, Khare et al. 2005) bis zur weltweiten Besteuerung von CO_2-Emissionen (Cooper 1998, Cooper 2000, ITFGPG 2006: 99ff). Summiert man alle in der Literatur diskutierten Vorschläge, kommt man auf gut 20 innovative Finanzierungsmechanismen (Jha 2004: 195). Auf diese Diskussionen soll in dieser Arbeit nicht näher eingegangen werden (vgl. hierzu ausführlich Müller 2003a).

2.1.2 Weiterführende Literatur und Erklärungsversuche

Da die umweltpolitische Literatur uns im Hinblick auf diese Fragestellung nicht weiterbringt, knüpft diese Arbeit an Diskussionen und Erkenntnisse aus dem Bereich der Entwicklungshilfe, Ökonomie und der internationalen Beziehungen an. Besonders in der von der Theorieschule der internationalen Beziehungen geleiteten Forschung und in der ökonomischen Literatur gehen zahlreiche Beiträge auf den Zusammenhang zwischen außenpolitischen Interessen[24] auf der einen Seite und der Vergabe von Entwicklungshilfeleistungen auf der anderen Seite ein. Obwohl Maßnahmen des globalen Umweltschutzes in Entwicklungsländern zu großen Teilen aus Unterkategorien traditioneller ODA finanziert werden, gibt es bisher nur wenige Arbeiten, die sich dem Thema widmen.

Nahe am Thema ist Paul G. Harris (2002) mit einem Vergleich der Lastenteilung der Europäischen Union und der Vereinigten Staaten in Bezug auf globale Umweltveränderungen. Zum Zweck seiner Untersuchung vergleicht Harris auch die Schwerpunkte in den Entwicklungshilfebudgets beider Akteure und arbeitet drei zentrale Determinanten heraus, welche die unterschiedliche Politik und Lastenteilung in Europa und den Vereinigten Staaten erklären können. Nach Harris sind die europäischen Staaten insgesamt großzügiger und geben auch national mehr Geld für soziale Sicherung und Armutsbekämpfung aus. Harris sieht hier eine Fortsetzung nationaler Politiken im internationalen Bereich der Entwicklungshilfe, die zudem von der Bevölkerung weitestgehend unterstützt wird. Im Gegensatz zu Europa herrscht in den Vereinigten Staaten Skepsis in Bezug auf die Wirksamkeit von Entwicklungshilfe vor. Als zweiten wichtigen Einflussfaktor verweist er auf Interessengruppen. Nach pluralistischer Logik können bestimmte Interessengruppenvertreter in den USA ihre ablehnende Haltung bezüglich des Klimaschutzes besser ins politische System einbringen als in Europa. Letzteres sei wiederum geneigt, eher wissenschaftlichen Konsens in seine Politikformulierung einfließen zu lassen als die Vereinigten Staaten. Als letzte Determinante verweist Harris auf die ‚geteilte Souveränität' und eine fehlende Brüsseler Zentralregierung. Dies führt nach Meinung von Harris dazu, dass die z.B. die von der EU zugesagten Emissionskürzungen erst in langen und zähen Verhandlungen untereinander ausgehandelt wurden und anschließend von der EU ‚lediglich' noch umgesetzt werden müssen. Im Gegensatz dazu schließen die

24 Insbesondere handelt es sich hierbei um ökonomische und sicherheitspolitische Interessen.

internen Verhandlungen in den USA erst spät ab und sehen sich einer ablehnenden Senats- und Regierungsmehrheit gegenüber (Harris 2002: 392ff).

Wenngleich Harris interessante Aspekte unterschiedlicher finanzieller Beteiligung aufgreift, handelt es sich lediglich um eine Aufarbeitung des Forschungsstandes zur Entwicklungshilfe und weniger um den Bereich der Umwelthilfe, was auch einer unsicheren Datenlage Ende der neunziger Jahre geschuldet ist, auf die der Autor ausdrücklich hinweist.

Eine der wenigen dem Autor bekannten Arbeiten, die sich explizit mit dem Vergabeverhalten in Bezug auf den Umweltschutz auseinandersetzt, untersucht dieses am Beispiel der US-amerikanischen Entwicklungsbehörde USAID[25], amerikanischer Stiftungen und der GEF. Dabei stellt Lewis (2003) fest, dass sich das Gebeverhalten im Bereich der Umweltpolitik zwar von traditioneller Entwicklungshilfe unterscheidet, aber auch hier ein starker Zusammenhang zwischen ökonomischen und traditionellen Sicherheitsinteressen existiert:

> "Public and private environmental aid is not just an expression of altruism: environmental aid is embedded in politics and economics. Donors exert power through aid. Environmental aid is caught in the web of international politics that includes economic, political, and security interests" (Lewis 2003: 158).

Die Überprüfung dieser Aussage anhand neuerer Daten mehrerer OECD-Länder steht bisher ebenso aus wie die Ausweitung der Debatte um traditionelle Formen der Entwicklungshilfe auf ihre Teilaspekte wie die Finanzierung internationaler Umweltpolitik.

Ein in der Endphase dieser Arbeit veröffentlichtes Buch kommt der hier untersuchten Fragestellung relativ nah[26]. Es trägt erste Ergebnisse eines großen Forschungsprojektes zusammen (Hicks et al. 2008). Das von der amerikanischen National Science Foundation (NSF) über mehrere Jahre geförderte Projekt zielt darauf ab, eine der Öffentlichkeit zugängliche Datenbank zur internationalen Entwicklungshilfe aufzubauen, die sämtliche bilaterale und multilaterale Finanzströme ab 1973 berücksichtigt und anhand einheitlicher Standards kodiert[27]. Im Rahmen des Projektes wurden auch bi- und multilaterale Umwelthilfedaten erhoben und einer genauen Analyse unterzogen, deren Fragestellung und Ergebnisse einige Überschneidungen mit dieser Arbeit hat. Der Aufwand, der für dieses Großprojekt betrieben wurde, ist erheblich. Nach Angaben der Autoren beinhaltet die PLAID-Datenbank ca. 430,000[28] bi- und multilaterale Zahlungen,

---

25 U.S. Agency for International Development.

26 Nach Abgabe dieser Arbeit wurde ein weiterer relevanter Beitrag von Figaj (2010) veröffentlicht.

27 http://irtheoryandpractice.wm.edu/projects/plaid/data.php (1.9.2008).

28 Wegen der in dieser Arbeit genutzten internationalen Datensätze orientiert sich die Notation von Zahlen am internationalen und nicht am deutschen Standard. Ein Punkt (.) hat dezimale Bedeutung. Das Komma wird zur besseren Übersicht zur Abtrennung der 1,000-er Übergänge genutzt.

die vom Projektteam von Hand im Hinblick auf ihren Umwelteinfluss kodiert wurden.

Im Ergebnis werden die Trends zwischen 1980 und 1999 detailliert nachgezeichnet und die Vergabemodalitäten in den neunziger Jahren anhand von multivariaten Regressionsmodellen zu erklären versucht. Hierfür werden Ad-hoc- und theoriegeleitete Hypothesen getestet. Extrem verkürzt und zusammengefasst kommen die Autoren zu dem Ergebnis, dass die wichtigsten – auf der Empfängerseite messbaren – Determinanten zur Vergabe von Umwelthilfe Bevölkerungsgröße, Armutslevel und das Abstimmungsverhalten im UN-Sicherheitsrat sind. Überraschenderweise erhalten aber Länder mehr Umwelthilfe von denjenigen Ländern, gegen deren Anträge sie im Sicherheitsrat gestimmt haben. Ein positiver, wenn auch meist insignifikanter Zusammenhang besteht außerdem zwischen dem ‚Ausmaß des ökologischen Kapitals' eines Landes, Kolonialbeziehungen, der Effektivität des Regierungsapparates in Empfängerländern und der Transparenz der Umweltpolitik.

Die Frage, warum einige Geberländer ‚grüner' als andere sind, kann im Hinblick auf die Höhe der Umwelthilfe nicht zur Zufriedenheit der Autoren beantwortet werden, da die meisten der gewählten unabhängigen Variablen nicht signifikant oder im Gegensatz zur Vorhersage invers signifikant sind. Hierzu gehört beispielsweise die Stärke der Umweltlobby. Je stärker diese in einem Land ist, desto weniger Geld gibt der betreffende Staat für internationale Umwelthilfe aus. Regierungen, die innerstaatlich dem Umweltschutz eine hohe Bedeutung beimessen, geben global gesehen weniger für Umwelthilfe aus. Dieser Zusammenhang passt nicht zum erwarteten Ergebnis. Die Schlussfolgerung erscheint aber nicht tragfähig. „How should we interpret this result? One possibility is hat spending on environmental protection abroad is seen wholly as an issue of foreign relations, entirely detached from national environmental protection" (Hicks et al. 2006: 181). Eine solche Interpretation scheint äußerst unplausibel. In den internationalen Beziehungen ist es heute meist unbestritten, dass nationale Faktoren Einfluss auf die internationale Politik eines Staates haben. Es ist vielmehr das Ausmaß dieses Einflusses, das umstritten ist (Moravcsik 1997).

Das Buch von Hicks et al. ist überaus detailliert und betritt mit der Etablierung einer eigenen Datenbank für den Bereich der Entwicklungs- und Umwelthilfe Neuland. Die vorliegende Dissertation kann und will sich nicht mit einem Forschungsprojekt dieser Größenordnung messen, doch eine kritische Abgrenzung scheint aufgrund der Ähnlichkeit der Thematik unerlässlich zu sein. Der größte Verdienst des Buches ist wohl die über mehrere Jahre dauernde Erhebung von eigenen Daten zur multilateralen Umwelt- und Entwicklungshilfe. Hierzu wurden 26 Institutionen - hauptsächlich regionale und internationale Entwicklungsbanken - berücksichtigt (Hicks et al. 2006: 266). Genau diese Daten sind in dem von der OECD bereitgestellten CRS-System (Creditor-Reporting-System) nur unzureichend aufgearbeitet. Die im PLAID-Projekt genutzten bilateralen

Daten stammen fast vollständig aus dem CRS-System der OECD. Zusammen mit den selbst erhobenen multilateralen Institutionen stammen 76.7 % der von PLAID verwendeten Daten von der OECD. Diese CRS-Daten wurden allerdings anhand der Projekttitel und Beschreibungen von Hand nach dem Umweltzweck nachkodiert.

Die vorliegende Arbeit greift ebenfalls auf die CRS-Daten zurück, die allerdings nicht alle von Hand nachkodiert wurden. Das CRS-System der OECD und der für diese Arbeit benutze Referenzdatensatz zur bilateralen Umwelthilfe werden ausführlich im Abschnitt 4 besprochen. Das PLAID-Buch zeichnet die Trends in der Umwelthilfe zwischen 1980 und 1999 nach, die statistische Analyse berücksichtigt aber nur die Jahre 1990-1999 (Kapitel 4) sowie 1988-1999 (Kapitel 6), was vor allem der mangelnden Datenverfügbarkeit auf Seiten der unabhängigen Variablen geschuldet ist.

2.1.3 Implikationen für die Arbeit

Die Ausführungen auf den letzten Seiten haben gezeigt, dass die Finanzierung von Umweltpolitik bisher nur unzureichend aufgearbeitet wurde. Ausgenommen hiervon ist das zuletzt besprochene Buch zum PLAID-Projekt. Die vorliegende Arbeit grenzt sich deshalb über den betrachteten Zeithorizont deutlich vom PLAID-Projekt ab, da Umwelthilfe zwischen 1991-2005 im Zentrum der Analyse steht. Daten vor 1990 werden aufgrund unklarer Erhebungsmethoden durch die OECD nicht verwendet. Auch theoretisch grenzt sich die Arbeit ab. Das PLAID-Projekt greift auf die Principal-Agent-Theorie zurück, die auf lediglich zwei Seiten vorgestellt wird (Hicks et al. 2006: 12ff). Der Theorieteil der vorliegenden Dissertation fußt auf Theorien internationaler Beziehungen und der Literatur, die schon die Diskussion um klassische Formen der Entwicklungshilfe geleitet hat.

Die vorliegende Arbeit konstruiert zwei neue Datensätze und schließt mit der detaillierten Aufarbeitung der Datenbasis eine bestehende Forschungslücke. Aus diesem Grund haben auch die umfangreichen – eher deskriptiv angelegten – Teile 4 und 5 dieser Arbeit einen empirischen Mehrwert. Eine entsprechende Aufarbeitung der wichtigsten internationalen Institutionen und der bilateralen Umwelthilfe als Unterkategorie der traditionellen Entwicklungshilfe ist bisher in der Literatur nicht zu finden.

Die vorliegende Schrift arbeitet für die multilaterale Umwelthilfe stellvertretend die wichtigsten Institutionen (GEF, Ozonfonds, UNEP Umweltfonds) auf, wovon nur die Zuweisungen an die GEF Eingang in den hier verwendeten Datensatz zur multilateralen Entwicklungshilfe (siehe Abschnitt 5.2.4) finden werden, der Grundlage für die Hypothesen testende Analyse zur multilateralen Umwelthilfe sein wird.

Für den empirischen und theoretischen Teil dieser Arbeit ist vor allem die traditionelle Finanzierung von Entwicklungshilfe von großer Bedeutung. In diesem Politikfeld wurden bereits einige der für diese Arbeit relevanten Fragestellungen diskutiert und empirisch analysiert. Die entwicklungspolitische und ökonomische Literatur zum Thema liefert deutlich mehr Anhaltspunkte für die Beantwortung der eingangs gestellten Fragen. Da die bilaterale Umwelthilfe eine Unterkategorie der öffentlichen Entwicklungshilfe darstellt, holt der folgende Abschnitt etwas weiter aus. Auf diese Weise werden die ‚Grundlagen' für den empirischen und theoretischen Teil dieser Arbeit gelegt, die zum Gesamtverständnis der Arbeit beitragen.

2.2 Entwicklungshilfefinanzierung

Um den für diese Arbeit so zentralen Forschungsstand zur Entwicklungshilfefinanzierung genau zu verstehen und die Diskussion einordnen zu können, wird das Thema ausführlicher eingeführt und auch die finanzielle Dimension der Diskussion veranschaulicht. Grundsätzlich wird der Transfer von Geld, Gütern, Technologie oder Wissen zwischen Staaten seit Jahrhunderten praktiziert. In der Vergangenheit fand dieser Transfer allerdings häufig in Form von Bestechung oder Militärhilfe statt, um befreundeten oder verfeindeten Staaten politische Zugeständnisse abzuringen. Großbritannien gilt als der erste Staat, der ab den 1930er Jahren Entwicklungshilfe zur Armutsbekämpfung und zum langfristigen ökonomischen Aufbau seiner Kolonien einsetzte, bevor es diese in die Unabhängigkeit entließ. Nach dem zweiten Weltkrieg waren es vor allem die Vereinigten Staaten, die für den Anstieg von Entwicklungshilfeleistungen verantwortlich waren. Im Rahmen des Marshall-Plans transferierten sie mehr als 12 Milliarden US-$ zum Wiederaufbau des vom Krieg zerstörten Europas (Holsti 1992: 192).

2.2.1 Die Entstehung des ODA-Regimes

Zu einer Institutionalisierung und Nachprüfbarkeit der Entwicklungshilfezahlungen kam es aber erst 1960 mit der Gründung der Development Assistance Group (DAG), die wenig später als Development Assistance Committee (DAC[29]) der OECD zugeordnet wurde. Vom DAC stammt auch die Definition für die öffentlichen Entwicklungshilfeleistungen (ODA). Als ODA werden Mittelzuweisungen von staatlichen Stellen an Entwicklungsländer und multilaterale Institutionen verstanden, die vornehmlich der Förderung der wirtschaftlichen Entwicklung und der Hebung des Lebensstandards in Entwicklungsländern dienen und zu finanziellen Sonderkonditionen erbracht werden, wobei das Zuschusselement mindestens 25 % betragen muss (Führer 1996: 24). Die staatli-

29 Das DAC hat heute einschließlich der europäischen Kommission 23 Mitglieder.

chen Entwicklungshilfeleistungen werden nach einheitlichen Kriterien erfasst und dem DAC gemeldet. Die Finanzierung erfolgt üblicherweise über das Haushaltsbudget des Geberstaates. Neben der ODA gehören auch andere Leistungen zum Bereich der Entwicklungshilfe. Hierzu gehört etwa Finanzhilfe durch finanzielle Ressourcentransfers, die im Rahmen der Vergabe öffentlicher Mittel durch staatliche und internationale Institutionen den Entwicklungsländern zukommen, aber auch private Direktinvestitionen, Hilfeleistungen nichtstaatlicher Organisationen oder Maßnahmen der Außenhandelspolitik (Lachmann 1999: 121).

Die finanzielle Dimension der ODA ist beachtlich. Größter Nettozahler sind die Vereinigten Staaten, die im Jahr 2004 gut 19.7 Mrd. US-$ Entwicklungshilfe und im Jahr 2005 gar 27.6 Mrd. US-$ bereitstellten. Insgesamt beliefen sich die absoluten Zahlungen der 22 DAC-Länder im Jahr 2005 auf stolze 106.7 Mrd. US-$. Ein Jahr vorher waren es 79.5 Mrd. US-$[30].

Relativ betrachtet, ergibt sich ein differenzierteres Bild der Entwicklungshilfeleistungen. Die Messung der Zahlungsfähigkeit eines Staates erfolgt typischerweise im Verhältnis zur Größe seiner Volkswirtschaft oder pro Kopf und ist in der Literatur weit verbreitet[31]. Besonders in der Entwicklungspolitik hat sie eine lange Tradition. Anfang der siebziger Jahre empfahlen die Vereinten Nationen ihren Mitgliedsländern auf internationaler Ebene eine Erhöhung der ODA auf einen Anteil von 0.7 %[32] des BIP[33] je Geberland anzustreben. Seither gilt dieser Wert als normative Zielvorgabe und Referenzwert für wünschenswerte Ausgaben in der Entwicklungspolitik und wurde zuletzt im Konsens von Monterrey auf der internationalen Konferenz „Financing for Development" ein weiteres Mal bestätigt (UN 2002: 9).

Dabei ist das Ziel keineswegs unumstritten: Entgegen weit verbreiteter Meinungen basiert dieses Ziel nicht auf einem völkerrechtlich verbindlichen Vertrag, sondern auf einer Empfehlung, die von vielen Staaten unterstützt wird, der

---

30 Dieser große Sprung (vor allem die Erhöhung der Mittel der USA) erklärt sich allerdings größtenteils mit Wiederaufbauhilfe für den Irak, die als ODA eingestuft wird. Im Jahr 2005 machte diese Wiederaufbauhilfe rund 19.65 Mrd. US-$ aus. Von dieser Summe gehen allein knapp 14 Mrd. US-$ auf die Stornierung bestehender Kredite zurück, die der Irak in den achtziger Jahren bei den verschiedenen Industriestaaten aufgenommen hatte (OECD/DAC 2007c, Foreign Policy 2006: 72).

31 So zum Beispiel um Rüstungsausgaben international vergleichbar zu machen (Goldsmith 2003: 553, vgl. auch Hook 1995: 147.

32 Die UN folgte hier einer Empfehlung der Pearson-Kommission (Pearson 1969).

33 Vor einigen Jahren hat das DAC der OECD nach einer Umstellung der neuen volkswirtschaftlichen Gesamtrechnung (SNA93) die Einheiten zur Messung von ODA vereinheitlicht und von Bruttoinlandsprodukt (BIP/GDP) auf Bruttonationaleinkommen (BNE/GNI) umgestellt OECD 2002). BIP und BNE ähneln sich stark. Im Gegensatz zum BIP wird das BNE allerdings nach dem Inländerprinzip berechnet, das auch die Wertschöpfung eines Landes im Ausland berücksichtigt.

sich aber auch einige Staaten widersetzen (Clemens/Moss 2005). So wird nicht nur die Höhe des Ziels kontrovers diskutiert – beispielsweise spricht sich die Enquete-Kommission „Globalisierung der Weltwirtschaft“ dafür aus, langfristig einen Wert von einem Prozent anzustreben (Deutscher Bundestag 2002) – sondern auch deren Aussagekraft. In einem gemeinsamen Projekt des Centre for Global Development (CGD) und der Zeitschrift Foreign Policy werden seit dem Jahr 2003 die 21 DAC-Länder auch nach der Qualität ihrer Hilfe bewertet und nicht allein nach der Quantität des 0.7 %-Ziels (Foreign Policy 2006, Roodman 2006, Clemens/Moss 2005 und Radelet 2003.

Ein Blick auf die Entwicklung der ODA für die letzten 30 Jahre macht deutlich, dass dem 0.7-%-Ziel über seine normative Bedeutung hinaus kaum praktische Relevanz beigemessen werden kann.

Abbildung 2-1: Entwicklungshilfeleistungen in % des BNE[34]

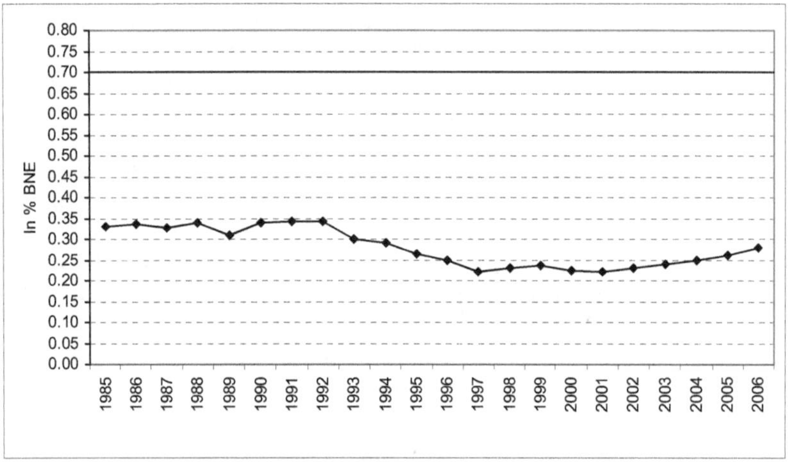

Abbildung 2-1 gibt die kumulierten Entwicklungshilfeleistungen aller DAC-Länder in Relation zum BNE aller DAC-Länder wieder. Anstatt sich den geforderten 0.7 % anzunähern, fiel der ODA/BNE-Anteil zwischenzeitlich sogar um einen Prozentpunkt und erreichte 1997 mit 0.22 % das tiefste Niveau[35] in der Geschichte des DAC, um sich bis ins Jahr 2006 bei 0.28 % zu stabilisieren.

Im Durchschnitt des Zeitraums 1994-2005 erreichten von den 22 im DAC organisierten Staaten nur vier Länder das UN-Ziel von 0.7 %, wobei Dänemark seit einer Dekade mit einem Wert von knapp 1 % an der Spitze liegt.

34 Eigene Berechnungen. Datenquelle: OECD/DAC 2006a, OECD/DAC 2007c (Zugriff am 15.02. 2007).

35 In den neunziger Jahren trat erstmalig der Fall ein, dass sowohl die absoluten als auch die relativen Zahlungen zurückgingen.

Abbildung 2-2: Durchschnittliche Entwicklungshilfeleistungen[36]

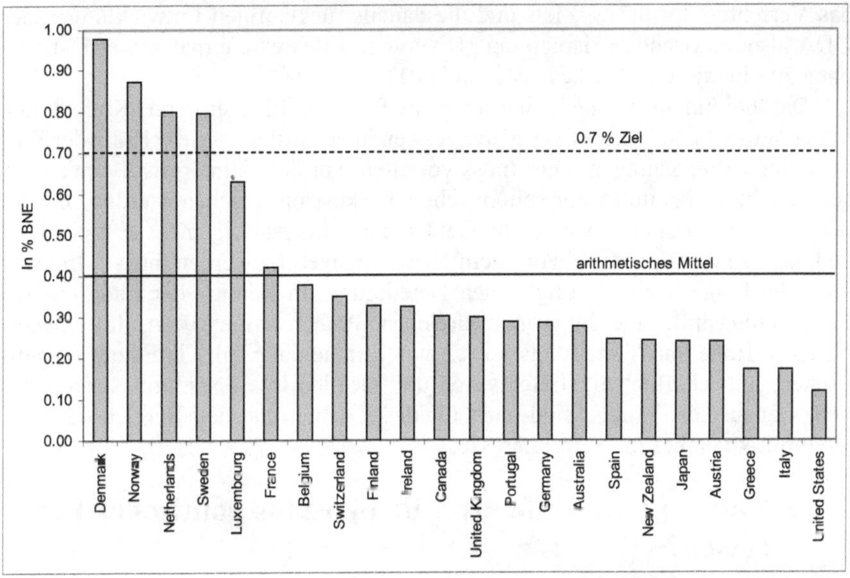

Auffällig ist, dass nur Länder das Ziel erreichen, die Esping-Andersen (1990) in seiner Studie zur Erforschung des Wohlfahrtsstaates dem sozialdemokratischen Wohlfahrtsstaatsregime zuordnet[37]. Länder mit einem liberalen Wohlfahrtsstaatsregime hingegen verfehlen das Ziel deutlich. Die vier Länder Dänemark, Norwegen, die Niederlande und Schweden heben mit ihren relativ kleinen Volkswirtschaften den Index ODA/BNE aller DAC-Länder sogar noch an. Für sich allein betrachtet, verfehlen die G7-Länder mit den stärksten Volkswirtschaften das Ziel noch deutlicher. Die USA und Japan nehmen hier mit 0.12 % den letzten Rang ein, wenngleich sie – in absoluten Zahlen gemessen – am meisten Entwicklungshilfe leisten. Wie später noch zu zeigen sein wird, weist die oben dargestellte ungleiche Beteiligung zahlreiche Analogien zum Bereich der Umwelthilfe auf (vgl. hierzu Kapitel 4).

Studien, welche diese Varianz zu erklären versuchen, sind rar[38], allerdings liegt es durchaus nahe, politisch-institutionelle Gründe wie den Wohlfahrtsstaatstyp, hohe Staatsverschuldung[39] oder eine hohe Staatsquote für das unter-

---

36 In % des BNE der Jahre 1994-2005. Eigene Berechnungen. Datenquelle: OECD/DAC 2006a.

37 Neben einem sozialdemokratischen Wohlfahrtsstaatsregime identifiziert Esping-Andersen zudem einen konservativen sowie einen liberalen Wohlfahrtsstaatstyp.

38 Eine Ausnahme bilden hier Round/Odedokun 2004.

39 „[...] the short-term outlook for overall DAC aid performance is subject both to budgetary constraints due to lower world-wide growth and to special factors in major coun-

schiedliche Niveau verantwortlich zu machen. Botcheva und Martin benutzen das Verfehlen des 0.7 %-Ziels und die damals rückläufigen Entwicklungen der ODA als empirisches Beispiel, um „Divergenz-Effekte" internationaler Institutionen zu illustrieren (Botcheva/Martin 2001).

Darüber hinaus hat auch eine schlechte Presse mit Bildern von „Kathedralen in der Wüste" und ineffektiver Mittelverwendung Einfluss auf die Höhe der Entwicklungshilfeleistungen. Dies muss vor allem vor dem Hintergrund einer wirtschafts- bzw. institutionenökonomischen Diskussion gesehen werden, die zu dem Ergebnis kommt, dass mehr Geld nicht zwangsläufig mehr Entwicklung bedeutet, sondern das Geld vor allem effektiv eingesetzt werden muss[40]. Indirekt wird die Frage nach der ungleichen Beteiligung im Bereich der traditionellen Entwicklungshilfe allerdings in zahlreichen Studien aufgegriffen, die untersuchen, ob Höhe und Verteilungsaspekte von Entwicklungshilfe in Bezug zu politischen, wirtschaftlichen, strategischen und ideellen Interessen von Staaten stehen. Genau diese Fragen sind auch für diese Arbeit und den Bereich der Umweltpolitik von besonderem Interesse.

2.2.2 Entwicklungshilfe als Mikrokosmos politischer Interessen?

Bei der Erforschung der Motive zur Vergabe von Entwicklungshilfe betrachtet eine Vielzahl von Autoren die Entwicklungshilfe als „Mikrokosmos" außenpolitischer Interessen von Geberländern (Hook 1995: 16, Hinckley 1994). Dies hat besonders vor dem Hintergrund des Ost- West-Konfliktes bis Ende der achtziger Jahre eine besondere Bedeutung.

Der Vordenker der realistischen Theorieschule in den internationalen Beziehungen, Hans Morgenthau, sah Entwicklungshilfe als getarnte Form von Bestechung an. Seine ‚politische Theorie zur Entwicklungshilfe' von 1962 ist sehr pointiert geschrieben und macht den Kern des realistischen Arguments der Folgejahre ausgesprochen gut deutlich, so dass es an dieser Stelle lohnt, ein längeres Originalzitat wiederzugeben:

> „Much of what goes by the name of foreign aid today is in the nature of bribes. The transfer of money and services from one government to another performs here the function of a price paid for political services rendered or to be rendered. These bribes differ from the traditional ones [...]: they are justified primarily in terms of

---

tries. And some of the DAC's high aid performers have indicated that public support for maintaining their current ODA/GNI level may be affected by the declining overall DAC aid performance" (OECD 2002: 69).

40 Kritisch ist hier besonders die Institutionenökonomie und die Bürokratietheorie (Richter/Furubotn 2003, Kuhlmann 1998, Gawel 1995, Holzinger 1987). Langhammer (2002) geht davon aus, dass ein Mehr an Hilfe die Qualität innenpolitischer Problemlösungen in den Empfängerländern konterkariert.

foreign aid for economic development, and money and services are transferred through elaborate machinery fashioned for genuine economic aid. In consequence, these bribes are a less effective means for the purpose of purchasing political favours than were traditional ones" (Morgenthau 1962: 303).

Im Sinne der realistischen Theorieschule Morgenthaus dient Entwicklungspolitik also als adäquates außenpolitisches Mittel, um nationalstaatliche Ziele durchzusetzen, das sich nicht von Diplomatie, Militärpolitik oder Propaganda unterscheidet „They are all weapons in the political armory of the nation" (Morgenthau 1962: 309). Dominiert von der realistischen Theorieschule argumentiert auch Wall, der in seinem Buch die Motive für die Vergabe von Entwicklungshilfe untersucht und dabei den Fokus auf die innerstaatlichen Entscheidungsprozesse und Kanäle setzt. Auch er kommt zu dem Ergebnis, dass die Motive zur Vergabe von Entwicklungshilfe hauptsächlich im egoistischen Eigeninteresse des Staates begründet liegen. Vordergründige Ziele für die Vergabe sind die Sicherstellung von Nahrungsmitteln und Rohstoffen und ein Vertrauensverlust gegenüber multilateralen Foren und Institutionen (Wall 1972: 88).

2.2.3 Warum geben Staaten Entwicklungshilfe?

Was Morgenthaus und Walls Analysen noch vermissen lassen, untersuchen McKinlay und Little Mitte der siebziger Jahre in mehreren empirischen Studien systematisch mit statistischen Hilfsmitteln. Hierfür entwickeln sie Außenpolitikmodelle für die bilaterale Vergabe von Entwicklungshilfe und stellen anhand einer quantitativen Analyse von mehreren OECD-Staaten fest, dass vor allem macht- und sicherheitspolitische Interessen eines Staates für die Vergabe amerikanischer Entwicklungshilfe verantwortlich sind. Die Arbeit der beiden ist stark von der neorealistischen Theorieschule der internationalen Beziehungen geprägt, welche das Miteinader der Staaten im internationalen System als anarchisch verstehen, was im ständigen Wettbewerb um Machtgewinne mündet:

> [...]. The political interpretation characterizes the international system in terms of competing nation-states operating in an anarchic environment. The combination of competition and anarchy encourages a preoccupation with national security" (McKinlay/Little 1977: 80).

Neben der Entwicklungspolitik der Vereinigten Staaten untersuchen McKinlay und Little außerdem das Gebeverhalten Frankreichs, Großbritanniens und Deutschlands. Auch hier dominieren macht- und sicherheitspolitische Interessen, wenngleich das Ausgabeverhalten Großbritanniens auch von humanitären[41] Faktoren geleitet wird (McKinlay/Little 1978a, 1978b, 1978c).

---

41 "Finally, although the U.K.'s aid programme is certainly not modelled on humanitarian considerations, it contains a humanitarian component that is absent from the policy of France or the USA" (McKinlay/Little 1978a: 331).

Ein solches Außenpolitikmodell wurde für den Bereich der Entwicklungshilfe mehrfach überprüft und modifiziert. Maizels und Nissanke 1984 testen ein an Geberinteressen ausgerichtetes Außenpolitikmodell gegen ein Modell, das auf die Bedürfnisse der Empfängerländer ausgerichtet ist. Letzteres orientiert sich in seinen zentralen Annahmen an der Theorie des liberalen Idealismus der internationalen Beziehungen. Zum Zweck der Analyse werden die bilateralen Zahlungen Franreichs, Deutschlands, Japans und der Vereinigten Staaten sowie multilaterale Entwicklungshilfe der Weltbankgruppe und verschiedener UN-Entwicklungsorganisationen untersucht. Im Ergebnis variiert die Erklärungskraft der Modelle im Hinblick auf die Art der Zuweisung. So besitzt das „Donor-Interest-Model“ eine hohe Erklärungskraft für die bilateralen Mittelzuweisungen der Einzelstaaten, nicht aber für die Mittelzuwendungen multilateraler Institutionen. Für diesen Bereich besitzt das „Recipient-Need-Model“ eine höhere Erklärungskraft[42]. Bis in die frühen achtziger Jahre stellen die Autoren außerdem einen Anstieg multilateraler Hilfe und eine schwindende Erklärungskraft des Donor-Interest-Models fest. Dieser Trend hielt aber nur kurz an und kehrte sich relativ schnell wieder um (Maizels/Nissanke 1984: 891).

Hook bestätigt in einer umfassenden Studie zum Thema die Dominanz außenpolitischer Interessen bei der Vergabe von Entwicklungshilfe und sieht diese auch die Vergabe multilateraler Hilfe beeinflussen. Hook betont, dass sowohl bi- als auch multilaterale Entwicklungshilfe von denselben legislativen und exekutiven Institutionen verabschiedet werden, in denen nationale Interessen eine dominante Rolle spielen. Obwohl multilaterale Hilfe gemeinhin als weniger politisch betrachtet wird, bezweifelt Hook, dass hinter diesem Teil der Entwicklungshilfe weniger nationalstaatliche Interessen stehen als hinter bilateralen Zuweisungen.

> „In some cases, multilateral ODA commitments serve the perceived national interests of donors as effectively as bilateral arrangements. In other cases, particularly those involving environmental policy, multilateral agencies address regional or global problems of consequence to the donor states that cannot be resolved through bilateral channels” (Hook 1995: 29).

Besonders interessant in diesem Zitat ist der beiläufige Verweis auf die Umweltpolitik, die nach Meinung des Autors durch bilaterale Kanäle weniger effektiv verfolgt werden kann, als durch multinationale Institutionen. Diese Argumentation folgt der Logik, dass globale Probleme auch globale Lösungen erfordern. Wie später noch zu zeigen sein wird, ist der Anteil der bilateralen Zahlungen im Bereich der Umweltpolitik aber keineswegs gering zu schätzen.

42 “The results generally confirm earlier studies that bilateral aid allocations are made largely (for some donors) or solely (for others) in support of donor's perceived foreign economic, political and security interests. By contrast, aid flows from multilateral sources, as would be expected, are allocated essentially on recipient need criteria” (Maizels/Nissanke 1984: 891).

Zum Zweck seiner Analyse kontrastiert Hook seine empirischen Daten mit theoretischen Annahmen über Entwicklungshilfe, die er aus den Theorien internationaler Beziehungen gewinnt. Neben dem realistischen Paradigma greift Hook dabei auf idealistische und strukturalistische Sichtweisen zur Erklärung von Entwicklungshilfe zurück.

Im Gebeverhalten Frankreichs, Japans und der Vereinigten Staaten dominieren ‚realistische' Interessen bei der Mittelvergabe, im Fall von Schweden eher ideelle Faktoren.

> „In this respect, the Nordic model of foreign assistance as applied by the Swedish government provides an illuminating contrast to other donors' pursuit of national interests through foreign aid" (Hook 1995: 93).

Hook erklärt Schwedens Sonderstellung als internationalen Ausdruck sozialer Werte, die innerhalb der schwedischen Gesellschaft allgemein akzeptiert waren[43]. So verfügt Schweden über einen ausgebauten Sozialstaat und eine hohe Staatsquote, die auch höhere Ausgaben für den Bereich der Entwicklungshilfe zulässt (Hook 1995: 130f)[44]. Interessant für diese Arbeit ist auch die Tatsache, dass bereits Anfang der neunziger Jahre 30-40 % der schwedischen Entwicklungshilfeleistungen als Umwelthilfe[45] eingestuft wurde (Lofstedt 1995: 47).

Einen weiteren Beleg für ein ‚nordisches Modell' internationaler Entwicklungshilfe liefern Noel und Thérien in einer Studie aus dem gleichen Jahr. Die beiden Autoren rechnen Regressionsmodelle, in die Entwicklungshilfeausgaben, Wirtschaftskraft und verschiedene Indikatoren eingehen, die sie auf der Grundlage von Esping-Andersens (1990) Wohlfahrtsstaatsmodellen konstruieren. Abgesehen von einigen Ausreißern zeigt sich, dass Staaten mit sozialdemokratischem Wohlfahrtsstaatstyp überdurchschnittlich viel für internationale Entwicklungshilfeprojekte ausgeben und sich eher an Kriterien der Bedürftigkeit bei ihrer Vergabe orientieren (Noël/Thérien 1995). In den Fällen der sozialdemokratischen Länder wird ein im Vergleich gut ausgebautes nationalstaatliches Wohlfahrtsstaatsmodell auf die internationale Ebene übertragen. Im Gegensatz dazu zeigen Schraeder et. al. (1998: 314f), dass auch das Entwicklungshilfeprogramm

---

43 Mendez bermerkt hierzu: "The focus of the assistance provided by the Scandinavian group is based on ideological as well as economic considerations, with countries following the socialist path being favourite 'target countries'. The largest providers also tend to concentrate on bilateral assistance. Aside from economic and political motives, they can do it because they have wide field networks of overseas missions and personal. The smaller countries do not. They therefore channel a larger proportion of their assistance through contributions to the general resources or special funds of int. orgs. or though multi-bilateral approaches" (Mendez 1992: 186).

44 Die Bedeutung humanitärer Interessen wird bei Hook durch eine negative Korrelation zwischen Entwicklungshilfeleistungen und Pro-Kopf-Kaloriekonsum dargestellt (Hook 1995: 109).

45 Hierzu ausführlich Hassler 2003.

Schwedens von Interessenmotiven geleitet wird, da sie einen positiven Zusammenhang zwischen der Höhe der Entwicklungshilfe und der sozialdemokratischen Einstellung der Empfängerländerregierungen herausfinden.

Dem ‚nordischen' Modell sehr nah ist das idealistische Modell internationaler Entwicklungshilfe, das bei Lumsdaine (1993) im Vordergrund steht. Dieser sieht die Entwicklungshilfepolitik aller OECD/DAC-Staaten von moralischen und normativen Werten wie Bedürftigkeit beeinflusst und baut seine Argumentation auf der Idealistischen Theorieschule der internationalen Beziehungen auf. Einer Reduzierung außenpolitischer Interessen auf ökonomische und sicherheitspolitische Interessen widerspricht er entschieden. Wegen seiner großen geographischen Reichweite und der Tatsache, dass fast alle entwickelten Länder Entwicklungshilfe leisten, sieht er in der Entwicklungshilfe ein Musterbeispiel für den Einfluss wichtiger moralischer Werte und verallgemeinerter Prinzipien, deren Schwerpunkt eindeutig die Armutsbekämpfung ist, die mit strategischen Interessen nur unzureichend zu erklären ist:

> [...] foreign aid cannot be explained on the basis of the economic and political interests of the donor countries alone, and any satisfactory explanation must give a central place to the influence of humanitarian and egalitarian convictions upon aid donors" (Lumsdaine 1993: 29).

Die Existenz strategischer Interessen auf die Vergabe von Entwicklungshilfe gesteht aber auch Lumsdaine ein[46]. Er argumentiert allerdings, dass „those donors which had self-interested rationales for aid on the whole had weak aid programs, while those which stressed humanitarian concerns and the need for international cooperation had very strong aid programs". Dies als Argument gegen die Dominanz strategischer und wirtschaftlicher Interessen zu verwenden, scheint allerdings fragwürdig. Zwar sind die Entwicklungshilfebudgets der USA und anderer OECD-Staaten relativ niedrig im Verhältnis zu ihrer Wirtschaftskraft, doch darf ihre Größe in absoluten Zahlen nicht einfach ausgeblendet werden. Ende der achtziger Jahre und somit in einem für Lumsdaines Studie relevanten Zeitraum brachten die USA knapp 9 MRD US-$ für Entwicklungshilfe auf. Bei einem Gesamtetat aller 22 DAC-Staaten von gut 46 MRD US-$ im selben Jahr sind dies knapp 20 % der Zahlungen. (OECD/DAC 2006a). Somit gilt wohl, was schon McKinlay und Little (1978a: 330) Ende der siebziger Jahre bemerkten: „Simply by the virtue of the size of its aid programme the USA can achieve much higher levels of commitment and dependency than any European donor".

Alle der oben vorgestellten Arbeiten untersuchen Zeiträume vor dem Ende des Ost-West-Konfliktes. Während dieser Zeit eines bipolaren Machtwettbe-

46 „The United States, likewise, clearly was motivated in at least half of is bilateral spending by strategic considerations. And of course it is quite possible that other strategic rationales, not so easy to isolate, may have influenced other donors" (Lumsdaine 1993: 135).

werbs und Rüstungskonkurrenz waren vor allem die sicherheitspolitischen Interessen deutlich ausgeprägter. Nach dem Ende des Kalten Krieges wandelten sich die Sicherheitsinteressen der Staaten, da sich das bipolare Machtgleichgewicht auflöste und sich eine Hegemonialstellung der USA ankündigte. Besonders für das Forschungsgebiet der internationalen Beziehungen und die Denkschule des Neorealismus stellt das Ende des Kalten Krieges ein einschneidendes Ereignis dar, da sich das bipolare Machtgleichgewicht zu verschieben bzw. aufzulösen begann.

Der Entwicklungsaußenpolitik Deutschlands nach dem Ende des Kalten Krieges widmet sich Schrade (1997) in einer Untersuchung, die theoretisch im Bereich der internationalen Beziehungen zu verorten ist. Sie kommt zu dem Ergebnis, dass ein handelsstaatliches[47] Außenpolitikmodell des Liberalismus die deutschen Entwicklungshilfeleistungen besser erklärt als realistisch-machtorientierte oder idealistisch-wertorientierte Ansätze. Eine ähnlich angelegte Untersuchung der Entwicklungshilfepolitik der Vereinigten Staaten vor und nach dem Kalten Krieg kommt zu dem Ergebnis, dass sicherheitspolitische Ziele zwar weiterhin von Bedeutung sind, diese aber nach dem Ende des Kalten Krieges gegenüber ideologischen Gründen an Bedeutung verloren haben. „In particular, the United States is increasingly rewarding democratic states with foreign aid while reducing assistance to strategically important nations" (Meernik et al. 1998: 64).

Der World Development Report der Weltbank für die Jahre 2000 und 2001 betont das Fortbestehen strategischer Interessen bei der Vergabe von Entwicklungshilfeleistungen über das Ende des Kalten Krieges hinaus.

> "The preeminence of geopolitical interests is not new. But what is new is the falloff in countervailing support from advocates for development assistance on humanitarian grounds. Many fell victim to 'aid fatigue' and were far less vocal supporters in the 1990s than before" (Weltbank 2001: 190).

Ein interessanter Aufsatz, der auch das Gebeverhalten nach dem Ende der Blockkonfrontation mit in die Analyse einbezieht, ist eine Arbeit von Alesina und Dollar (2000). Die Autoren finden heraus, dass die Offenheit des politischen Systems in Empfängerländern, ihr Abstimmungsverhalten im Sicherheitsrat der Vereinten Nationen und ein kolonialer Hintergrund mehr zur Erklärung des Ausgabeverhaltens beitragen als politische Institutionen oder Wirtschaftspolitik. „Most striking here is that a non-democratic former colony gets about twice as much aid as a democratic non-colony" (Alesina/Dollar 2000: 56)[48].

---

47 D.h. je größer die handelspolitische Bedeutung und das Potential eines Entwicklungslandes als Außenhandelspartner des vereinigten Deutschlands sind, desto höher fallen die Entwicklungshilfeleistungen für dieses Land aus (Schrade 1997: 273).

48 Den Ansatz von Lumsdaine kritisieren die beiden: "Lumsdaine emphasizes several determinants of the direction of aid which we also consider in the present paper, such as colonial history, the democratic status of the recipients, income levels, etc. However, he

Die Selektivität von Entwicklungshilfe in Bezug auf Demokratie, Wirtschaftsordnung, Korrruption und Rechtsstaatlichkeit steht auch bei neueren Studien im Vordergrund des Interesses. Die normative Frage, ob korrupte Regierungen auch weniger Entwicklungshilfe erhalten, beantworten Alesina und Weder klar mit nein, auch wenn einzelne skandinavische Geberländer weniger korrupte Staaten belohnen (Alesina/Weder 2002: 1131ff). Die Selektivität untersuchen auch Dollar und Levin in einer Studie für die Jahre 1984-2003. Dabei kommen sie zu dem Ergebnis, dass Entwicklungshilfe während dieses Zeitraums deutlich selektiver geworden ist. Zwar wurden Demokratien bzw. Demokratisierungsbemühungen in der Tendenz schon in den achtziger Jahren stärker gefördert als autoritäre Staaten, doch spielte die Wirtschaftsordnung und Rechtsstaatlichkeit in den achtziger Jahren eine eher unbedeutende Rolle. Dies änderte sich Anfang der neunziger Jahre. Besonders die multilaterale Entwicklungshilfe hat die Tendenz, sich an Wirtschaftsordnung, Demokratie und Rechtsstaatlichkeit zu orientieren (Dollar/Levin 2006).

Der Frage, ob sich Geberländerinteressen in Bezug auf die Durchsetzung und Einhaltung von Menschenrechten in Empfängerländern durchsetzen, geht Eric Neumayer nach. Dabei stellt er fest, dass die meisten OECD-Staaten entgegen ihrer Rhetorik die Achtung und Einhaltung von Menschenrechten in Empfängerländern nicht systematisch bei der Vergabe von Entwicklungshilfegeldern honorieren, wenngleich es hier einige Abweichungen zwischen den Staaten gibt. Die Einhaltung von politischen Rechten und Bürgerrechten beeinflusst demnach nicht so sehr die Höhe der Entwicklungshilfe, spielt aber eine Rolle bei der Frage, ob ein Land überhaupt als ‚empfangswürdig' für Entwicklungshilfe eingestuft wird oder nicht (Neumayer 2003a). Ähnliches gilt auch für das noch breitere Spektrum der Good Governance (GG), in das neben Menschenrechten auch Rechtsstaatlichkeit und etwa eine effektive, korruptionsfreie öffentliche Verwaltung eingehen. Zwar spielen die Prinzipien einer GG grundsätzlich eine Rolle, allerdings kann dieser Einfluss nur für wenige Geberländer nachgewiesen werden. Keines der Geberländer berücksichtigt Länder mit guter Performanz im Bereich GG mit größerer Wahrscheinlichkeit bei der Vergabe finanzieller Mittel (Neumayer 2003b: 92).

In mehreren ausführlichen Fallstudien untersuchen Smillie und Minear (2004) die Reaktion wichtiger westlicher Geberländer auf humanitäre Krisen und Katastrophen in verschiedenen Regionen der Erde. Auch in dieser qualitativen, an Anekdoten reichen Untersuchung wird eindeutig festgestellt, dass politische Interessen eine große Rolle innerhalb humanitärer Politik spielen. „Yet political calculations still result in disproportionately large levels of international humanitarian activity in areas where the interests of powerful countries are at stake" (Smillie/Minear 2004: 135).

---

presents only simple correlations, so that he cannot study interactions and the relative magnitude of the effects of different explanatory variables (Alesina/Dollar 2000: 35).

Gründe für den im bisherigen Literaturüberblick immer wieder erwähnten Unterschied zwischen bilateraler und multilateraler Entwicklungshilfe untersucht Helen Milner in einem Mehrebenenmodell, das den Principal-Agent-Ansatz nutzt. Milner geht der Frage nach, warum Staaten überhaupt auf multilaterale Zahlungskanäle zurückgreifen, wenn sie doch an Einflussmöglichkeiten auf die Mittelverwendung einbüßen, die im Falle einer bilateralen Vergabe gewahrt werden würden. Milner begründet dies nicht etwa mit der altruistischen Orientierung an der Empfängerbedürftigkeit, sondern mit unterschiedlichen Präferenzen von Regierung und Wählern, die jeweils einem der hier diskutieren DI/RN-Modelle folgen. Während die Regierung die Vergabe von bilateraler Entwicklungshilfe bevorzugt, um ihre außenpolitischen Interessen durchzusetzen, ist der Wähler eher an der Bedürftigkeit und ökonomischen Entwicklung der Empfängerländer interessiert. In der Öffentlichkeit herrscht Skepsis, wenn die aus Steuergeldern finanzierte Entwicklungshilfe von der Regierung interessengeleitet ausgegeben wird. Da sich internationale Organisationen schwerer durch Einzelstaaten beeinflussen lassen und diese ohnehin im Ruf stehen, sich an den Bedürfnissen der Empfängerländer zu orientieren, bevorzugt die Öffentlichkeit die Vergabe an solche Organisationen. Die stets an der Wiederwahl interessierte Regierung kann es sich deshalb schlicht nicht leisten, die öffentliche Meinung zur Entwicklungshilfe zu ignorieren und wird stets einen Teil der Entwicklungshilfe multilateral zur Verfügung stellen, um die Wähler zu beruhigen. Die Höhe variiert mit dem Meinungsbild zur Entwicklungshilfe in der Öffentlichkeit:

> "When publics are more skeptical about aid, governments will find it in their interest to give more multilateral aid. By doing so, the public is more willing to allocate resources to foreign aid. All sides end up better off: the government can distribute a larger amount of aid than otherwise, and the public gets higher quality aid through multilateral allocation" (Milner 2006: 109).

Milner kann einen relativ robusten signifikanten Zusammenhang für diese These anhand einer quantitativen Analyse für 16 OECD-Staaten über einen Zeitraum von 40 Jahren nachweisen. Die wichtigste unabhängige Variable wird allerdings aus verschiedenen Meinungsumfragen in den 16 Ländern konstruiert und muss entsprechend vorsichtig bewertet werden. Interessant an Milners Ergebnissen ist auch der Einfluss von anderen unabhängigen Variablen auf die abhängige Variable, die als Anteil der multilateralen an der Gesamt-ODA gemessen wird. So korrelieren etwa die Staatsausgaben invers mit der multilateralen ODA. Wenn also die gesamten Staatsausgaben steigen, führt dies überraschenderweise dazu, dass weniger Geld für multilaterale ODA bereitgestellt wird. Auch die parteipolitische Zusammensetzung der Regierung wirkt sich entgegen der geäußerten Erwartung aus, da rechtsgerichtete Regierungen mehr Geld für multilaterale ODA bereitstellen als linksgerichtete.

Von einem gänzlichen anderen Blickwinkel beleuchten Sandler und Acre (2007) das Thema. Beeinflusst von der Theorie öffentlicher Güter, sehen die beiden den Einfluss von Geberinteressen und Empfängerbedürftigkeit schwinden.Da in zunehmendem Maße globale öffentliche Güter (GPG[49]) aus Mitteln herkömmlicher ODA finanziert werden[50], nehmen Staaten gezielt Einfluss auf die Vergabe, da sie positive Rückkopplungseffekte der finanzierten GPGs für sich und die Allgemeinheit erwarten:

> "[...] aid is no longer driven by either altruism or self-serving concerns, since some public good aid provides benefit spillovers to donor nations in addition to recipient private benefits. This collective rationale can be exploited by the international community to educate donors about how augmenting their aid budget addresses their own interests (Sandler/Arce 2007: 542).

Allein das Interesse am Nutzen der grenzüberschreitenden Effekte globaler öffentlicher Güter, von deren Konsum man keinen Staat ausschließen kann, könnte nach dieser Prognose dazu führen, dass die Finanzierung von GPGs ausgeweitet wird und dabei nicht notwendigerweise zu Lasten traditioneller Entwicklungshilfe geht. Allerdings ließe sich in Anlehnung an die Kollektivhandlungstheorie auch in die entgegengesetzte Richtung argumentieren. Eine Reihe von Akteuren leistet nur einen geringen oder keinen Beitrag im Bereich der GPG-Finanzierung, profitiert aber trotzdem von den Ergebnissen des kollektiven Handelns indem sie sich auf höhere Beiträge durch andere Staaten verlassen. Allerdings findet im Bereich der Entwicklungs- und auch der Umwelthilfe keine „exploitation of the big by the small" (Olson 1965: 29) statt, da die kleinen Staaten gemessen an ihrer Wirtschaftskraft einen deutlich größeren Anteil für Entwicklungshilfe und Umweltschutz aufwenden (vgl. Abschnitt 2.2 sowie Kapitel 4 und 5).

---

49 Ausgelöst durch eine Reihe von Publikationen (Kaul et al. 1999, Kaul et al. 2003) hat das Konzept der Global Public Goods in den letzten Jahren eine wahre Renaissance erlebt, wenngleich es in einer ökonomischen Tradition steht, die bis ins achtzehnte Jahrhundert zu Adam Smith zurückreicht. Es bleibt allerdings ein Verdienst von Samuelson, den Begriff klar zu definieren (Samuelson 1954). Für ihn haben öffentliche Güter – in Abgrenzung zu privaten Gütern – zwei besondere Eigenschaften. Erstens kann das Gut von beliebig vielen Personen konsumiert werden, ohne dass diese sich gegenseitig in ihrem Konsum einschränken (Nicht-Rivalität) und zweitens kann niemand von seinem Konsum ausgeschlossen werden (Nicht-Ausschließbarkeit).

50 Einige Autoren schätzen, dass derzeit bis zu 30 % der ODA für die Bereitstellung und Finanzierung von Globalen Öffentlichen Gütern ausgeben werden (Kaul/Le Goulven 2003: 329).

Tabelle 2-1: Literaturübersicht donor-interest & recipient-need

Autoren	Modell	Methode	Ergebnis
Morgenthau 1962	DI	Theorie, Einzelbeispiele	DI: Entwicklungspolitik als Bestechung und egoistischer Eigeninteressen
Wall 1972	DI	Theorie, Einzelbeispiele	DI: Entwicklungspolitik aus egoistischem Eigeninteresse
McKinlay/Little 1977, 1978a, b, c	DI/RN	Quantitativ (Ordinary-Least-Squares - OLS)	Entwicklungs des DI-Modells
Maizels/Nissanke 1984	DI/RN	Quantitativ (OLS)	Bestätigung des DI
Lumsdaine 1993	RN	Quantitativ (Korrelationen), Einzelbeispiele	Bestätigung (Plädoyer) für RN
Hook 1995	DI, RN	4-Länder-Fallstudie, qualitative und quantitative	Bestätigung für DI und RN mit Tendenz zu DI
Noël/Thérien 1995	RN	Quantitativ (OLS)	RN tendenziell für Staaten des sozialdemokratischen Wohlfahrtsstaatstyp
Schrade 1997	DI/RI	Länderfallstudie Deutschland, Quantitativ (OLS)	Bestätigung eines DI, definiert als handelstaatlicher Außenpolitiktyp
Schraeder et al. 1998	DI/RI	4-Länder-Fallstudie, quantitativ (OLS)	Bestätigung für DI und RN mit Tendenz zu DI
Meernik et. al. 1998	-	Länderfallstudie USA, quantitativ (OLS)	Bestätigung für DI und RN (mit zunehmender Tendenz)
Alesina/Dollar 2000	DI/RN	Quantitativ (OLS, Tobit)	Bestätigung für DI und RN mit Tendenz für RN
Alesina/Weder 2002	DI	Quantitativ (OLS, Tobit)	Teilbestätigung für DI
Harris 2002	RN	Fallstudie, Litetaturübersicht	Bestätigung (Plädoyer) für RN im Bereich der *Umwelthilfe*
Neumayer 2003a	DI/RN	Quantitativ (2 Stufenmodell, OLS, Tobit)	Bestätigung für DI und RN mit Tendenz zu DI
Neumayer 2003b	DI/RN	Quantitativ (2 Stufenmodell, OLS, Tobit)	Bestätigung für DI und RN mit Tendenz zu DI
Lewis 2003	DI/RN	Quantitativ (OLS)	Bestätigung DI im Bereich der *Umwelthilfe*
Smillie/Minear 2004	-	Qualitative Fallstudien	Bestätigung von DI aber auch RN
Dollar/Levin 2006	DI/RN	Quantitativ (OLS)	Bestätigung für DI und RN mit Tendenz zu DI
Baulch 2006	DI/RN	Quantitativ (aid concentration curve, Suits index)	Bestätigung für DI und RN mit Tendenz zu DI
Milner 2006	Principal Agent	Quantitativ (OLS)	Höhe der multilateralen EL nimmt zu, wenn die Wählerschaft EL skeptisch gegenübersteht
Hicks et al. 2008	Principal Agent	Quantitativ (OLS, Logit)	Postmaterielle Einstellungen innerhalb der Bevölkerung wichtig

Eine Zusammenfassung der recht heterogenen Literatur zum Thema gestaltet sich als äußerst schwierig, da die meisten Studien im Hinblick auf Methode, Schätzverfahren, Fallzahl sowie in der Auswahl der abhängigen und unabhängigen Variablen erheblich variieren. Zur Orientierung dient Tabelle 2-1, welche die verwendete Literatur skizzenhaft darstellt. Auch diese Tabelle gibt nur eine Stichprobe der Literatur zum Thema wieder. Am sorgfältigsten ist der Forschungstand bei Neumayer aufgearbeitet, wenngleich seine Schwerpunktsetzung eine andere ist als in dieser Arbeit (Neumayer 2003b: 21ff).

Unter den hier besprochenen Arbeiten findet sich keine Studie, die das eine oder das andere Modell komplett widerlegt. Geberinteressen und Empfängerbedürftigkeit spielen bei der Vergabe von Entwicklungshilfe bei allen Staaten eine Rolle, allerdings in unterschiedlicher Ausprägung. Kein Staat verhält sich also komplett rational und egoistisch, sondern auch zu einem bestimmten Maße altruistisch.

Zusammenfassend kann festgestellt werden, dass das RN mehr Erklärungskraft für den Bereich der multilateralen Entwicklungshilfe hat. Dies gilt sowohl für die aggregierten Leistungen aller Geberländer, als auch für die einzelstaatlichen Transfers an multilaterale Institutionen. Auf der anderen Seite überzeugt das DI mehr, wenn es um die aggregierten bilateralen Zahlungen aller Geberländer und die meisten (aber nicht alle) einzelstaatlichen Transfers geht (vgl. auch Neumayer 2003b: 20).

Die Frage, warum sich die Geberländer im Verhältnis zu ihrer Wirtschaftskraft unterschiedlich stark an der Entwicklungshilfe beteiligen, wird indes nur indirekt beantwortet. Grob vereinfacht kann aber folgender Schluss gezogen werden: Geberländer, die eher dem DI folgen, konzentrieren ihre Zahlungen auf ausgewählte militärisch-strategische und ökonomische ‚Partnerländer', was zu einem ‚engeren' Entwicklungshilfebudget führt, das relativ gemessen (ODA/GNI) unter dem Durchschnitt aller Geberländer liegt. Im Gegensatz dazu sind die Entwicklungshilfebudgets derjenigen Länder, die sich stärker am RN orientieren, breiter gefächert und weniger konzentriert, was sich in der Regel in einem überdurchschnittlichen Entwicklungshilfebeitrag niederschlägt, wenn dieser prozentual zur Wirtschaftskraft in GNI gemessen wird. In einem Beitrag zur Finanzierung globaler öffentlicher Güter fassen Inge Kaul und Katell Le Goulven die Diskussion folgendermaßen zusammen:

> "Certainly, economic theory and international relations theory, confirmed by empirical studies, tell us, that nation-states are likely to consider spending on international cooperation only if it is in their national self-interest. Thus there is a risk that resource allocations will fall short of required funds" (Kaul/Le Goulven 2003: 337)

Inwiefern dies auch für den Bereich der Umwelthilfe gilt und ob diese ähnlichen Vergabemodalitäten wie die Entwicklungshilfe folgt, wird in den noch folgenden Kapiteln genauer thematisiert werden.

Vor dem Hintergrund des diskutierten Forschungsstands lässt sich feststellen, dass Fragen, die für den Bereich der Entwicklungshilfe bereits hinreichend geklärt sind, für den Bereich der Umweltfinanzierung noch nicht beantwortet wurden. Da immer mehr Mittel der herkömmlichen Entwicklungshilfe zur Finanzierung globaler Umweltschutzprojekte verwendet werden, tut sich hier eine vielversprechende Forschungslücke auf.

"The kinds of theories we find attractive are influenced not only by events but also by our general political orientations"
(Jervis 1998: 973).

3 Theorien

Zentrales Anliegen dieser Arbeit ist die Klärung der Frage, warum sich Geberländer unterschiedlich stark an der Finanzierung internationaler Umweltpolitik beteiligen und welchen Vergabekriterien die finanziellen Zuweisungen unterliegen. Auf Grundlage der aufgearbeiteten Literatur und der vorliegenden empirischen Daten erscheint es äußerst unwahrscheinlich, dass die Varianz in der Beteiligung zwischen den Geberländern auf purem Zufall beruht. Vielmehr ist es plausibel anzunehmen, dass unterschiedliche Interessen auf Seiten der Geberländer oder auch normgeleitete Überzeugungen bei der Entscheidung über die Höhe der Vergabe eine maßgebliche Rolle spielen.

In der Literaturübersicht von Kapitel 2 wurden rationale und ideell motivierte Vergabekriterien aus dem Bereich der traditionellen Entwicklungshilfe herausgearbeitet, die sich unter den Modellen des ‚donor interest' und des ‚recipient need' zusammenfassen lassen. An diese ökonomische und entwicklungspolitisch eingefärbte Literatur lässt sich politikwissenschaftlich hervorragend anknüpfen. Das liegt vor allem an den zahlreichen Analogien der in dieser Literatur gemachten Annahmen mit den zentralen Prämissen bekannter Theorien internationaler Beziehungen: So deckt sich die Vermutung, dass Geberländer bei der Vergabe von Entwicklungshilfe vor allem ihre politikstrategischen oder ökonomischen Eigeninteressen durchzusetzen versuchen, weitgehend mit den zentralen Annahmen der (neo)realistischen oder auch der neoliberalen Theorieschule der internationalen Beziehungen. Beide gehen von einer anarchischen Organisationsstruktur des internationalen Systems aus. Im Gegensatz dazu passt die Idee, dass Geberländer sich bei der Vergabe vor allem von den Bedürfnissen der Empfängerländer leiten lassen, gut in die Theorieschule des liberalen Idealismus der internationalen Beziehungen und mit einigen Vorbehalten auch in die sozialkonstruktivistische Ideenwelt.

Ziel des nun folgenden Abschnitts ist es, diese Analogien präziser herauszuarbeiten. Zu diesem Zweck werden die wichtigsten Theorieströmungen der internationalen Beziehungen aufgearbeitet und ihre zentralen Annahmen zu allgemeinen Hypothesen zum Vergabeverhalten im Bereich der Umweltpolitik zusammengefasst. Diese allgemeinen Hypothesen werden in Kapitel 6 spezifiziert und am konkreten Beispiel der Umweltfinanzierung empirisch getestet.

3.1 Theorien internationaler Beziehungen und Außenpolitik

Theorien internationaler Beziehungen (IB Theorien)[51] und Außenpolitiktheorien beinhalten zahlreiche Theorieansätze. Die Ansätze reichen vom klassischen Realismus, Liberalismus, Marxismus, Funktionalismus, English School, Sozialkonstruktivismus, Feminismus bis hin zu postmodernen Ansätzen, um nur einige Theoriegattungen zu nennen[52]. Die unterschiedlichen Theorieschulen sollten allerdings nicht bloß als Opposition und Abgrenzung zu bestehenden Theorien gesehen werden, deren Ziel es ist, diese zu widerlegen. Unterschiedliche Theorieschulen können sich gegenseitig bereichern, da sie unterschiedliche Aspekte der internationalen Politik behandeln[53].

Eine gute Theorie erklärt mit möglichst wenig zentralen Annahmen ein breites Spektrum der Wirklichkeit und nicht umgekehrt mit möglichst vielen Details und Vermutungen einen kleinen Ausschnitt dieser Wirklichkeit. Wenngleich ein solches Theorieverständnis gerade innerhalb der IB-Wissenschaftsgemeinschaft durchaus auf Widerspruch stoßen kann, so ist es für diese Arbeit ganz bewusst und auch als klare Abgrenzung gegenüber postmodernen Ansätzen gewählt, die in ihrer Konsequenz den Kern wissenschaftlichen Arbeitens selbst in Frage stellen.

Im Mittelpunkt der theoretischen Auseinandersetzung innerhalb der Disziplin standen verschiedene ‚Großdebatten'[54] konkurrierender Denkschulen. In den dreißiger und vierziger Jahren nach war es die Auseinandersetzung zwischen Idealismus und Realismus. In den siebziger Jahren stand die theoretische Auseinandersetzung zwischen dem nunmehr zum Neorealismus mutierten Realismus nach Kenneth Waltz und dem Pluralismus im Zentrum der Auseinandersetzung. Was in den siebziger Jahren noch als Pluralismus bezeichnet wurde, bezeichnete man in den achtziger und neunziger Jahren als neoliberalen Institutionalismus.

Diese Debatte zwischen Neorealismus auf der einen Seite und neoliberalem Institutionalismus auf der anderen Seite hat die Disziplin stark geprägt. Beide Denkschulen stellten lange Zeit die konventionellen IB-Ansätze dar. Eine ernst zu nehmende Alternative etablierte sich aber erst Ende der achtziger Jahre. Diese neue Denkschule, die zunächst unter dem Label ‚reflexiver' Ansätze

---

51 Im Folgenden werden Theorien internationaler Beziehungen als IB-Theorien abgekürzt bzw. synonym verwendet.

52 Beispielhaft hierzu Burchill et al. 2009, Griffiths et al. 2007, Brown/Ainley 2005.

53 Siehe hierzu auch Jervis 1998: 971.

54 Zur Abgrenzung der verschiedenen Großdebatten herrscht in der Literatur kein Konsens. Oftmals wird die Debatte zwischen Neorealismus und neoliberalem Institutionalismus nicht als Großdebatte gesehen, sondern eher als eine generelle Wissenschaftsdebatte. Einige Autoren betonen auch, dass die großen Debatten innerhalb der IB noch nicht abgeschlossen sind (Navon 2001).

(Keohane 1989) geführt wurde, bezeichnet man heute als Sozialkonstruktivismus oder auch nur als Konstruktivismus. Mittlerweile hat der Konstruktivismus selbst schon den Status einer weit verbreiteten ‚konventionellen' IB-Theorie eingenommen.

Bei der Darstellung der wichtigsten IB-Theorien auf den nächsten Seiten geht es nicht darum, ob diese Theorien richtig oder falsch sind oder sie im weiteren Verlauf der Arbeit zu verifizieren oder zu falsifizieren. Es geht vielmehr darum, die wichtigsten Prämissen darzustellen, die von der jeweils anderen Theorie nicht geteilt werden. Dies ist wichtig, um Hypothesen zum Vergabeverhalten und der Beteiligung an der Finanzierung von Umweltpolitik aufzustellen. Die Hypothesen werden in diesem Kapitel in allgemeiner Form aufgestellt und im Kapitel 6 wieder aufgegriffen und weiter konkretisiert. Aufgrund ihrer Nähe zum Donor-Interest und Recipient-Need-Model werden 1) (Neo)Realismus, 2) Liberalismus in der Tradition eines liberalen Handelsliberalismus sowie 3) der Idealismus in der ‚modernen' Ausprägung des Sozialkonstruktivismus besprochen. Der Idealismus diente den Proponenten des Recipient-Need-Models als intellektuelle Referenz, während das Donor-Interest-Modell traditioneller Entwicklungshilfe eher auf den zentralen Annahmen des Neorealismus und des Handelsliberalismus aufbaut.

3.1.1 Realismus

Der Realismus war lange die dominante Theorie der internationalen Beziehungen nach dem zweiten Weltkrieg. Er entstand vor allem als Reaktion auf das Scheitern des Völkerbundes und den Zweiten Weltkrieg. In seiner Analyse der internationalen Politik rechnet der Realismus vor allem mit den seiner Meinung nach naiven Annahmen des liberalen Idealismus ab (hierzu auch Abschnitt 3.1.3). Es war der marxistische Historiker E.H. Carr (1940), der den Idealismus als Utopismus bezeichnete und diesem dem von ihn erarbeiteten Gegenentwurf ‚Realismus' gegenüberstellte.

Nach Meinung Carrs beschreibe der Idealismus weniger eine ausformulierte Theorie der internationalen Politik, sondern mehr eine normative und politische Grundhaltung dazu, wie die Staatenwelt sein sollte bzw. eine bessere Welt aussehen könnte. Die idealistische Betonung gemeinsamer Interessen und Werte täuscht über den eigentlichen Konflikt innerhalb der internationalen Staatenwelt hinweg: Der Überwindung von Knappheit und Mangel. Nach Carr ist die Welt vor allem durch Knappheit fundamentaler Bedürfnisse gekennzeichnet, die nur von wenigen Staaten (den sogenannten ‚haves') überwunden werden kann. Andere Staaten (die sogenannten ‚have-nots') können die Knappheit nur bedingt überwinden, sind aber permanent bestrebt, diesen Zustand zu ändern (Brown/Ainley 2005: 26).

Carr brach mit der philosophischen Tradition des Naturrechtsgedankens und der individuellen Freiheit der ökonomischen Theorie nach Adam Smith. Die Vorstellung, dass sich auf einem freien Markt ein Gleichgewicht quasi von selbst etabliert, wurde von Carr als ideale Wunschvorstellung ohne faktische Basis zurückgewiesen (Navon 2001: 612).

Heute wird der Realismus eher mit dem Namen Hans Morgenthau (und später Kenneth Waltz) verbunden. Morgenthau knüpft an die Ausführungen von E.H. Carr an, indem er einen realistischen Gegenentwurf zum Idealismus vorlegt. Für Morgenthau ist das aggressive Streben nach Macht allerdings nicht das Resultat von Knappheit, sondern der schlechten Natur des Menschen (Baumann et al. 2001: 249; Morgenthau 1967: 49). Morgenthaus Verdienst ist es, den Realismus systematisiert zu haben. So liest sich sein Buch nicht als empirische Studie, die Hypothesen über das internationale System testet, sondern mehr als Ratgeber der internationalen Politik. Es präsentiert daher verschiedene Leitsätze realistischen Denkens, „die zur Interpretation und praxeologischen Ratgebung bei der Analyse konkreter Fälle internationaler Politik nutzbar gemacht werden können“ (Zürn 1994: 311).

Grob vereinfacht lässt sich Morgenthaus Realismus auf die Aussage reduzieren, dass Staaten vor allem machtpolitische Interessen verfolgen. Aufgrund eines fehlenden Gewaltmonopols – wie es die League of Nations im Idealismus hätte sein sollen – und eines anarchischen Miteinanders lassen sich universelle Normen nicht durchsetzen. Macht wird dabei zur zentralen analytischen Schlüsselkategorie. Das Primat außenpolitischen Handelns ist deshalb auf die Sicherung der staatlichen Souveränität und die Erhaltung von Macht ausgerichtet. Morgenthaus Realismus und die damit verbundenen Annahmen werden vom Neorealismus aufgegriffen und theoretisch weiter systematisiert.

3.1.1.1 Neorealismus

Während der klassische Realismus nach Carr und Morgenthau mehr als Ansatz denn als eine Theorie zu sehen ist, versteht sich der Neorealismus als vollwertige Theorie der internationalen Politik. Die abhängige Variable ist weniger das Verhalten einzelner Staaten, sondern es sind Eigenschaften des internationalen Systems wie deren Stabilität oder Krisenanfälligkeit (Waltz 1996). Dieses wiederum hat Auswirkungen darauf, wie Staaten im internationalen System agieren.

Der Neorealismus bezeichnet ein theoretisches Gebäude von Prämissen und Aussagen, die den Untersuchungsgegenstand internationale Politik erfassen. Hauptvertreter des Neorealismus sind Kenneth N. Waltz (1979), Robert Gilpin (1981), Joseph M. Grieco (1990, 1994) oder John Mearsheimer (2001). Insbesondere Kenneth Waltz hat mit seinem Hauptwerk (Waltz 1979), das bis heute als Meilenstein der internationalen Beziehungen gilt, mehrere Generationen von Studenten und Wissenschaftlern der Materie beeinflusst. Bis heute arbeiten sich alle danach diskutierten IB-Theorien und Metatheorien an den zentralen Annahmen des Neorealismus ab.

Der besondere Charme der Waltzschen Theorie liegt in der Einfachheit und Klarheit seiner zentralen theoretischen Prämissen. Im Gegensatz zum Realismus verweist der Neorealismus nicht mehr auf die Natur des Menschen und sein Interesse an Macht, sondern nutzt ein strukturalistisches Argument. Die Struktur des internationalen Systems – gekennzeichnet durch die Abwesenheit einer zentralen Ordnungsinstanz – wird im Neorealismus als anarchisches System verstanden, in dem jeder Akteur (Staat) egoistische Eigeninteressen verfolgt. Deshalb ist jegliches staatliche Handeln dem Prinzip der Selbsthilfe unterworfen (Waltz 1979: 102).

Aus diesem Grund kommt der Verteilung von Macht zwischen den verschiedenen Akteuren große Bedeutung für die Erklärung internationaler Politik zu. Staaten sind bestrebt, eine möglichst dominante Machtposition im internationalen System einzunehmen. Im System von Waltz stellt der Machtzuwachs aber nicht das unmittelbare Ziel staatlichen Handelns dar. Es ist lediglich ein Mittel, um das höchste Ziel der staatlichen Sicherheit und Souveränität zu verwirklichen. In der neorealistischen Staatenwelt herrscht demnach ein Zustand permanenter Unsicherheit, da eine zentrale Institution fehlt, die Staaten voreinander beschützt.

Ein solches System kann zum Sicherheitsdilemma führen, das erstmals von John Herz (1950) beschrieben wurde. Das Sicherheitsdilemma beschreibt eine Situation, in der sich Staaten permanent als gegenseitige Bedrohung wahrnehmen und infolgedessen weiter aufrüsten, um sich vor potentiellen Angriffen zu schützen. Jede Anschaffung von Waffen auf der einen Seite erzeugt eine entsprechende Gegenreaktion auf der anderen, die im Extremfall zu einem Wettrüsten führt. Was ein Staat als defensiv ausgelegte Versicherung für den Verteidigungsfall ansieht, wird von anderen Staaten eventuell als offensive Bedrohung ausgelegt. Im Extremfall führt dies dazu, dass für Staaten der einzige Weg zur Sicherheit über den Angriff oder die Expansion führt.

> "The heart of the security dilemma argument is that an increase in one state's security can make others less secure not because of misperception or imagined hostility, but because of the anarchic context of international relations" (Jervis 1991: 100).

In einem internationalen System, in dem alle Staaten nach Sicherheit streben und ihre eigene Macht maximieren wollen, resultiert die notwendige Stabilität aus einem Machtgleichgewicht sich feindlich gegenüberstehender Staaten oder Allianzen. Ein solches Machtgleichgewicht kann sowohl bipolar als auch multipolar charakterisiert sein. Welches dabei weniger konfliktanfällig ist, konnte weder die realistische noch die neorealistische Theorieschule endgültig klären (Vgl. hierzu etwa Waltz 1979: 161f, Buzan 1991: 162f, Zürn 1994, Mearsheimer 1990).

Aufgrund des permanenten Misstrauens zwischen den Staaten zeichnet die neorealistische Theorieschule ein äußerst pessimistisches Bild für zwischenstaatliche Kooperation, die aus den folgenden Gründen als problematisch eingestuft wird:

- Staaten können sich nicht darauf verlassen, dass ihre Kooperationsbereitschaft erwidert wird, weil die Einhaltung von Abkommen nicht durch eine übergeordnete Instanz gewährleistet wird. Es besteht deshalb die Möglichkeit, dass ein Partner einen Vertrag einseitig bricht, aber trotzdem von der Kooperationsbereitschaft anderer profitiert, ohne selbst eine Gegenleistung zu bringen;
- Es besteht die Gefahr, dass ein Staat seine Machtposition durch die Zusammenarbeit ausbaut und dies später zu seinem eigenen Vorteil, aber zum Nachteil der Vertragspartner ausnutzt;
- Staaten sind grundsätzlich bestrebt, Abhängigkeiten voneinander zu vermeiden, die andere Staaten zu ihren Gunsten ausnutzen und als Machtinstrument missbrauchen könnten. Kooperiert wird deshalb nur, wenn die Aussicht auf relative Gewinne besteht. Die neorealistische Theorie legt deshalb nahe, dass Staaten auf einen absoluten Kooperationsgewinn verzichten, wenn der Kooperationspartner einen größeren (relativen) Vorteil von der Zusammenarbeit hat (Waltz 1979: 105ff).

Die kooperationshemmende Wirkung internationaler Anarchie wird im Neorealismus lediglich durchbrochen, wenn eine gemeinsame Bedrohung Staaten zur Zusammenarbeit zwingt oder wenn ein dominanter Akteur bereit ist, einen Großteil der entstehenden Mehrkosten zur Bereitstellung von kollektiven Gütern zu tragen.

Die neorealistische Fokussierung auf Misstrauen, Sicherheit und Machtgewinn limitiert die Fähigkeit, andere Bedrohungen außerhalb des sicherheitspolitischen Kontextes, wie etwa die Zerstörung der Umwelt oder den Klimawandel, als Problem wahrzunehmen und abzuschätzen. Deshalb wird das Thema häufig im Bereich der ‚low politics' verortet. Aus historischer Sicht ist dies durchaus verständlich, da Themen wie Umweltzerstörung auf dem Zenit der neorealistischen Theorieformulierung noch nicht die heutige Bedeutung hatten. Es wäre aber unangemessen zu argumentieren, dass Umweltthemen in der neorealistischen Theorieschule gänzlich ohne Bedeutung wären. Bei natürlichen Ressourcen wie Klima und Biodiversität handelt es sich um knappe Ressourcen, die verwaltet werden müssen. Aus (neo)realistischer Sicht birgt die Knappheit ausgewählter Rohstoffe immer auch ein gewisses Konfliktpotential. Es liegt deshalb durchaus im Bereich des Möglichen, dass mächtige Staaten aus einem strategischen Eigeninteresse heraus Knappheitsprobleme im Bereich der Umweltpolitik zu lösen versuchen:

„In other words, state A may presumably deter state B from polluting air or water or from depleting fish stocks. Even fighting global warming would seem plausible, although the effort would appear immense and likely unmanageable for such a wide problem" (Laferrière/Stoett 1999: 104).

Eine solche geopolitische Argumentation berücksichtigt die strategische Bedeutung von natürlichen Ressourcen. Sowohl in Morgenthaus als auch Waltz' Theoriewelt sind Ressourcen von Bedeutung, wenn es um die Darstellung von Machtpotentialen geht (Waltz 1979: 131, Morgenthau 1967: 143ff).

Es ist natürlich offensichtlich, dass neorealistische Verteidigungsexperten kaum mit einer Erweiterung des Sicherheitsbegriffes[55] zu beeindrucken sind oder sie das Militärbudget zugunsten von Umwelt- und Naturschutz beschneiden würden. Die Betonung der strategischen Wichtigkeit bestimmter natürlicher Ressourcen und ein sicherheitspolitisch gebotener effizienter Umgang mit natürlichen Ressourcen ist aber durchaus mit einer neorealistisch dominierten Weltsicht vereinbar (Laferrière/Stoett 1999: 102).

3.1.1.2 Fazit und allgemeine Hypothesen

Was den Untersuchungsgegenstand dieser Arbeit angeht, trifft die neorealistische Theorie keine Aussagen über das potentielle Vergabeverhalten von Staaten im Bereich der Umwelthilfe. Dies hängt auch damit zusammen, dass es sich beim Neorealismus nicht um eine Außenpolitiktheorie handelt (Waltz 1996) und finanzielle Zuweisungen zwischen Staaten klar zum Bereich ihrer Außenpolitik zu zählen sind. Nach Waltz können immer nur bestimmte Aspekte, nicht aber alle Facetten von Außenpolitik theoretisch erklärt werden (Rose 1998: 145). Die abhängige Variable im Neorealismus ist nicht das außenpolitische Verhalten einzelner Staaten, sondern es sind Eigenschaften verschiedener internationaler Systeme wie deren Stabilität oder Kriegsanfälligkeit (Baumann et al. 1999: 247). Hieraus kann aber nicht gefolgert werden, dass eine neorealistische Theorieperspektive nicht zu einer Prognose von Vergabeverhalten fähig wäre. Sie ist lediglich nicht explizit zu diesem Zweck konstruiert worden[56].

Wie oben bereits gezeigt wurde, reagieren Staaten im internationalen System weitgehend rational auf die dort gegebenen Zwänge. Diese Zwänge haben direkten Einfluss auf das außenpolitische Verhalten von Staaten. Es hängt von der Machtposition im internationalen System ab und ergibt sich aus seinem Anteil der im internationalen System verfügbaren Ressourcen. Für eine neorealistische Außenpolitiktheorie ist deshalb die Annahme zentral, dass alle Staaten im internationalen System ein Interesse an möglichst viel Macht haben (Baumann

55 So diskutieren verschiedenen Autoren die Ausweitung des Sicherheitsbegriffes auf das Thema Umwelt, um dieses politisch in den Bereich der ‚high politics' aufzuwerten (Buzan 1991; Buzan et al. 1998, Daase 1991).

56 So argumentiert auch Waltz selbst (Waltz: 1979: FN 1, 8ff).

et al. 1999: 247, 253). Für den einzelnen Staat ist vor allem die relative Machtposition eines Staates im internationalen System von Bedeutung (ebd. 254). Macht ist im Neorealismus deshalb eine Schlüsselkategorie und die zentrale unabhängige Variable zur Erklärung außenpolitischen Verhaltens, zu dem auch die Vergabe von Umwelthilfe gehört.

Die vorgestellten Grundprämissen legen nahe, dass Staaten, die eine neorealistische Außenpolitik verfolgen, der Finanzierung umweltpolitischer Projekte in anderen Staaten eine geringere Bedeutung beimessen und im Vergleich zu anderen Staaten vergleichsweise wenig Mittel bereitstellen. Dies gilt insbesondere, weil der Transfer von finanziellen Mitteln an andere Staaten leicht zu einer Verschlechterung der relativen Machtposition eines Staates führen kann. Aus diesem Grund kann erwartet werden, dass Staaten, die eine neorealistische Außenpolitik verfolgen, die Zuweisungen auf wesentliche Ausgaben wie z.B. Nothilfe beschränken werden.

Auf der anderen Seite hat der Literaturüberblick im vorangegangenen Kapitel 2 und speziell die Diskussion des Donor-Interest-Modells gezeigt, dass finanzielle Transfers durchaus möglich sind, wenn sie der Durchsetzung politischer Interessen dienen können. Dies gilt insbesondere dann, wenn mit den Transfers bestimmte Gegenleistungen verknüpft sind. So argumentiert Robert Gilpin, der eindeutig der neorealistischen Theorieschule zugerechnet werden kann, dass die Vergabe von Entwicklungshilfe hauptsächlich der Durchsetzung politischer, militärischer und wirtschaftlicher Interessen geschuldet ist (Gilpin 1981: 32). In diesem Zusammenhang schreibt Hook:

> From a realist perspective foreign assistance should primarily, if not exclusively, be designed to facilitate donor interests. Humanitarian objectives are deemphasized; aid is viewed minimally related to recipient economic development. If an effect is identified, it is significant only to the extent that it increases the donor's political influence, military security, trade programs, and foreign investments. Foreign aid in this view is inseparable from the problem of power (Hook 1995: 34).

Zu den Vergabeinteressen in (neo)realistischer Theorieperspektive gehören Transfers an befreundete Staaten in gemeinsamen Verteidigungsbündnissen oder an ehemalige Kolonien. Auch nach der formalen politischen Unabhängigkeit können finanzielle Transfers der Aufrechterhaltung eines einseitigen, politisch gewollten Abhängigkeitsverhältnisses dienen. Rein altruistisch motivierte Mittelzuweisungen sind nur in Ausnahmefällen wie Hungersnöten und anderen Situationen der Not- und Katastrophenhilfe denkbar (Morgenthau 1962). Grundsätzlich wird erwartet, dass militärische Stärke des Geber- und des Empfängerlandes sowie strategische (und ökonomische) Bedeutung eines potentiellen Empfängerlandes die Vergabe von Umwelthilfe beeinflusst.

Die oben gemachten Ausführungen zur neorealistischen Theorieschule und die gezogenen Schlussfolgerungen werden als zwei neorealistisch inspirierte allgemeine Vergabehypothesen zusammengefasst:

Allgemeine Hypothesen

a) *Aufgrund der Bedeutung von Macht und strategischen Interessen messen Geberstaaten, die eine neorealistische Außenpolitik verfolgen, der Finanzierung von internationaler Umweltpolitik einen geringen Stellenwert bei.*

b) *Die Vergabe von finanziellen Mitteln beschränkt sich allenfalls auf strategisch wichtige Partnerländer, die diese Mittel nicht zu einer Verbesserung der eigenen Machtposition im internationalen System nutzen.*

Diese allgemeinen Hypothesen werden in Kapitel 6 wieder aufgegriffen und näher konkretisiert, um sie empirisch testen zu können.

3.1.2 Liberalismus

Innerhalb der Theorien internationaler Beziehung wurde der Begriff ‚Liberalismus' häufig als eine Art Label genutzt, unter dem verschiedene Theorieströmungen und Ansätze zusammengefasst werden, die nicht dem Realismus oder Neorealismus zugeordnet werden können. Wie auch im Sozialkonstruktivismus ist nicht immer gleich klar, was unter dem Begriff genau zu verstehen ist. Dies liegt vor allem daran, dass der Liberalismus eine lange Tradition hat. Im weitesten Sinne lässt sich auch der Idealismus als liberale Theorie einstufen. Aus diesem Grund hat auch der im nächsten Abschnitt vorgestellte Sozialkonstruktivismus gemeinsame Wurzeln mit dem Liberalismus.

Die intellektuellen Wurzeln des Liberalismus lassen sich bis ins siebzehnte Jahrhundert zurückverfolgen. So gilt John Locke (1632-1704) als Vater des Liberalismus in den internationalen Beziehungen. Der klassische Liberalismus betont fundamentale Werte wie individuelle Freiheit, Selbstbestimmung und Frieden und widmet sich vor allem der Legitimation politischer Herrschaft. Souveräne Staaten sind in erster Linie an allgemeiner Wohlfahrt und Handel interessiert, weshalb sie eine friedliche Beilegung von Konflikten kriegerischen Auseinandersetzungen vorziehen. Außerdem begründet der Naturrechtsgedanke der Aufklärung die Auffassung, dass Handel zwischen Staaten frei und gleichberechtigt stattfinden solle (Lemke 2008: 13).

Im Gegensatz zum Neorealismus betont der Liberalismus die Bedeutung von innerstaatlichen Akteuren (z.B. Regierungen, Interessengruppen) und internationalen Wirtschaftsbeziehungen für staatliches Handeln. Außenpolitisches Handeln ist also nicht nur als eine Reaktion auf die im Staatensystem herrschende Anarchie zu verstehen, sondern auch auf innerstaatliche Faktoren und Wirtschaftsbeziehungen zurückzuführen.

Innerhalb des Liberalismus der internationalen Beziehungen wird häufig zwischen republikanischem Liberalismus, freihändlerischem Handelsliberalismus, transnationalem Liberalismus sowie liberalem Institutionalismus unterschieden. Eine klare Abgrenzung zwischen den Varianten ist nicht möglich. Die Übergänge sind mitunter fließend. Der republikanische Liberalismus wird in der Literatur häufig auch als demokratischer Liberalismus diskutiert. Nach ihm ist Frieden zwischen Staaten vor allem dann möglich, wenn sie republikanisch und demokratisch verfasst sind. Unter den republikanischen Liberalismus fällt auch die Hypothese vom ‚demokratischen Frieden', nach der Demokratien niemals Krieg gegeneinander führen (Doyle 1983a, 1983b, Russet 1993, Gleditsch/Risse-Kappen 1995). Der transnationale Liberalismus griff die wachsenden (transnationalen) Verflechtungen zwischen Gesellschaften (Ökonomien) auf, die zu gegenseitigen Interdependenzen führte und die Nationalstaaten vor zusätzliche Herausforderungen stellte. Unter den Begriff des transnationalen Liberalismus fallen vor allem funktionalistische Theorien der internationalen Beziehungen (Miltrany 1966, 1975).

Es war aber insbesondere der liberale Institutionalismus, der die theoretische Auseinandersetzung zwischen Neorealismus und Liberalismus über mehrere Jahrzehnte dominierte. Aus diesem Grund wird er auf den nächsten Seiten etwas ausführlicher dargestellt. Wegen seiner Bedeutung für diese Arbeit wird außerdem der Handelsliberalismus näher erläutert werden. Auf eine ausführliche Darstellung aller anderen liberalen Theorietraditionen wird verzichtet.

3.1.2.1 Liberaler Institutionalismus

Der liberale oder auch neoliberale Institutionalismus war lange Zeit der dominante wissenschaftliche Ansatz, der mit dem Neorealismus um die ‚Deutungshoheit' in den internationalen Beziehungen konkurrierte. Auf den ersten Blick mag diese Konkurrenz verwundern, da es sich in beiden Fällen um rationalistische Theorien handelt, die zentrale theoretische Prämissen teilen. Hierzu gehören etwa die Annahme internationaler Anarchie im Staatensystem und das eigennützige staatliche Handeln. Das zwischenstaatliche Verhältnis ist also in beiden Fällen von Anarchie und Konkurrenz geprägt. Allerdings hält der neoliberale Institutionalismus die Möglichkeit zur zwischenstaatlichen Kooperation für deutlich wahrscheinlicher. Dies liegt vor allem an der Bedeutung, die der Ansatz internationalen Institutionen und Regimen beimisst. Diese können die Wirkungen internationaler Anarchie nachhaltig dämpfen und zwischenstaatliche Kooperationen fördern.

Zwischenstaatliche Kooperation zur Errichtung internationaler Institutionen führt aber auch nach dem neoliberalen Institutionalismus nicht immer zum gewünschten Verhandlungsergebnis und findet keineswegs in Harmonie statt:

> "Cooperation should not be viewed as the absence of conflict, but rather as a reaction to conflict or potential conflict. Without the specter of conflict, there is no need to cooperate" (Keohane 1984: 54).

So können Trittbrettfahrer von Verhandlungsergebnissen profitieren, ohne selbst entsprechende Beiträge geliefert oder Kosten übernommen zu haben. Auch das Gefangenendilemma lehrt, wie schwierig es sein kann, sich auf den Kooperationswillen und die Versprechungen anderer Verhandlungspartner zu verlassen, wenn Fehlverhalten aufgrund der anarchischen Staatenwelt nicht sanktioniert wird. Dennoch machen sie Kooperation unter bestimmten Voraussetzungen deutlich wahrscheinlicher.

Der größte analytische Unterschied zwischen Neorealismus und neoliberalem Institutionalismus liegt in der Bewertung der Kooperationsergebnisse. Für Neoliberalisten stehen bei der Kooperation hauptsächlich absolute (finanzielle) Gewinne im Vordergrund. Das heißt, es wird auch kooperiert, wenn die eigenen Kooperationsgewinne – absolut gesehen – kleiner sind als beim Verhandlungspartner. Auffällig ist hier die Analogie zur liberalen Außenhandelstheorie und ihrer Betonung von komparativen Kostenvorteilen (Ricardo 1997). Auch hier verdienen die Handelspartner ungleichmäßig am internationalen Handel. Aber sie verdienen eben alle und sind in der Lage, entsprechende Wohlfahrtsgewinne zu generieren. Vor dem Hintergrund dieser Logik erscheint es auch plausibel, knappe finanzielle Ressourcen am besten dort einzusetzen, wo sie – absolut betrachtet – den größten ökologischen Nutzen aufweisen.

Neorealisten hingegen streben nach relativen Gewinnen: Kooperation findet in der Regel nur statt, wenn sich ein Verhandlungspartner vom Kooperationsergebnis relative Gewinne verspricht. Es geht also darum, im Ergebnis – auch relativ gesehen – besser dazustehen als der Verhandlungspartner. Die Betonung relativer Gewinne weist eine Analogie zum neorealistischen Fokus auf das Machtgleichgewicht auf. Dieses basiert ja genau auf der Annahme, dass Staaten sich permanent gegenseitig überwachen und auf relative Änderungen dieses Gleichgewichts reagieren (Brown/Ainley 2005: 47). Sie macht auch die Vergabe von Umwelthilfe unwahrscheinlich, da im Extremfall relative finanzielle Gewinne gegen das Geberland verwendet werden könnten.

Ein zweiter analytischer Unterschied liegt in der unterschiedlichen Bewertung von internationalen Institutionen und Regimen. Die Errichtung internationaler Institutionen und Regime ist im Realismus nur bei einer hegemonialen Machtverteilung denkbar. Nur eine deutlich überlegene Macht ist in der Lage, die Kosten für die Errichtung internationaler Regime bereitzustellen und schwächere Staaten zur Kooperation zu zwingen. Im Umkehrschluss heißt dies aber auch, dass das Interesse eines Hegemons an einem Regime im Verhältnis zu seiner hegemonialen Stellung und seiner Machtüberlegenheit schwindet (Gilpin 1987, 2001, Mansfield 2004). So diente das allgemeine Zoll- und Handelsabkommen (GATT) oft als Beispiel für die Gültigkeit der *Theorie der hegemonialen Stabilität*. Es war vor allem Robert Keohane, der diese These empirisch widerlegte. So konnte er zeigen, dass die Wahrscheinlichkeit zur Kooperation bei unklaren Kräfteverhältnissen zwischen den Kooperationspartnern gegebenenfalls sogar höher ist, als wenn ein Partner eindeutig hegemonialen Status genießt. Darüber hinaus überdauern zahlreiche Regime und Institutionen auch nach dem Rückzug eines Hegemons (Keohane 1984).

Für den neoliberalen Institutionalismus stellen Institutionen[57] eine Möglichkeit dar, das für den (Neo)Realismus so zentrale Sicherheitsdilemma zu überwinden (Axelrod 1984, Axelrod/Keohane 1985). Sie bieten ein neutrales Forum an, in dem Verhandlungspartner von den friedlichen Intentionen des eigenen Handelns überzeugt werden können. Darüber hinaus können Institutionen als neutrale Vermittler bei der Konfliktvermittlung und Intervention dienen (Brown 1992: 36, 51).

Eine Themenhierarchie zugunsten nationaler Sicherheit und Souveränität kennt der neoliberale Institutionalismus allerdings nicht. So kann jedes Problemfeld zu jeder Zeit auf die internationale Agenda vordringen (Keohane/Nye 1987: 24). Im Rahmen der den liberalen Institutionalismus dominierenden Regimeanalyse stehen häufig umweltpolitische Themen auf der Agenda. Dies liegt vor allem daran, dass die meisten Umweltprobleme vergleichsweise neu sind und sich wegen ihres globalen Gefährdungspotentials nicht mehr nur lokal bekämpfen lassen. Es liegt also in der Natur des Problems, auf internationale Kooperationsbeziehungen zu setzen. Somit ist der neoliberale Institutionalismus von zentraler Bedeutung für die politikwissenschaftliche Analyse internationaler Umweltpolitik:

> "Any review of contemporary regime literature on the environment indicates a strong bias toward liberal precepts related to the value of contractual relations and institutional regulation" (Laferrière/Stoett 1999: 136).

Für den neoliberalen Institutionalismus sind Institutionen aber nicht nur Ausdruck kooperativer Beziehungen, sondern auch eine ihrer wichtigsten Ursachen (Hellmann/Wolf 1993: 158). Institutionen sind die treibende Kraft, um die Varianz des individuellen und kollektiven Verhaltens von staatlichen Akteuren vorherzusagen (Young 1992: 160).

Grob vereinfacht sind internationalen Institutionen und Regimen im neoliberalen Institutionalismus folgendermaßen gekennzeichnet:

- Sie reduzieren die kooperationsfeindlichen Auswirkungen der Anarchie;
- Sie stellen Informationen bereit und vermitteln bei Interessengegensätzen;
- Sie etablieren Verhaltensstandards für Staaten und ermöglichen die Einhaltung von Verträgen;
- Sie üben Einfluss auf das Verhalten der Mitgliedsländer aus;

57 Zum Institutionenbegriff vgl. Fn. 13.

- Sie erhöhen den Anreiz Abmachungen auch einzuhalten und senken Transaktionskosten;
- Sie können Inhalte mehrer Politik- und Problemfelder miteinander verknüpfen (Issue Linkage);
- Sie nehmen anderen Staaten die Besorgnis, dass aus der zwischenstaatlichen Zusammenarbeit resultierende Machtzugewinne gegen die Partner eingesetzt werden.

Weil Institutionen Vertragsbrüche und sonstiges Fehlverhalten ihrer Mitgliedsstaaten nicht direkt sanktionieren können, beruht ihre Wirksamkeit vor allem auf dem Eigeninteresse, die politischen Regeln der Institutionen einzuhalten. Bricht er die definierten Regeln, muss der betreffende Staat mit einem erheblichen Reputationsverlust rechnen. So verspielt er seinen Ruf als fairer Handelspartner und setzt sich dem Risiko aus, von den Vorteilen zukünftiger Kooperationen ausgeschlossen zu werden. Die Wirksamkeit internationaler Institutionen basiert also nicht zuletzt auf öffentlichem ‚Blameshaming'.

3.1.2.2 Freihändlerischer Wirtschafts- und Handelsliberalismus

Der freihändlerische Wirtschafts- und Handelsliberalismus[58] hat eine lange Tradition innerhalb des klassischen Liberalismus, die bis zur liberalen politischen Ökonomie von Adam Smith und der liberalen Außenhandelstheorie von David Ricardo zurückreicht. Nach Meinung dieser Autoren sind Marktwirtschaft, internationaler Freihandel und die Achtung von Privateigentum die grundlegende Voraussetzung für Sicherheit und Frieden. Innerhalb des Liberalismus in den internationalen Beziehungen hat vor allem Richard Rosecrance (1986) in den achtziger Jahren den Begriff des ‚Handelsstaates' (Trading State) geprägt. Analog zu einer primär an Macht orientierten Außenpolitik wird der Handelsstaat als „amoralischer, zweckrationaler Nutzenmaximierer" konzeptionalisiert, für den die Verwirklichung ethischer Werte der Verfolgung egoistischer Eigeninteressen untergeordnet ist (Schrade 1997: 250). Dabei sind die Eigeninteressen des Staates primär ökonomischer Natur. Ähnlich wie im Neorealismus geht es im Handelsliberalismus grundsätzlich um die Verbesserung der eigenen Machtposition. Dabei steht die Verbesserung der relativen Machtposition im Vordergrund. Die Steigerung der staatlichen Wohlfahrt ist das primär angestrebte Politikziel.

Ein weiterer Vertreter eines (Handels)Liberalismus ist auch Andrew Moravcsik. In einem viel beachteten Aufsatz aus dem Jahr 1997 entwirft der Autor eine liberale Theorie der internationalen Beziehungen, die gleichberechtigt neben Neorealismus und Institutionalismus steht und den selbst formulierten Anspruch auf den Status einer Großtheorie in den internationalen Beziehungen erhebt (Moravcsik 1997: 513). Moravcsiks Theorie ist überaus komplex und löst

---

58 Im Folgenden als Handelsliberalismus bezeichnet.

sich von der Ambivalenz aus empirischer Beschreibung und normativer politischer Ideologie, welche die klassische liberale Theorie und insbesondere den Idealismus ausmachte. Als großes Verdienst Moravcsiks kann gewertet werden, dass er durch die ‚Neuformulierung' der liberalen Theorie in einem nichtideologischen Sinn die Systematisierung der liberalen Theoriebildung stark vorangetrieben hat (Schieder 2003: 172).

Grob vereinfacht geht Moravcsik davon aus, dass Staaten keineswegs als autonome Akteure verstanden werden können. Das Verhalten eines Landes ist vielmehr Ausdruck seiner gesellschaftlichen Akteure, die sich in komplexen Präferenzbildungs- und Entscheidungsprozessen durchsetzen. Die Handlungsmuster internationaler Politik ergeben sich nicht aus der internationalen Machtverteilung (Neorealismus) oder internationalen Institutionen (neoliberaler Institutionalismus), sondern auch aus dem sozialen Kontext (Schieder 2003: 176f). „What states want is the primary determinent of what they do" (Moravcsik 1997: 521). Diese Grundannahme hat wichtige Auswirkungen auf die Außenpolitik von Staaten. Nach Moravcsiks Liberalismus versuchen Regierungen nicht automatisch, Sicherheit und Macht zu maximieren, da gesellschaftliche Akteure und Gruppen in aller Regel nicht der Staatsräson unterworfen sind, wonach die Sicherung des Staates als Machtproduzent und -instrument oberste Richtschnur politischen Handelns zu sein habe. Ihr Grundmotiv ist das Streben nach Wohlfahrtsgewinnen (Schieder 2003: 176f).

Aus diesen Grundannahmen leitet Moravcsik drei Theorievarianten ab. Hierzu gehören der ‚idelle', der ‚republikanische' und der ‚kommerzielle' Liberalismus (Moravcsik 1997: 515). Die letzte Theorievariante fällt in den Bereich des Handelsliberalismus. Sie erklärt das individuelle und kollektive Verhalten von Staaten, indem Marktanreize beobachtet werden, denen nationale und transnationale ökonomische Akteure gegenüberstehen:

> "At its simplest, the commercial liberal argument is broadly functionalist: Changes in the structure of the domestic and global economy alter the costs and benefits of transnational economic exchange, creating pressure on domestic governments to facilitate or block such exchanges through appropriate foreign economic and security policies" (Moravcsik 1997 :528).

Aus liberaler Sicht ist das Außenverhalten von Staaten von Gewinnen und Verlusten gesellschaftlicher Akteure durch transnationale wirtschaftliche Austauschbeziehungen abhängig. Je stärker Produzenten und Konsumenten von der internationalen Arbeitsteilung profitieren, desto intensiver werden sie sich auch für offene Märkte, stabile Wirtschaftsbeziehungen und gegen Protektionismus wenden, da dieser die wichtigen Außenhandelsbeziehungen gefährdet (Schieder 2003: 179). Mit Blick auf die innerstaatlichen Akteure werden sich jene für internationale Kooperation am stärksten einsetzen, die sich vom grenzüberschreitenden Austausch eine Diffusion derjenigen Ideen erhoffen, denen sie sich selbst verschrieben haben. Der kommerzielle Liberalismus nach Moravcsik hat damit wichtige Implikationen für die Sicherheitspolitik: Da sich Regierungen der Tatsache bewusst sind, dass Kriege, Sanktionen oder andere Zwangsmaßnahmen mehr Kosten verursachen als ein grenzüberschreitender Austausch von Waren und Dienstleistungen, ist der ökonomische Anreiz groß, sich nach außen kooperativ zu verhalten und auf aggressive Selbsthilfestrategien zu verzichten (Schieder 2003: 179f).

3.1.2.3 Fazit und allgemeine Hypothesen

Die Literatur zum Liberalismus in den internationalen Beziehungen ist äußerst heterogen, weshalb sich die unterschiedlichen Ansätze kaum auf einen gemeinsamen Nenner bringen lassen. Gemeinsam ist den meisten liberalen Ansätzen aber ein handelsliberales Argument: Aus Sicht des Liberalismus stellen Staaten in ihrem außenpolitischen Kooperationsverhalten absolute Gewinne über relative Gewinne.

In der Konsequenz neigt eine auf Handel ausgerichtete Außenpolitik stärker einem offenen und multilateral ausgerichteten Politikstil zu als dies im Neorealismus der Fall ist. Ein auf Handel ausgerichteter kooperativer Politikstil ist jedoch kein Selbstzweck. Maßgeblich für die Bereitschaft zu multilateraler Kooperation ist vor allem die fallweise zu entscheidende Frage, ob die erwarteten Gewinne erhöht oder suboptimale Politikergebnisse vermieden werden können (Schrade 1997: 260).

Insbesondere die kommerzielle Variante von Moravcsiks liberaler Theorie legt nahe, dass zumindest die westlichen – demokratisch organisierten – Industrieländer in ihrer Außenpolitik nationale ökonomische Interessen verfolgen, die auf die Erschließung von Exportmärkten und Absatzchancen für die nationalen Industrien ausgerichtet sind.

Dies hat auch Auswirkungen auf die Vergabe von Umwelthilfe. Es kann davon ausgegangen werden, dass eine liberale Außenpolitik die ökonomischen Verflechtungen entsprechend berücksichtigt, um Marktchancen für die heimische Wirtschaft zu erhalten und um neue Märkte zu erschließen. Geld wird vor allem dann ausgegeben, wenn es Vorteile für die heimische Wirtschaft bringt, also z.B. Exportmärkte vergrößert werden können. Wirtschaftsbeziehungen, aber auch der allgemeine Wohlstand sind also die wichtigsten unabhängigen Variablen bei der Vergabe von Umwelthilfe. Geld wird verstärkt an Länder vergeben, die für die Wirtschaft der Geberländer wichtig und für den Export von hoher Bedeutung sind. Darüber hinaus ist damit zu rechnen, dass wohlhabende Geberländer eher dazu geneigt sind, sich an der Vergabe von Umwelthilfe zu beteiligen als weniger wohlhabende Länder. Vor dem Hintergrund der Logik komparativer Kostenvorteile, legt eine liberale Theorietradition außerdem nahe, finanzielle Mittel dort einzusetzen, wo sie den größten ökologischen Nutzen haben.

Diese Überlegungen lassen sich als allgemeine Hypothesen zusammenfassen:

Allgemeine Hypothesen

c) *Wohlstand, Außenhandel, handelspolitische Verflechtungen und Exportbeziehungen spielen bei der Vergabe von Umwelthilfe eine wichtige Rolle.*

d) *Vor dem Hintergrund komparativer Kostenvorteile und um die Grenzkosten des Umweltschutzes zu minimieren, werden Finanzmittel verstärkt dort eingesetzt, wo sie einen möglichst großen ökologischen Nutzen entfalten können.*

3.1.3 Idealismus

Während der Realismus und der Neorealismus die dominanten Theorieströmungen nach dem Zweiten Weltkrieg waren, ist der liberale Idealismus nach dem Ende des Ersten Weltkriegs von großer Bedeutung für die noch junge Disziplin der internationalen Beziehungen gewesen. Der Idealismus entstand als Reaktion auf den Ersten Weltkrieg und analysierte, was zum Krieg geführt hatte und wie zukünftige Kriege verhindert werden könnten. Die intellektuellen Wurzeln des Idealismus reichen dabei weit zurück in die europäische Geistesgeschichte der Aufklärung, den Naturrechtsgedanken (insbesondere Immanuel Kant) und die liberale politische Ökonomie eines Adam Smith (Smith 1996).

Anknüpfend hieran herrschte im Idealismus die Auffassung, dass es keinen Krieg geben könne, wenn alle Nationalstaaten demokratisch konstituiert seien. Dieser Glaube schließt gleichzeitig eine Kritik des Systems vor 1914 ein, das zum Ausbruch des Ersten Weltkrieges geführt hat. Ein anarchisches Staatensystem und geheime diplomatische Absprachen führten zu einem System unterschiedlicher Allianzen, die unkontrolliert und ohne Furcht vor Sanktionen handelten. Kurz, es gab keinen Mechanismus, der einen Krieg hätte verhindern können.

In den Augen vieler prominenter Idealisten, wie etwa dem damaligen amerikanischen Präsidenten Woodrow Wilson, sollte ein internationaler Völkerbund zukünftige Kriege verhindern. Der Völkerbund wurde 1920 gegründet und setzte auf ein System der kollektiven Sicherheit, in dem jeder Staat die Sicherheit der anderen Staaten garantieren und schützen sollte. Vor dem Hintergrund dieser Logik könne es keine Kriege geben, da ein international gültiges Völkerrecht den Krieg als dominierendes Charakteristikum des internationalen Systems ablösen sollte (Brown/Ainley 2005: 22).

Der Völkerbund war allerdings von Anfang an mit einer großen Hypothek belastet: Die Vereinigten Staaten traten dem Abkommen niemals bei[59]. Zwar war der amerikanische Präsident Woodrow Wilson einer der größten Befürworter und Initiatoren des Völkerbunds, doch vermochte er das eigene Volk und die amerikanische Politik nicht von den Vorzügen des Völkerbundes zu überzeugen. Die Entwicklungen in den zwanziger Jahren und die Folgen der Weltwirtschaftskrise zeigten dann, dass der Völkerbund und das System der kollektiven Sicherheit nicht in der Lage waren, den Ausbruch des Zweiten Weltkrieges zu verhindern. Mit dem Völkerbund scheiterten auch die Vorstellungen des liberalen Idealismus.

Im Schatten des Realismus und des Neorealismus fristete die Theorietradition lange Zeit eine Art Schattendasein. Die friedliche Beendigung des Kalten Krieges stellte allerdings die ‚neuen' dominanten rationalistischen IB-Theorien vor ähnliche Herausforderungen wie einst der Beginn des Zweiten Weltkrieges den Idealismus. Sie hatten das Ende des Ost-West-Konflikts weder vorhergesehen, noch konnten die ex-post-konstruierten Erklärungen die Forschungsgemeinde überzeugen. Aus diesem Grund entwickelte sich Ende der achtziger und Anfang der neunziger Jahre aus einer Reihe reflexiver Ansätze (Keohane 1989) eine neue Theorieströmung, die später unter dem Namen Sozialkonstruktivismus oder Konstruktivismus[60] zusammengefasst wurde.

Aufgrund einer kritischen Auseinandersetzung mit rationalistischen IB-Theorien und einer Rückbesinnung auf normative Faktoren wie Werte, Ideen, Kultur oder Sprache verorten prominente Vertreter des Faches den Konstruktivismus in der Tradition des liberalen Idealismus (vgl. hierzu Steele 2007, Barkin 2003, Sterling-Folker 2000: 113, Rittberger/Zangl 2003: 45). Dies gilt vor allem für einen der Wegbereiter und Hauptvertreter dieser Theorieströmung. Alexander Wendt „bezeichnet die von ihm entwickelte Theorie in seiner einflussreichen Schrift zur ‚sozialen Theorie der internationalen Beziehungen' als strukturellen Idealismus (Wendt 1999: xiii). Die wichtigsten Annahmen des Konstruktivismus und seine Abgrenzung gegenüber anderen IB-Theorien werden auf den nächsten Seiten ausführlicher beschrieben.

3.1.3.1 Sozialkonstruktivismus

Während Neorealisten und Liberalisten relativ klare Vorstellungen darüber haben, welche Faktoren die internationalen Politik beeinflussen und von rational-eigennützig orientiertem staatlichen Verhalten ausgehen, gilt dies weniger für den Sozialkonstruktivismus. Was genau Sozialkonstruktivismus in den interna-

59 Deutschland und Russland durften dem Völkerbund nicht beitreten, weil der Versailler Vertrag ihnen dies untersagte.

60 Die Bezeichnungen Konstruktivismus und Sozialkonstruktivismus werden im Folgenden synonym verwendet.

tionalen Beziehungen ausmacht und wofür er steht, wird zumindest auf den ersten Blick nicht deutlich. Mitunter kann der Eindruck entstehen, dass in der Literatur all das als Sozialkonstruktivismus bezeichnet wird, was sich nicht in die herkömmlichen IB-Schemata einordnen lässt. So werden teilweise auch postmoderne bzw. post-positivistische Ansätze unter dem konstruktivistischen Label zusammengefasst.

> „Constructivism is fastest growing oppositional movement within IR theory, but a good part of this growth is a by-product of the lack of any clear definition of what this approach might involve" (Brown/Ainley 2005: 48).

Aufgrund der recht heterogenen Ansätze gehen die Meinungen zu empirischen Arbeiten innerhalb des Konstruktivismus weit auseinander. Eine ganze Reihe von Ansätzen teilt die Annahmen ‚konventioneller' IB-Theorien, wonach sich soziale Phänomene empirisch untersuchen und auch erklären lassen. Andere Strömungen, zu denen vor allem die postmodernen Ansätze zu zählen sind, argumentieren, dass soziale Wirklichkeit nicht außerhalb der subjektiven Wahrnehmung existiert und deshalb nicht empirisch überprüft werden kann.

Mit Blick auf die heterogenen Strömungen versuchen prominente Vertreter den Konstruktivismus zur besseren Handhabung zu klassifizieren. So unterscheidet etwa Ruggie (1998: 881f) drei Varianten des Konstruktivismus. Unter dem Label des ‚neoklassischen' Konstruktivismus werden pragmatische Ansätze zusammengefasst, die sich im weitesten Sinne zur Idee der Sozialwissenschaften bekennen und auf ein methodisches Vorgehen bei der Erklärung der sozialen Wirklichkeit setzen. Die meisten konstruktivistischen Arbeiten dieser Strömung wenden qualitative Methoden wie Diskurs- und Inhaltsanalysen an. Prominente Vertreter dieser Strömung sind neben Ruggie noch Friedrich Kratochwil (1989), Nicolas Onuf (1989), Emanuel Adler (1997), Martha Finnemore (1993) oder Peter Katzenstein (1996).

In deutlicher Abgrenzung zum neoklassischen Ansatz steht der postmoderne Konstruktivismus, dessen intellektuelle Wurzeln in den Arbeiten von Friedrich Nietzsche, Michel Foucault und Jacques Derrida zu finden sind. Zeitgenössische Vertreter dieser Strömung wie David Campbell (1998), R.B.J. Walker (1990), Spike Peterson (1992) oder James Der Derian und Michael Shapiro (1989) setzten auf einen linguistischen Zugang und die textliche Dekonstruktion sozialer Wirklichkeit. Sozialwissenschaft sei demnach nichts anderes als ein hegemonialer Diskurs, der ein Wahrheitsregime durchzusetzen versucht und bestimmte wissenschaftliche Zugangsmethoden gegenüber anderen vorzieht (Ruggie 1998: 881, Brown/Ainley 2005: 48 ff).

Der ‚naturalistiche' Konstruktivismus nimmt nach Ruggie eine Art Mittlerstellung (via Media[61]) zwischen den neoklassischen und den postmoderenen Ansätzen ein, indem er Elemente aus beiden Ansätzen kombiniert. Hauptvertreter

---

61 Vgl. hierzu auch Wendt 2000.

dieser Strömung ist Alexander Wendt. Wendt, einer der Begründer des Konstruktivismus, unterscheidet wiederum zwischen ‚dickem' (thick) und ‚dünnem' (thin) Konstruktivismus. Der thick-constructivism meint radikale/postmoderne Ansätze, während der thin-constructivism eher für methodenoffene positivistische Ansätze steht[62]. Wendt selbst bezieht in der Debatte ganz klar Stellung. Zwar lehnt er postmoderne und radikale konstruktivistische Ansätze nicht grundsätzlich ab, misst diesen Arbeiten aber lediglich den Status einer ‚Kunstform' zu. Demgegenüber zeichnen sich wissenschaftliche Arbeiten durch einen gemeinsamen Nenner aus, auf dessen Basis Schlussfolgerungen nachvollzogen werden können:

> „The epistemic authority of any scientific study, whether using interpretive or positivist methods, depends on publicly available evidence and the possibility that its conclusions might in some broad sense be falsified. If there is no such evidence or if a study is non-falsifiable, then it might still be interesting as a form of art, self-expression, or revelation, but it is not an effort to know the world through 'science' " (Wendt 1999: 373).

Harnisch (2003: 330) verweist darauf, dass sich postmoderne, feministische und andere krtische Strömungen vom ‚konventionellen' Konstruktivismus vor allem dahingehend unterscheiden, dass sie keine explizite Außenpolitikforschung an streben. Nicht selten wird darauf verwiesen, dass es sich beim Konstruktivismus nicht um eine empirisch gehaltvolle Theorie der internationalen Beziehungen, sondern um eine Metatheorie handelt. Schon aus diesem Grund sei es kaum möglich, auf der Grundlage des Konstruktivismus gehaltvolle Annahmen über die internationale Politik zu formulieren, wie es etwa bei Realismus und Liberalismus durchaus üblich ist (Risse 2003: 101, Boekle et al. 2001: 105).

Bei allen Unterschieden in der Forschungspraxis und im Detail stimmen die konstruktivistischen Strömungen darin überein, dass sich Realität nicht unmittelbar erschließen lässt und Akteure und Strukturen in der internationalen Politik nicht unabhängig von sozialen Kontexten verstanden werden können. Die uns zugängliche soziale Welt wird vielmehr durch die Art und Weise konstruiert, wie wir mit anderen handeln, welche gemeinsam geteilten Vorstellungen wir über diese Welt haben und wie wir unsere Umwelt erfahren (Ulbert 2003: 391).

Während die konventionellen IB-Theorien zentrale Grundannahmen wie die Anarchie und die daraus resultierenden Konsequenzen im internationalen Staatensystem teilen, entwickelt der Konstruktivismus in der Kritik dieses Strukturmerkmals seine Stärke. Zwar teilen einige prominente Vertreter wie Wendt die Annahme von Anarchie als fehlender Ordnungsinstanz im internationalen System, sie ziehen aber andere Schlussfolgerungen aus diesem Ordnungsmerkmal.

---

62 Für eine ausführliche Diskussion und Auseinandersetzung mit dem Konstruktivismus und seinen verschiedenen Strömungen verweise ich auf Zehfuss 2002, Checkel 2004, Guzzini/Leander 2006, Barkin 2003, Barkin 2004, Goddard/Nexon 2005, Navon 2001, Palan 2000, Steele 2007.

Im Neorealismus mündet die zwischenstaatliche Anarchie zwangsläufig in einem Selbsthilfesystem. Für den Konstruktivismus ist das Selbsthilfesystem nur eine mögliche Ausprägung dieses Strukturmerkmals. Ein zwingender Determinismus hin zum Selbsthilfesystem wird abgelehnt. Objektive Interessen und materielle Faktoren stellen im Konstruktivismus nicht die zentralen Determinanten internationaler Politik dar. Die Struktur, die sich unter den Bedingungen der Anarchie herausbildet, hängt in hohem Maße davon ab, von welchen Rollenverständnissen Staaten geleitet werden (Ulbert 2003: 402). Wie Anarchie konkret gestaltet ist und was sie genau für den einzelnen Staat bedeutet, ist vor allem nach Wendts Konstruktivismus in hohem Maße kontingent. „Aus dem bloßen Fehlen eines Gewaltmonopols folgt nicht zwangsläufig, dass Staaten um ihre Existenz fürchten müssen" (Wolf 2003: 122). Anarchie ist also das, was die Staaten daraus machen oder wie Wendt es in seinem wichtigen Aufsatz ausdrückt: *„Anarchy is what the states make of it"* (Wendt 1992).

Im Konstruktivismus wird die Struktur des internationalen Systems deshalb nicht notwendigerweise als materiell gedeutet, wie dies im Neorealismus oder dem neoliberalen Institutionalismus der Fall ist. Die Struktur des internationalen Systems gestaltet sich vielmehr als soziale Struktur, die sich abhängig vom Rollenverständnis des jeweiligen Staates wandeln kann (Ulbert 2003: 402). In der internationalen Politik ist dieses Rollenverständnis beispielsweise davon geprägt, wie bestimmend Gewalt im Verhältnis zwischen Akteuren und ihrer Umwelt ist. Akteure können demnach Normen befolgen, weil sie im neorealistischen Sinne dazu gezwungen werden, dies zu tun. Sie können aber auch Normen befolgen, weil es in ihr ökonomisches Interessenskalkül passt. Nach konstruktivistischem Verständnis werden Normen vor allem auch deshalb befolgt, weil sie Staaten als legitim ansehen und von einer Vielzahl von Staaten geteilt werden (Ulbert 2003: 402). Soziale Normen und Ideen haben demnach ihren eigenen Wert und sollten nicht erst dann zum Zug kommen, wenn konventionelle Theorien an ihre Grenzen stoßen. „IR social scientists usually turn first to material forces, defined as power and interest, and bring in ideas only to map of resudual unexplained variance" (Wendt 1999: 370). Jegliches utilitaristische Kalkül ist demnach eingebettet in einen ideellen und normativen Kontext mit daraus resultierenden Praktiken und entsprechenden Logiken der Angemessenheit[63], nach denen Akteure ihr Handeln gestalten. Demnach existiert kein kalkulierender Akteur, der auf Grundlage exogen vorgegebener Interessen und feststehender Präferenzordnungen die Handlungsoption wählt, die ihm den höchsten Nutzwert garantiert (Ulbert 2005: 18).

Das neorealistische Konzept des internationalen Systems wird im Konstruktivismus ersetzt durch ein Konzept der internationalen Gesellschaft. Als soziales System beeinflusst es zugleich die Identitäten und die Präferenzen der Mitglie-

63 Logic of Appropriateness (vgl. March/Olsen 1989; 1998).

der der internationalen Gesellschaft und wird durch ihre Handlungen entsprechend reproduziert (Boekle et al. 2001: 117, Wendt 1999). Ähnlich argumentiert Risse. Im Gegensatz zu rationalem Handeln, das darauf ausgerichtet ist, gegebene Präferenzen zu optimieren, ist normbasiertes Handeln darauf ausgelegt, das Richtige zu tun. „Normative rationality implies constitutive effects of social norms and institutions, since these rules not only regulate behaviour, that is, they have causal effects, but also define social identities [...]" (Risse 2000: 4).

Der Beitrag des Sozialkonstruktivismus zur Disziplin der internationalen Beziehungen ist vor allem der Verweis darauf, dass kollektive Normen und entsprechendes Verständnis soziale Identitäten von Akteuren konstituieren. Sie geben die Rahmenbedingungen und Spielregeln vor, innerhalb derer Akteure sich bewegen müssen. Das bedeutet freilich nicht, dass Normen immer eingehalten und nicht verletzt werden können. So schützen beispielsweise Menschenrechtsnormen Bürger vor Zugriffen des Staates und definieren heutzutage gleichzeitig einen ‚zivilisierten' Staat. Nichtsdestoweniger können Menschenrechtsnormen verletzt werden. Ähnliches gilt für die Souveränitätsnorm von Staaten, die in hohem Maße festlegt, was einen Staat auszeichnet (ebd.: 4).

Im Konstruktivismus stellen Normen, Ideen und Kultur eigenständige und zentrale unabhängige Variablen zur Erklärung staatlichen Handelns dar. Aus diesem Grund wird auch das Fehlen einer zentralen Ordnungsinstanz im anarchischen Staatensystem eher als Argument für den Effekt von Normen gewertet, da die empirische Wirklichkeit nicht nur auf Misstrauen, Wettrüsten und die Verfolgung eigener Vorteile hindeutet. Staaten kennen aufgrund langjähriger Interaktion die Identität und Intentionen anderer Staaten gut genug, um nicht immer gleich den schlechtesten Fall (z.B. Angriff, Krieg) anzunehmen (Wolf 2003). Zugleich will der Konstruktivismus die Bedeutung von Interessen nicht leugnen. Vielmehr können Interessen sogar Normen etablieren. Im Unterschied zu rationalen Ansätzen der internationalen Beziehungen betont der Konstruktivismus jedoch, dass Normen bestehen bleiben können, wenn sie einmal etabliert wurden (Rittberger/Wagner 2001: 321).

3.1.3.2 Fazit und allgemeine Hypothesen

Wegen der herausgehobenen Stellung von Normen als unabhängiger Variable spielen internationale Institutionen innerhalb konstruktivistischer Analysen der internationalen Politik eine wichtige Rolle, da sie beispielhaft für eine gemeinsame Wertegemeinschaft von Staaten stehen und diese Normen weitergeben bzw. lehren können (Finnemore 1993). Dies gilt nicht nur für internationale Organisationen, sondern auch für die Gesellschaft als Ganzes sowie gesellschaftliche Gruppierungen, die Ansprüche eines angemessenen Verhaltens an die politischen Entscheidungsträger herantragen und eine entsprechende Umsetzung erwarten (Boekle et al. 2001: 113). Auf der internationalen Ebene formulieren internationale Institutionen in Deklarationen, internationalen Konventionen und

Protokollen Erwartungen an angemessenes staatliches Handeln. Inwieweit die formulierten Normen legal bindend sind, ist nicht von ihrer Wirksamkeit abhängig. Entscheidend ist, ob die Normen von der Staatengemeinschaft geteilt werden und inwiefern bestimmte normabweichende Verhaltensmuster als unangemessen eingestuft werden (Boekle et al. 2001: 127).

Als Beispiel mag das 0.7 %-Ziel für Ausgaben in der Entwicklungshilfe gelten, aus deren Mitteln der Löwenanteil der Umwelthilfe finanziert wird (vgl. Abschnitt 4). Dieses Ziel wurde von der UN vorgeschlagen, aber niemals formal und völkerrechtlich bindend festgeschrieben. Wenn es aber um die Finanzierung von entwicklungs- und umweltpolitischen Zielen geht, wird von Seiten der meisten Staaten und anderen Akteuren darauf verwiesen, die notwendigen Mittel durch eine Erhöhung der Entwicklungshilfeleistungen auf 0.7 % aufzubringen. Staaten, die weit von dem Ziel entfernt sind, werden beispielsweise von der UN oder der OECD ermahnt, ihr Ausgabeverhalten im Bereich der Umwelt- und Entwicklungshilfefinanzierung an der 0.7 %-Norm auszurichten. Staaten, die das Soll übererfüllen, werden als Vorreiter und treibende Akteure gelobt. Eine Art blameshaming in diesem Bereich betreiben auch zahlreiche NGOs. Somit kann die 0.7 %-Norm als Beleg für die Existenz internationaler Normen im Umwelt- und Entwicklungshilfebereich interpretiert werden. Vergleichbare Beispiele finden sich in anderen Politikbereichen. So zeigt der Global Compact der UN, dass nicht nur Staaten Adressat internationaler Normen sind, sondern dies zunehmend auch für multinationale Unternehmen gilt (vgl. hierzu Müller et al. 2005).

Durch die besondere Betonung von Normen, Ideen und Kultur als wichtige Determinanten staatlichen Handelns bildet der Konstruktivismus ein starkes Gegengewicht zu rationalistischen Theorien der internationalen Beziehungen. Nach einem konstruktivistischen Theorieverständnis werden staatliche Interessen nicht durch das internationale System und dessen Strukturmerkmale (Anarchie, Selbsthilfe) vorgegeben, sondern sind unter Normwirkung durchaus wandelbar. Staaten agieren deshalb nicht zwangsläufig als egoistische Akteure, für die das Wohlergehen anderer Staaten allenfalls instrumentelle Bedeutung hat (Wendt 1999: 150, Wolf 2003).

Die hier dargestellten Ausführungen lassen sich in zwei allgemeinen und sozialkonstruktivistisch inspirierten Hypothesen zusammenfassen.

Allgemeine Hypothesen

e) Ökologische Normen haben Einfluss auf die Höhe und die unterschiedliche Beteiligung von Geberländern an der Umwelthilfe.

f) Die Einhaltung ökologischer Normen durch die Empfängerländer hat Einfluss auf die Vergabeentscheidung der Geberländer.

Weil die Bedeutung von Kultur und Ideen empirisch noch schwerer zu messen und zu operationalisieren ist, beschränken sich diese allgemeinen und die in Kapitel 6 weiter ausdifferenzierten Hypothesen auf den Einfluss von Umweltnormen. Ein solches Vorgehen deckt sich durchaus mit anderen empirischen und Hypothesen testenden Arbeiten (Rittberger 2001, Perkins/Neumayer 2007).

3.1.4 Zusammenfassung

Das Theoriekapitel dieser Arbeit hat die wichtigsten Theorietraditionen der internationalen Beziehungen dargestellt. Das Fehlen einer zentralen Ordnungsinstanz hat in diesen Theorien weitreichende Konsequenzen für die im internationalen System agierenden Staaten und ihr außenpolitisches Verhalten, zu dem auch die globale Umweltpolitik gehört. Ähnlich wie auch die im Literaturüberblick diskutierten Modelle des Donor-Interest und des Recipient-Need wird das außenpolitische Handeln der Staaten von unterschiedlichen Faktoren beeinflusst.

Tabelle 3-1: Allgemeine Hypothesen zur Vergabe von Umwelthilfe

Neorealismus	*a)*	*Aufgrund der Bedeutung von Macht und strategischen Interessen messen Geberstaaten, die eine neorealistische Außenpolitik verfolgen, der Finanzierung von internationaler Umweltpolitik einen geringen Stellenwert bei.*
	b)	*Die Vergabe von finanziellen Mitteln beschränkt sich allenfalls auf strategisch wichtige Partnerländer, die diese Mittel nicht zu einer Verbesserung der eigenen Machtposition im internationalen System nutzen.*
Liberalismus	*c)*	*Wohlstand, Außenhandel, handelspolitische Verflechtungen und Exportbeziehungen spielen bei der Vergabe von Umwelthilfe eine wichtige Rolle.*
	d)	*Vor dem Hintergrund komparativer Kostenvorteile und um die Grenzkosten des Umweltschutzes zu minimieren, werden Finanzmittel verstärkt dort eingesetzt, wo sie einen möglichst großen ökologischen Nutzen entfalten können.*
Konstruktivismus	*e)*	*Ökologische Normen haben Einfluss auf die Höhe und die unterschiedliche Beteiligung von Geberländern an der Umwelthilfe.*
	f)	*Die Einhaltung ökologischer Normen durch die Empfängerländer hat Einfluss auf die Vergabeentscheidung der Geberländer.*

Während im Neorealismus der Machtzugewinn und staatliche Autonomie oberstes Gebot staatlichen Handelns sind, steht im Liberalismus eine handelspolitische und auf ökonomischen Nutzen abzielende Außenpolitik im Vordergrund. Für den Sozialkonstruktivismus sind es vor allem gemeinsam geteilte Normen, die staatliches Verhalten beeinflussen.

Was dies für die Vergabe von Umweltpolitik bedeutet, wurde am Ende der jeweiligen Abschnitte in allgemeinen Hypothesen zusammengefasst. Diese werden in Kapitel 6 wieder aufgegriffen. Sie dienen der weiteren theoretischen Inspiration und Spezifizierung von Hypothesen zum Vergabeverhalten und unterschiedlicher Beteiligung bei der Finanzierung internationaler Umweltpolitik.

*„Money is not all there is to policy
but there is precious little policy without it."*

(Klingemann et al. 1994: 41)

4 Bilaterale Finanzierung internationaler Umweltpolitik

Im folgenden Kapitel wird gezeigt, dass die Beteiligung an der bilateralen Umwelthilfe unterschiedlich stark ausfällt. Dies gilt auch dann, wenn die Beteiligung der Geberländer relativ – und im Verhältnis zur Wirtschaftskraft – gemessen wird. Weiterhin zeichnet sich eine Tendenz dazu ab, dass bestimmte Empfängerländer bei der Vergabe stärker als andere berücksichtigt werden. Dies gilt auch für die in Kapitel 5 aufgearbeitete multilaterale Umwelthilfe.

Die Varianz bei der unterschiedlichen Beteiligung und die wichtigsten Vergabebeziehungen (Wer bekommt wie viel von wem?) werden in diesem Kapitel für die bilaterale Umwelthilfe nachgezeichnet: Der von der OECD definierte ODA-Bereich ‚allgemeiner Umweltschutz' (AU) wird in Kapitel 4.1 beschrieben. Die Kategorie erweist sich als sehr hilfreiche Möglichkeit, Umwelthilfe innerhalb der ODA sichtbar zu machen. Sie greift aber analytisch zu kurz, da sie bei weitem nicht alle umweltrelevanten Themen erfasst. Deshalb wird die Kategorie erweitert und ein eigener Datensatz erarbeitet. Die so gewonnen Referenzdaten, werden Eingang in die statistische Analyse von Kapitel 6 finden. Ein in Kapitel 4.2 beschriebenes Marker-System der OECD zu umweltpolitischen Zielsetzungen dient zur Abrundung der deskriptiven Darstellung der Umwelthilfe und als Kontrolle des Referenzdatensatzes. Das System wird im Datensatz aber nicht genutzt, da es erst ab dem Jahr 1997 systematisch verfügbar – und damit vergleichbar – ist.

Mit Blick auf den Forschungsstand und die Diskussion um die öffentliche Entwicklungshilfe wird in der Debatte um die Finanzierung globaler Umweltpolitik oft übersehen, dass ein nicht unerheblicher Teil aus den Mitteln traditioneller Entwicklungshilfe bestritten wird. Wenn es um die Aufbringung von zusätzlichen finanziellen Mitteln für den globalen Umweltschutz geht, wird meistens auf eine Anhebung der Entwicklungshilfeetats auf durchschnittlich 0.7 % des Volkseinkommens der Industrieländer verwiesen. Durch eine solche Anhebung sollte auch die Agenda 21 teilweise gegenfinanziert werden (Agenda 21: Kap. 33(13)) [64]. Diese wurde 1992 auf dem Weltgipfel für Umwelt- und Ent-

---

64 Für die Ziele der Agenda 21 verweise ich aufgrund des Umfangs des Dokuments auf BMU 1993. Kapitel 33 thematisiert die Kosten für die Umsetzung der Agenda 21. Es war bis zum letzten Verhandlungstag von Rio umstritten und wurde sehr spät Bestandteil der Deklaration (Bryner 1999: 161).

wicklung in Rio als weltweiter Aktionsplan zum Schutz der globalen Umwelt verabschiedet.

Das im Vorfeld des Gipfels gegründete UNCED-Sekretariat schätzte die Kosten für die Agenda 21 auf durchschnittlich 600 Milliarden US-$ jährlich (1993-2000), wovon 125 Milliarden von den Industrienationen über Kredite und freiwillige Leistungen an die Entwicklungsländer geleistet werden sollten. Auch das Erreichen der im Jahr 2000 verabschiedeten Millennium-Entwicklungsziele wird zu großen Teilen aus Mitteln der ODA bestritten. Allerdings reichen die finanziellen Ressourcen für die Verwirklichung dieser Ziele nicht aus. Unterschiedliche Schätzungen gehen davon aus, dass zwischen 50-70 Milliarden US-$ jährlich an zusätzlichen finanziellen Mitteln hierfür nötig wären (Zedillo 2001, Swanson et al. 2002).

Wie im Abschnitt 2.2 bereits erwähnt wurde, hat die Vergabe von Entwicklungshilfe eine lange Tradition und ist durch die Gründung des Development-Assistance-Committee innerhalb der OECD stark institutionalisiert worden. Seither wurde die Entwicklungshilfe immer weiter ausgebaut und ausdifferenziert. Es gibt kaum einen Politikbereich, der nicht durch Entwicklungshilfe gefördert wird. Dabei ist Entwicklungshilfe zu einem ‚Milliardengeschäft' und einer eigenständigen Branche geworden, in der weltweit bis zu 500.000 Personen[65] beschäftigt sind und sich neben staatlichen Institutionen vor allem gemeinnützige NGOs und zunehmend auch gewinnorientierte private Dienstleister tummeln (Smillie/Minear 2004: 7ff).

Durchschnittlich haben alle DAC-Staaten zusammen in den letzten 10 Jahren jährlich rund 60 Mrd. US-$ für Entwicklungshilfe bereitgestellt. Seit 1960 haben die DAC-Staaten insgesamt knapp 1.5 Billionen US-$ zu jeweiligen Preisen für bilaterale ODA aufgewendet. In konstanten Preisen bezogen auf das Basisjahr 2004 sind dies 2.5 Billionen US-$[66].

Die Vereinigung der großen Geberländer unter dem Dach der OECD hat auch dazu geführt, dass die öffentlichen Entwicklungshilfetransfers der einzelnen Länder gut dokumentiert sind und die Dokumentation einheitlichen Standards unterliegt. Die OECD stellt diese Daten als Zeitreihen seit 1973 in verschiedener Form auf Datenträgern (OECD/DAC 2007b) und auch online (OECD.Stat 2007a) zur Verfügung. Auch aus diesem Grund erfreuen sich quantitative Analysen zur internationalen Entwicklungshilfe so großer Beliebtheit. Um Umwelthilfe als eigene Kategorie innerhalb der Entwicklungshilfe sichtbar zu machen, gibt es verschiedene Möglichkeiten. Die OECD stellt hierfür verschiedene Klassifikationen und Marker zur Verfügung, die im Folgenden ausführlich vorgestellt werden.

65 So geschätzt von Lachmann für Ende der neunziger Jahre (Lachmann 1999).

66 Eigene Berechnungen auf Grundlage von OECD/DAC 2007c.

4.1 Allgemeiner Umweltschutz innerhalb der ODA

In dem großen Bereich der Entwicklungshilfe ODA nimmt der ‚Förderungsbereich' Umweltschutz eine kleine Nische in einem breit gefächerten Spektrum ein. Zu den wichtigsten Förderbereichen der ODA gehören etwa die Bereiche Bildung, Gesundheit, Konfliktprävention, Friedenssicherung, Handel, Industriepolitik, Landwirtschaft und Wiederaufbauhilfe, um nur einige zu nennen. Insgesamt untergliedert die OECD die ODA in 37 Förderbereiche. Diese Förderbereiche sind eher allgemein gehalten und werden ihrerseits in 188 spezifischere Förderzwecke untergliedert[67].

Jeder Förderbereich und Förderzweck ist nach sogenannten ‚purpose codes' kodiert. Beispielsweise ist der Bereich ‚Basic Education' mit dem ‚DAC 5 CODE' 112 kodiert und setzt sich aus den Förderzwecken ‚Primary Education' (CRS Code 11220), ‚Basic Life Skills for Youth and Adults' (CRS Code 11230) und ‚Early Childhood Education' (CRS Code 11240) zusammen.

Die Zuordnung der Zahlungen zu den Förderbereichen wird im sogenannten Creditor-Reporting-System (CRS) erfasst. Dieses System basiert auf von allen DAC-Ländern akzeptierten und vereinheitlichten Standards, die vorschreiben, wie die Zuordnung erfolgen muss (OECD/DAC 2002). Die Zuordnung selbst erfolgt innerhalb der Nationalstaaten in den für die Entwicklungshilfe zuständigen Ministerien. Das CRS-System wurde 1967 gemeinsam von der OECD und der Weltbank ins Leben gerufen, um die DAC-Mitgliedsländer mit regelmäßigen und verlässlichen Zahlen über die Schuldenlast und Kapitalflüsse zu informieren. Im Laufe der Jahre wurde das System kontinuierlich ausgebaut. Dabei hat es sich zu einer der wichtigsten Daten- und Informationsquellen für den Bereich der Entwicklungshilfe entwickelt, welche die geographische Richtung und die sektorale Aufschlüsselung nach Förderbereichen genau erfasst (OECD.Stat 2007a). Allein für den Zeitraum von 1991 bis 2005 stehen im CRS-Datensatz für die bilateralen ODA gut 480,000 Beobachtungen zur Verfügung.

Neben dem detaillierten CRS-System, das Informationen auf niedrigem Aggregationsniveau bietet, führt die OECD noch ein zweites Statistiksystem namens ‚DAC'. In diesem System werden hoch aggregierte Daten zu den Entwicklungshilfeleistungen gesammelt (OECD.Stat 2007b). Beide Systeme arbeiten parallel, folgen den gleichen Definitionen und Klassifikationen, können aber mitunter zu leicht voneinander abweichenden Ergebnissen führen. Dies liegt daran, dass das CRS-System nicht zu 100 % vollständig ist. Die Vollständigkeitsrate (coverage ratio) variiert über die Jahre, was bei der Bewertung der Ergebnisse einer statistischen Analyse beachtet werden muss. Eine Rate von unter

67 Die OECD benutzt den englischen Begriff ‚purpose code'. Der sprachlichen Klarheit halber, wird in dieser Arbeit von Förderbereich und Förderzweck gesprochen. Ersterer bezeichnet eine allgemeine Kategorie, die sich ihrerseits aus speziell definierten Förderzwecken zusammensetzt (siehe oben).

100 zeigt an, dass nicht alle Entwicklungshilfeaktivitäten von den Mitgliedsstaaten berichtet wurden. Im Mittel der letzten zehn Jahre liegt sie bei ca. 90 %. In den letzten beiden Jahren lag die Vollständigkeitsrate bei 99 % (OECD/DAC 2006b: 3).

In diesem System sind auch die bilateralen und multilateralen Zahlungen für den Bereich des Umweltschutzes erfasst, die aus Mitteln der ODA bestritten werden. Während zu den bilateralen Gebern die 22 Mitgliedsländer des DAC gehören, fallen unter die multilateralen Geber verschiedene internationale Institutionen und Entwicklungsbanken oder Fonds. Auffällig ist, dass sich unter den multilateralen Gebern keine Institution befindet, welche ausschließlich Belange des globalen Umweltschutzes fördert. Aus diesem Grund spielen die multilateralen Geber, die über das CRS erfasst werden, für die vorliegende Arbeit nur eine Nebenrolle. Der Vollständigkeit halber werden sie trotzdem wiedergegeben. Die wichtigsten multilateralen Umweltinstitutionen GEF, Ozon-Fonds und UNEP werden separat erfasst und in Kapitel 5 ausführlicher dargestellt.

Tabelle 4-1: Bi- und multilaterale Geberländer und Institutionen im CRS[68]

Bilaterale Geber: (22 Mitglieder des DAC)	**Multilaterale Geber:**
Australien, Belgien, Dänemark, Deutschland, Finnland, Frankreich, Griechenland, Großbritannien, Italien, Japan, Kanada, Luxemburg, Neuseeland, Niederlande, Norwegen, Österreich, Polen, Portugal, Spanien, Schweden, Schweiz, Vereinigte Staaten	AfDF (African Development Bank) AsDF (Asian Development Bank) EU (Europäische Gemeinschaft[69]) IDA (International Development Association) IDB Sp.Fund (Inter-American Development Bank Special Operation Fund) IFAD (International Fund for Agricultural Development) UNICEF (United Nations Children's Fund) UNAIDS (Joint United Nations Programme on HIV/AIDS) GFATM (Global Fund to Fight Tuberculosis, Aids and Malaria)

Von besonderem Interesse für diese Arbeit sind aber die bilateralen Zahlungen der Staaten. Sie sollen Aufschluss darüber geben, wie viel Geld die Länder im Rahmen ihrer Entwicklungshilfe für Umweltzwecke bereitstellen und in welche Länder und Projekte das Geld fließt bzw. nicht fließt.

ODA-Leistungen, die ausschließlich für Umweltschutzzwecke ausgegeben werden, fallen unter den Förderbereich allgemeiner Umweltschutz[70]. Der Bereich GEP setzt sich aus sieben Förderzwecken zusammen:

68 Vgl. OECD/DAC 2005a: 8.

69 Die Entwicklungshilfe der EU setzt sich aus den Tranfers der Europäischen Kommission, des Europäischen Entwicklungsfonds (EDF), der Europäischen Investitionsbank (EIB) und dem Entwicklungsbüro der Europäischen Kommission zusammen (ECHO).

70 Engl. General Environmental Protection (GEP)

1. Environmental policy and administrative management (41010)[71]
2. Biosphere protection (41020)
3. Bio-diversity (41030)
4. Site preservation (41040)
5. Flood prevention/control (41050)
6. Environmental education/ training (41081)
7. Environmental research (41082) (vgl. auch Anhang 9.1).

Mit Hilfe dieser Aufschlüsselung und Kodierung ist es möglich, die Zahlungen an die einzelnen Länder genau aufzuschlüsseln. Auf dieser Grundlage liegen für den Bereich GEP knapp über 17,000 Beobachtungen für den Zeitraum 1991-2005 vor, was ca. 3.6 % des gesamten CRS-Datensatzes entspricht.

4.1.1 Finanzielles Aufkommen

Den größten Anteil am allgemeinen Umweltschutz nimmt der Förderbereich ‚Environmental policy and administrative management' (41010) ein. Seit 1995 brachten die 22 DAC-Länder hierfür rund 6.8 Mrd. US-$ auf. Abbildung 4-1 stellt die weitere Zusammensetzung der allgemeinen Umweltschutzleistungen gewichtet nach Förderzwecken dar.

Abbildung 4-1: Allgemeiner Umweltschutz nach Förderbereichen[72]

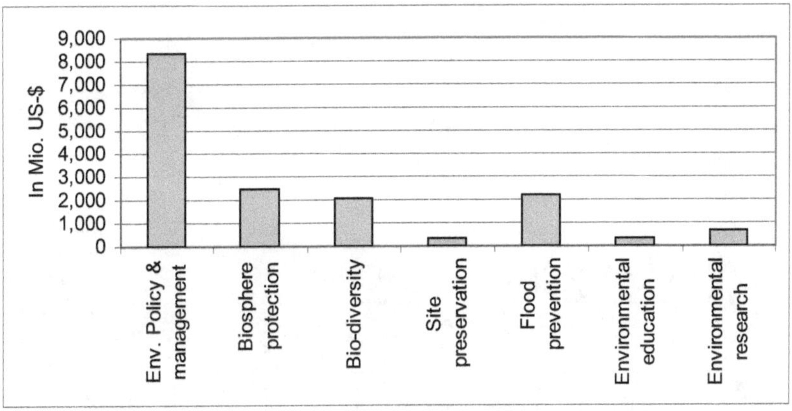

Dabei wird deutlich, dass im Förderbereich Environmental policy and administrative management ähnlich viele Mittel fließen, wie in alle anderen Förderbereiche zusammen.

Wie der Tabelle im Anhang 9.2 zu entnehmen ist, beliefen sich die bilateralen Zahlungen aller 22 DAC-Staaten im Jahr 2004 für den Bereich des allgemei-

71 Der jeweilige von der OECD vergebene CRS-Code ist in Klammern notiert.

72 Kumulierte Angaben für die 1991-2005.

nen Umweltschutzes auf ca. 1.437 Mrd. US-$. Hinzu kommen noch ca. 327 Mio. US-$ multilaterale ODA. Von diesen 327 Mio. entfällt mit fast 200 Mio. US-$ der größte Anteil auf die Europäische Union. Insgesamt summieren sich die bi- und multilateralen Leistungen auf ca. 1.765 Mrd. US-$. Bezogen auf die 79.5 Mrd. US-$ Gesamt-ODA im Jahr 2004, schlägt der Anteil des allgemeinen Umweltschutzes, der aus ODA-Mitteln bestritten wird, mit lediglich 2.2 % zu Buche. In absoluten Zahlen und bezogen auf die kumulierten Zahlungen der Jahre 1991-2005, zahlt Japan mit gut 5 Mrd. US-$ etwa doppelt so viel wie die Vereinigten Staaten (ca. 2.7 Mrd. US-$) für den Bereich des allgemeinen Umweltschutzes. Auf den Plätzen folgen die Niederlande mit 1.442 Mrd. US-$ und Deutschland mit 1.387 Mrd. US-$.

Zeichnet man die Entwicklung aller bilateralen und multilateralen Geber während dieses Zeitraums von 15 Jahren nach, stellt man fest, dass das Volumen in absoluten Zahlen steigt, aber Schwankungen unterliegt. In Abbildung 4-2 ist diese Entwicklung im Zeitverlauf dargestellt. Der Kurvenverlauf für die bi- und multilateralen Zuweisungen ist auf den ersten Blick einigermaßen symmetrisch zueinander. Korreliert man die bi- und multilateralen Zahlungen, stellt man mit einem Korrelationskoeffizienten von r=0.3 lediglich einen schwachen Zusammenhang dieser Zahlungsformen fest.

Abbildung 4-2: Allgemeiner Umweltschutz 1991-2005[73]

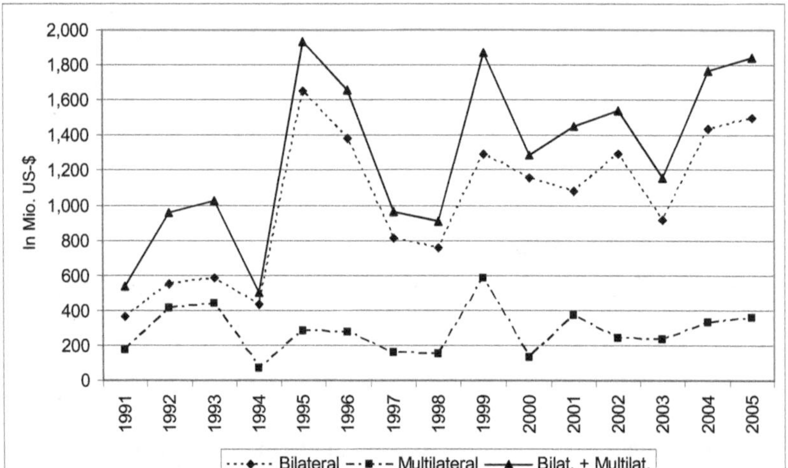

Besonders auffällig sind das niedrige Niveau zu Beginn der neunziger Jahre und der sprunghafte Anstieg der Leistungen im Jahr 1995. Dieser könnte dem zeit-

73 Datengrundlage OECD/DAC 2006a. Neuere Werte ergänzt durch OECD/DAC 2007c (Zugriff: 5.3.2007).

verzögerten Wirken der 1992 verabschiedeten Rio-Konventionen und der Restrukturierung der GEF geschuldet sein.

Die absoluten Zahlen geben Aufschluss darüber, welches Land in den letzten Jahren wie viel für den Bereich des Umweltschutzes zur Verfügung gestellt hat. Absolute Zahlen sagen allerdings wenig über die ungleiche Beteiligung zwischen den Staaten aus. Mit ihren großen Volkswirtschaften und Steuereinnahmen können Staaten wie die USA, Japan und Deutschland leichter größere Summen aufbringen. Berechnet man den Anteil des allgemeinen Umweltschutzes relativ zum BNE – wie bei den traditionellen ODA-Leistungen üblich – ergibt sich ein gänzlich anderes Bild. Abbildung 4-3 stellt die durchschnittlichen Ausgaben der 22 DAC-Staaten für die Jahre 1991-2005 relativ zu ihrem in dieser Zeit erwirtschafteten Bruttonationaleinkommen dar. Die nordischen Länder Dänemark, Niederlande und Norwegen liegen deutlich über dem Durchschnitt.

Abbildung 4-3: Durchschnittliche relative Ausgaben für allgemeinen Umweltschutz 1991-2005 [74]

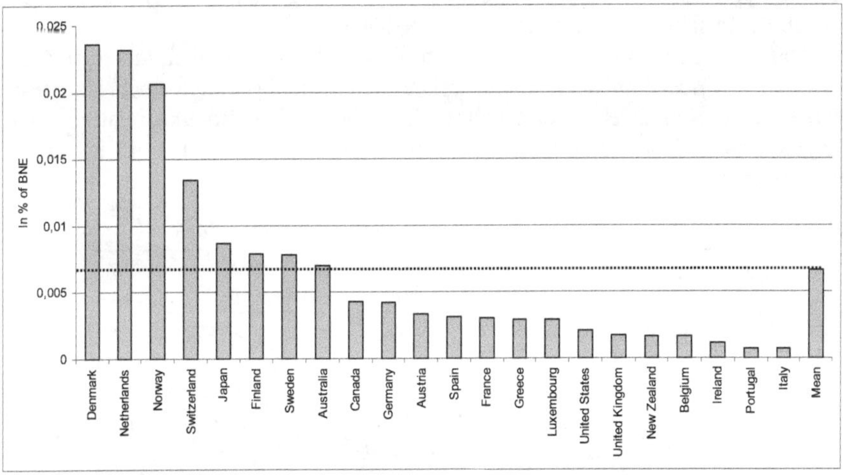

Auch die Schweiz gab während dieses Zeitraums überdurchschnittlich viel aus, während Japan, Finnland, Schweden und Australien noch leicht über dem Durchschnitt liegen. Von diesen Staaten überraschen vor allem Japan und Australien, die unter dem Durchschnitt liegen, wenn es um ihren relativen Beitrag zur gesamten ODA geht. Insbesondere Australien ist bisher nicht als umweltpolitischer Vorreiter im Bereich in Erscheinung getreten. So hat sich Australien lange Zeit geweigert, das Kyoto-Protokoll zur Reduktion von Treibhausgasen zu

74 Eigene Berechungen. Datenquellen OECD/DAC 2005b, World Bank 2006; OECD/DAC 2007c (Zugriff am 6.3.2007).

ratifizieren[75]. Bei einem genaueren Blick auf die Daten fällt allerdings auf, dass Australien sein überdurchschnittliches Abschneiden einer Zahlung von 163 Mio. US-$ aus dem Jahr 1996 verdankt. Der hohe Betrag resultiert vor allem aus einer nicht näher spezifizierten einmaligen Zahlung Australiens an das philippinische EMB (Environmental Management Bureau) in der Höhe von 152,3 Mio. US-$, die im September 1996 getätigt wurde (OECD/DAC 2006a). Kontrolliert man die relativen Ausgaben Australiens für diese Zahlung und berechnet die relativen Ausgaben erneut, liegt Australiens Anteil knapp vor den USA aber deutlich unter dem Länderdurchschnitt.

Auch wenn man die relativen Ausgaben für den allgemeinen Umweltschutz für die jeweiligen Jahre einzeln ausrechnet, liegen die nordischen Länder Dänemark, Niederlande, Norwegen, Finnland und Schweden sowie Japan und die Schweiz mit wenigen Ausnahmen über dem Durchschnitt. Bis auf Finnland, Japan und die Schweiz belegen häufig diejenigen Länder die vorderen Ränge, die auch im Bereich der traditionellen Entwicklungshilfe deutlich über dem Durchschnitt liegen und sogar teilweise die UN-Zielvorgaben von 0.7 % Entwicklungshilfeausgaben im Verhältnis zum BNE übertreffen.

Der Eindruck, dass einige Länder zu den ‚üblichen Verdächtigen' gehören, wenn es um überdurchschnittliche Leistungen geht, lässt sich auch statistisch testen. Für diesen Zweck bietet sich die Berechung eines Rangkorrelationskoeffizienten nach Spearman-Rho an, bei dem jedem Land zunächst ein Rangplatz zugeordnet wird.

Tabelle 4-2: Rangkorrelation relative AU und relative ODA 1994-2005

			rel. AU 1995-2005	rel. ODA 1995-2005
Spearman-Rho	rel. AU 1995-2005	Koeffizient	1.000	.528(*)
		Sig. (2-seitig)	.	.012
		N	22	22
	rel. ODA 1995-2005	Koeffizient	.528(*)	1.000
		Sig. (2-seitig)	.012	.
		N	22	22

* Signifikat auf dem 0,05 Niveau signifikant (zweiseitig).

Setzt man auf diese Weise die durchschnittlichen relativen Ausgaben für den allgemeinen Umweltschutz in Bezug zu den durchschnittlichen relativen Ausgaben der Gesamt-ODA im gleichen Zeitraum, ergibt sich ein Rangkorrelationskoeffizient von Rho=0.528, der einen mittelstarken, signifikanten Zusammenhang beschreibt.

75 Die Ratifikation erfolgte schließlich am 3.12. 2007.

Abbildung 4-4: Durchschnittliche Anteile der AU an der ODA 1995-2005[76]

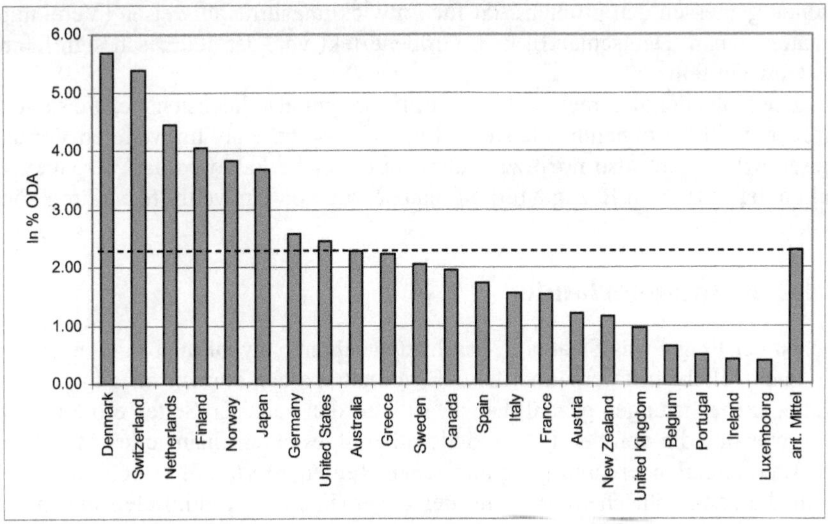

Interessant ist in diesem Zusammenhang auch das Verhältnis von allgemeinen Umwelthilfeleistungen zu den jeweiligen gesamten ODA-Zahlungen. Berechnet man diese Anteile mit den CRS-Daten der OECD für die einzelnen Jahre und bildet dann den Durchschnitt dieser Werte über die letzten 10 Jahre, ergibt sich ein Bild, welches in Abbildung 4-4 dargestellt ist. Hiernach brachte Dänemark im Zeitraum von 1995-2005 rund 6 % seiner ODA-Leistungen für den Bereich der allgemeinen Umwelthilfe auf. Auch hier geben die nordischen Staaten Niederlande, Finnland und Norwegen wieder überdurchschnittlich viel. Gleiches gilt auch für die Schweiz, die 5.4 % ihrer ODA für die allgemeine Umwelthilfe aufwendet. Auch Japan, Deutschland und die Vereinigten Staaten liegen hier über dem Durchschnitt. Von Interesse ist außerdem, ob die absolute Höhe der ODA-Leistungen Einfluss auf die Höhe der ODA-Umweltausgaben hat. Eine durchaus naheliegende Vermutung wäre, dass der Umweltbereich automatisch von einem großen ODA-Etat profitiert. Korreliert man die absoluten Ausgaben eines Landes mit seinen absoluten Ausgaben für den Bereich des allgemeinen Umweltschutzes, ergibt sich allerdings ein uneinheitliches Bild.

Von den 22 DAC-Staaten liegen bei neun Staaten mittelstarke bis starke Korrelationen vor, die auf dem 0.01- (**) oder 0.05 (*) Niveau signifikant sind. Hierzu gehören Australien (r=0.561*), Belgien (r=0.803**), Dänemark (r=0.609*), Frankreich (r=0.786**), die Niederlande (r=0.572*), Norwegen (r=0,31**), Portugal (r=0.525*), Spanien (r=0.635*) und Schweden (r=0.677**). Bei allen anderen Staaten sind die Zusammenhänge lediglich

76 Eigene Berechnungen. Datengrundlage OECD/DAC 2007c (Zugriff am 7.3.2007).

schwach ausgeprägt. Interessanterweise liegt bei den Staaten, die in absoluten Zahlen gemessen den größten Etat für Entwicklungshilfe aufweisen (Vereinigte Staaten, Japan, Deutschland), kein Größeneffekt vor, der statistisch signifikant ins Gewicht fällt.

Die Höhe der allgemeinen Umwelthilfe weicht also höchstens teilweise vom Größeneffekt der ohnehin geleisteten Entwicklungshilfe ab. Im weiteren Verlauf dieser Arbeit wird also noch zu prüfen sein, welche Faktoren das Vergabeverhalten der Staaten in Bezug auf die Finanzierung von Umwelthilfe erklären können.

4.1.2 Empfängerländer

Neben der Frage, was Staaten in den letzten Jahren, sowohl in absoluten Zahlen als auch relativ im Verhältnis zum Bruttonationaleinkommen an allgemeinen Umwelthilfeleistungen gezahlt haben, soll auf den nächsten Seiten erörtert werden, wie sich die von den DAC-Ländern bereitgestellten finanziellen Mittel auf die Empfängerländer (und geographischen Regionen) verteilen. Abbildung 4-5 stellt die geographische Verteilung der allgemeinen Umwelthilfeleistungen der Jahre von 1994 bis 2005 dar. Dabei wird deutlich, dass Asien mit gut 6 Mrd. US-$ in den letzten zehn Jahren das bevorzugte Ziel der finanziellen Transfers aus dem Bereich der allgemeinen Umwelthilfe war. Dahinter folgen Afrika mit 2.38 Mrd. US-$ und Südamerika mit 2.11 Mrd. US-$. Nicht unerheblich sind zudem die nicht näher spezifizierten Zuweisungen ohne geografischen Bezug. Dies passiert, wenn die Zahlungen mehreren Ländern gleichzeitig zugeordnet sind bzw. Projekte gefördert werden, von denen mehrere Länder und Regionen profitieren. Nicht selten handelt es sich bei den nicht näher spezifizierten Zahlungen auch um Nothilfe.

Wenn man die einzelnen Länder für sich betrachtet, stellt China in Bezug auf die bilateralen Mittelzuweisungen das größte Empfängerland dar. Im Zeitraum von 1995 bis 2005 flossen in US-$ rund 2.3 Mrd. nach Peking. Dahinter folgen Indonesien (ca. 1.1 Mrd.), die Philippinen (ca. 1 Mrd. US-$), Brasilien (0.84 Mrd. US-$), Ägypten (0.58 Mrd. US-$), Indien (0.49 Mrd. US-$) und Vietnam (0.24 Mrd. US-$). Bei einem näheren Blick auf die multilaterale allgemeine Umwelthilfe im gleichen Zeitraum rangiert Indonesien mit gut 0.23 Mrd. US-$ an vorderster Stelle der Empfängerländer. Es folgen China und Bangladesch mit 0.152 Mrd. US-$, Vietnam (0.14 Mrd. US-$) sowie Sri-Lanka und Pakistan mit 0,1 Mrd. US-$ (OECD/DAC 2007c).

Abbildung 4-5: Geographische Verteilung der AU 1994-2005[77]

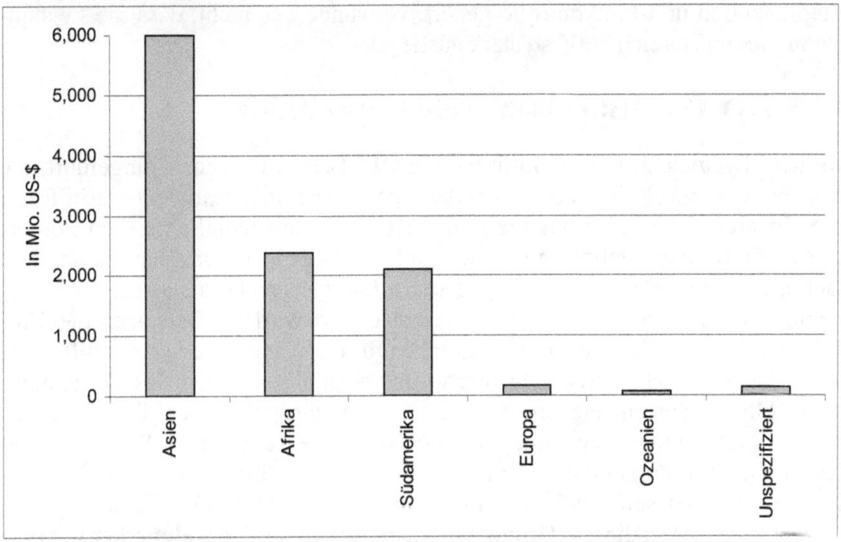

Auffällig, aber wenig überraschend sind in beiden Fällen die hohen finanziellen Zuweisungen an China. Zur Erklärung liegen einige Vermutungen wie etwa der Größeneffekt von China auf der Hand: Darüber hinaus hat China mittlerweile ein immenses weltwirtschaftliches Gewicht erlangt. Nicht zuletzt aus diesem Grund kommt China auch im globalen Umweltschutz eine immer größere Bedeutung zu. Die rasante Entwicklung Chinas mit einem durchschnittlichen Wirtschaftswachstum von knapp 9.2 % seines BIP während des Zeitraums 1995-2005 (World Bank 2008) geht mit einem hohen Ressourcen- und Energieverbrauch einher. Mittlerweile hat China die Vereinigten Staaten in absoluten Zahlen als weltweit größten CO_2-Emittenten in absoluten Zahlen abgelöst (IEA 2009).

Die Tatsache, dass Indonesien und die Philippinen relativ viel Geld empfangen, stellt auf den ersten Blick eine deutlich größere Überraschung dar. Indonesien ist mit seinen großen Regenwäldern, die durch illegalen Holzeinschlag stark gefährdet sind, zwar besonders wichtig für den globalen Umwelt- und Klimaschutz, auffällig ist aber auch, dass das Land im Jahr 2005 ein Vielfaches der in den Vorjahren empfangenen Umwelthilfe bekommen hat. Im Jahr 2002 erhielt das Land 20.5 Mio. US-\$, die 2003 auf 22.2, 2004 auf 58.3 Mio. US-\$ und 2005 auf 201.4 Mio. US-\$ anstiegen (OECD/DAC 2007c). Der dramatische Anstieg im Jahr 2005 ist zum großen Teil der Tsunami-Hilfe zuzuschreiben. Von dieser verheerenden Naturkatastrophe zum Jahreswechsel 2004/2005 war Indonesien

77 Datenquelle OECD/DAC 2007c (Zugriffsdatum 13.03.07).

am stärksten betroffen. Da zur allgemeinen Umwelthilfe auch der Bereich der Flutprävention und Flutkontrolle gehört, verwundert es nicht, dass die Leistungen in diesem Bereich 2005 so stark anstiegen.

4.1.3 Der Datensatz bilaterale Umwelthilfe

Mit der allgemeinen Umwelthilfe hat die OECD eine Kategorie eingeführt, die es erlaubt, Umwelthilfe als Bestandteil der bilateralen Entwicklungshilfe zu identifizieren. Die Beschränkung dieser Kategorie auf lediglich sieben Förderzwecke greift aber analytisch deutlich zu kurz. Dies liegt vor allem daran, dass wichtige Förderziele wie etwa erneuerbare Energien nicht zur Kategorie allgemeiner Umwelthilfe gehören. Aus diesem Grund wird im Datensatz die Umwelthilfe weiter gefasst, als die OECD dies für die allgemeine Umwelthilfe vorsieht. Grundsätzlich würde sich hierfür das ebenfalls von der OECD bereitgestellte Marker-System eignen, das alle entwicklungspolitischen Transfers daraufhin untersucht, ob sie einen Beitrag zu Umweltschutz und Nachhaltigkeit leisten. Die Zuordnung dieser Umweltmarker ist allerdings nicht immer eindeutig und wird erst seit 1997 systematisch nach einem vereinheitlichten System vorgenommen. Aus diesem Grund wird dem System der Umweltmarker nur eine Kontrollfunktion beigemessen. Die Umweltmarker stellen aber kein Kriterium dar, mit dem die Güte des selbst erstellten Datensatzes zur bilateralen Umwelthilfe überprüft weren kann. Aufgrund seiner großen finanziellen Reichweite, seiner Kontrollfunktion für den Referenzdatensatz und seiner potentiellen Eignung für zukünftige Untersuchungen im Bereich der Umweltfinanzierung wird das Marker-System zu den Politikzielen in Abschnitt 4.2 beschrieben.

Als Inspiration für die Erweiterung der oben vorgestellten DAC/CRS-Kategorie ‚allgemeiner Umweltschutz' (General Environmental Protection) dient ein Artikel von Raechelle Mascarenhas und Todd Sandler (2005) aus der Zeitschrift *World Economy*. In diesem Artikel untersuchen die beiden Autoren, inwiefern internationale öffentliche Güter (International Public Goods – IPGs) und nationale öffentliche Güter (National Public Goods – NPGs) in fünf verschiedenen Sektoren über Darlehen oder nicht rückzahlbare Kredite finanziert werden. Zu den Sektoren gehören die Bereiche Gesundheit, Regierungsführung (Governance), Wissen, Friedenssicherung und Umweltschutz. Zur finanziellen Aufschlüsselung der IPGs und NPGs greifen die Autoren auf die CRS-Datenbank zurück. Im Bereich Umweltschutz erweitern sie die Kategorie ‚allgemeiner Umweltschutz' um weitere Förderzwecke.

An dieser von Mascarenhas und Sandler vorgenommenen Kodierung (vgl. Appendix 9.4) orientiert sich auch der hier benutzte Datensatz zur bilateralen Umwelthilfe. Im Gegensatz zu Mascarenhas und Sandler bleiben diejenigen CRS-Kategorien unberücksichtigt, die dem Gedanken eines nachhaltigen Umweltschutzes nicht genügend Rechnung tragen. Nicht aufgenommen werden etwa Finanzströme, die in die Energieerzeugung aus nicht erneuerbaren Energien (insbesondere Kohlekraft) oder Atomenergie und diesbezüglicher Forschung fließen. Von verschiedenen Seiten wird betont, dass Atomenergieforschung sowie der Betrieb und Bau neuer Kernkraftwerke dabei helfen, Treibhausgasemissionen einzusparen. Diese Argumentation ist zwar nicht grundsätzlich falsch: Würde man die derzeit noch in Betrieb befindlichen deutschen Kernkraftwerke durch konventionelle Kraftwerke (Braun- und Steinkohle, Gas, Pumpspeicher) ersetzen, ergäbe sich für das Jahr 2008 eine CO_2-Ersparnis von rund 115 Millionen Tonnen CO_2-Äquivalent durch die Nutzung der Kernenergie[78]. Eine entsprechende CO_2-Ersparnis ließe sich aber auch durch die Nutzung erneuerbarer Energien und mehr Energieeffizienz erreichen. Der Ausschluss der Atomenergieförderung folgt einer normativen Begründung und orientiert sich am Nachhaltigkeitskonzept. Insbesondere die ungelöste Endlagerungsproblematik, die energieintensive Vorkette der Urangewinnung und seine Wiederaufarbeitung sowie sicherheitspolitische Aspekte sprechen gegen die Aufnahme der Atomenergieförderung als Umwelthilfe. Die im Gegensatz zu Mascarenhas und Sandler nicht berücksichtigten Bereiche sind grau unterlegt (vgl. Appendix 9.4).

Einzige Ergänzung ist der Bereich Stromerzeugung aus erneuerbaren Energien (CRS-Code 23030). Dieser findet Eingang in den bilateralen Umwelthilfedatensatz dieser Arbeit. Eine ausführliche Beschreibung der CRS-Kategorien, die in den Datensatz bilaterale Umwelthilfe eingehen, findet sich im Anhang (9.3) dieser Arbeit. Entsprechend der getroffenen Definitionen werden von 188 im CRS-System erfassten Förderzwecken 26 im Datensatz bilaterale Umwelthilfe aufgenommen. Die auf diese Weise gewonnen Daten haben den Vorteil, dass sie als Paneldatensatz ab dem Jahr 1991 mit über 35,000 Beobachtungen vorliegen (vgl. hierzu ausführlich Abschnitt 0)[79]. Jede dieser einzelnen Beobachtungen bezeichnet einen bilateralen Finanztransfer von Land A ins Land B im Jahr Y in der Höhe von X für den Umweltzweck U. Dabei ist Land A eines von 22 im DAC organisierten OECD-Ländern, Land B ein beliebiges Entwicklungs- oder Schwellenland und X die Höhe der Zuweisung in 1000 US-$.

Der Referenzdatensatz bilaterale Umwelthilfe beinhaltet somit detaillierte Informationen über die bilateralen Zahlungen aus dem Bereich öffentliche Entwicklungshilfe, die für den Bereich des Umweltschutzes ausgegeben werden. In diesem Datensatz wurden verschiedene Datensätze des DAC der OECD zusammengeführt (OECD/DAC 2007b, OECD.Stat 2007a, OECD/DAC 2006a, OECD/DAC 2005b). Die vorliegenden Daten sind derzeit in Bezug auf Reliabilität, Validität und Vergleichbarkeit die besten Informationen zur Finanzierung

78 Eigene Berechnungen. Datengrundlage Nitsch/Wenzel 2009, S. 89,92.

79 Der komplette CRS-Datensatz, der alle entwicklungspolitischen Transfers durch alle Branchen und Sektoren beinhaltet, umfasst im gleichen Zeitraum gut 480,000 Beobachtungen. Es sind also rund 7.2 % dieses Datensatzes für den Bereich Umweltschutz relevant.

globaler Umweltpolitik aus ODA-Mitteln. Sie wurden für die Analyse sorgfältig aufgearbeitet und die jeweilige Projektbeschreibung inspiziert.

Tabelle 4-3: Entwicklung der bilateralen Umwelthilfe 1991-2005[80]

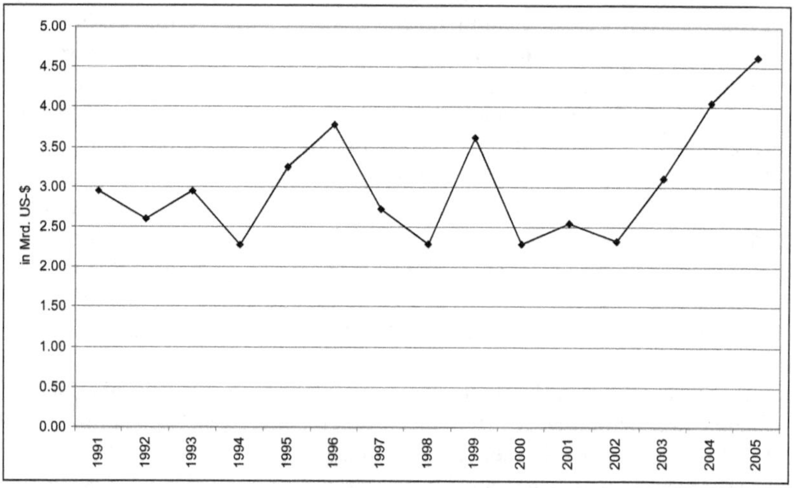

Zeichnet man die aus diesem Datensatz gewonnenen Daten über alle 22 im DAC organisierten Länder nach, ergibt sich ein Bild, welches in Tabelle 4-3 dargestellt ist.

Die Ausgaben bewegen sich zwischen ca. 3 Mrd. US-$ im Jahr 1991 und ca. 4.7 Mrd. US-$ im Jahr 2005. Seit 1991 sind ca. 45.3 Mrd. US-$ geflossen. Dabei variieren die absoluten Beiträge der einzelnen Geberländer erheblich. Mit deutlichem Abstand liegt Japan vorne, das seit 1991 jedes Jahr durchschnittlich 1.1 Mrd. US-$ bilaterale Umwelthilfe aufbrachte. Es folgen die USA (456.5 Mio. US-$), Deutschland (255.5 Mio. US-$) und Großbritannien (179.7 Mio. US-$).

80 Eigene Berechnungen, Datensatz bilaterale Umwelthilfe: OECD/DAC 2007b, OECD.Stat 2007a, OECD/DAC 2006a, OECD/DAC 2005b.

Tabelle 4-4: Durchschnittliche Beteiligung an der bilateralen Umwelthilfe[81]

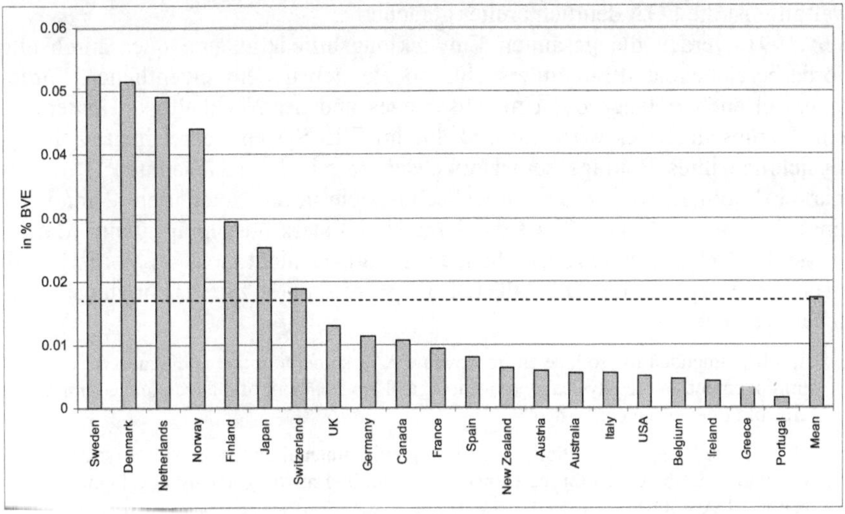

Auch relativ gesehen und bezogen auf die Wirtschaftskraft in BNI variiert die finanzielle Beteiligung der Geberstaaten erheblich. Tabelle 4-4 gibt erneut das bereits bekannte Phänomen wieder, nach dem sich vor allem die nordischen Staaten, aber auch Japan und die Schweiz überdurchschnittlich stark an der Finanzierung internationaler Umweltpolitik beteiligen.

4.2 Politikziele innerhalb der ODA

Wie bereits erwähnt, wird das Förderziel ‚Umweltschutz' innerhalb des CRS der OECD auch über ein Marker-System erfasst[82]. Mit den sogenannten ‚Policy Objectives of Aid' (POA) lassen sich bestimmte Politikziele und Schwerpunkte innerhalb der Entwicklungshilfe auch über die allgemeine Umwelthilfe hinaus nachvollziehen. Die POA umfasst derzeit vier Politikbereiche[83], darunter den Bereich umweltorientierte Entwicklungshilfe. Dieser wird im Folgenden mit EOA (environment-oriented aid) abgekürzt oder als umweltorientierte Entwick-

81 Eigene Berechnungen, Datensatz bilaterale Umwelthilfe: OECD/DAC 2007b, OECD.Stat 2007a, OECD/DAC 2006a, OECD/DAC 2005b.

82 Ein weiteres Markersystem untersucht den finanziellen Beitrag der ODA zur Umsetzung der Rio-Konventionen. Eine Erprobungsphase dieses Systems für den Zeitraum zwischen 1998-2000 wurde kurz vor Fertigstellung dieser Arbeit abgeschlossen. Als Ergebnis sollen die Rio-Marker zukünftig ab dem Jahr 1998 verfügbar gemacht werden. Aufgrund der kurzen Zeitreihe und fehlender Referenzen zur Verlässlichkeit der Rio-Marker bleiben sie in dieser Arbeit unberücksichtigt.

83 Gender Equality, Aid to the Environment, Direct Assistance to the Poor,Participatory Development/Good Governance (OECD/DAC 2002).

lungshilfe bezeichnet. Im Unterschied zur klar abgegrenzten allgemeinen Umwelthilfe ist die EOA deutlich breiter gefächert.

Seit 1991 werden die gesamten Entwicklungshilfeaktivitäten quer durch alle Förderbereiche daraufhin untersucht, ob sie neben dem eigentlichen Förderungsziel auch Belange des Umweltschutzes und der Nachhaltigkeit unterstützen. Zu diesem Zweck wird jede einzelne im CRS-System verzeichnete Zahlung hinsichtlich ihres Beitrags zum Umweltschutz mit den sogenannten ‚Umweltmarkern' kodiert, welche die Umweltschutzziele in die Kategorien ‚2' und ‚1', einstufen. Beim Marker ‚2' ist das Umweltziel stark ausgeprägt, beim Marker ‚1' ist das Umweltschutzziel vorhanden, steht aber nicht mehr im Vordergrund. Nach den Vorgaben des DAC dürfen die Marker unter zwei Bedingungen vergeben werden:

> „a) It is intended to produce an improvement, or something that is diagnosed as an improvement, in the physical and/or biological environment of the recipient country, area or target group concerned"
>
> „b) It includes specific action to integrate environmental concerns with a range of development objectives through institution building and/or capacity development" (OECD/DAC 2002: 110)".

Einer Aktivität (Projekt, Zuwendung etc.) wird nur dann der Marker ‚2' zugewiesen, wenn der Umweltschutz im Vordergrund dieser Aktivität steht und diese nicht finanziert worden wäre, wenn der Umweltschutz nicht das Hauptanliegen gewesen wäre. Demgegenüber weist der Marker ‚1' darauf hin, dass der Umweltschutz zwar wichtig, aber nicht im Vordergrund eines Projektes steht[84]. Da es aber ungemein schwierig ist, den Umweltschutzanteil genau zu quantifizieren, wird die gesamte Höhe der Zuweisungen mit dem Marker ‚1' versehen. Bei der Analyse der auf diese Weise gekennzeichneten Zahlungen ist allerdings besondere Sorgfalt geboten:

> "Analyses of environment-oriented aid should take into consideration both categories, but preferably present each separately as figures for activities with the score '1' are less precise than those with the score '2'. It may happen that only a proportion of an activity scored '1' targets environmental sustainability, whereas the amount recorded in the database relates to the entire activity" (OECD/DAC 2007a).

Sofern keine der oben genannten Definitionen zutrifft und kein Umweltschutzziel verfolgt wird, werden die Aktivitäten mit ‚0' kodiert. In knapp 50 % der Fälle kommt es außerdem vor, dass überhaupt kein Umweltmarker zugewiesen

84 "An activity can target environmental sustainability either as a "principal objective" or "significant objective". The score principal (score "2") means environmental sustainability was an explicit objective of the activity and fundamental in its design (i.e. the activity would not have been undertaken without this objective). The score significant (score "1") means environmental sustainability was an important, but secondary, objective of the activity (i.e. not one of the principal reasons for undertaking the activity)." (OECD/DAC 2007a).

wurde. Dieser Fall tritt ein, wenn das entsprechende Projekt bzw. die Zahlung gar nicht erst im Hinblick auf ihren Beitrag zum Umweltschutz untersucht wurde. Dies gilt vor allem für diejenigen Förderbereiche innerhalb des CRS, die schon auf den ersten Blick nicht für den Umweltschutz relevant sind. Beispiele wären hier Katastrophenhilfemaßnahmen, Industrieentwicklung und Lufttransportentwicklung.

umweltorientierte Entwicklungshilfe	2 = principal objective	Umwelthilfe
	1= significant objective	
	0= not targeted	

Aufgrund der nicht ganz eindeutigen Abgrenzung der EOA werden nur die mit ‚2' kodierten Leistungen gemäß der Definition aus dem Einleitungskapitel (1.4) als Umwelthilfe angesehen und in diesem Abschnitt deskriptiv aufgearbeitet. Zahlungen, die der allgemeinen Umwelthilfe zugeordnet sind, werden im Übrigen per Definition mit dem Umweltmarker ‚2' kodiert (OECD/DAC 2002: 110). Typische Förderbereiche, die einen Beitrag zum Umweltschutz leisten, aber nicht im Förderbereich der allgemeinen Umwelthilfe erfasst werden, sind etwa Wasseraufarbeitung, Abwasserentsorgung, Förderung regenerativer Energien oder die Förderung nachhaltiger Land- und Forstwirtschaft, um nur einige zu nennen.

Die über die Politikziel-Marker erfassten Daten zur Umwelt-EOA werden seit 1991 vom DAC statistisch erfasst. Allerdings wurde die Erhebungsmethode und Aufarbeitung dieser Daten 1997 einer grundlegenden Veränderung unterzogen, was zur Folge hat, dass man erst ab 1997 brauchbare und vergleichbare Zahlen hat[85]. Diese Einschränkung ist der Hautgrund dafür, warum die über das Marker-System identifizierten Zahlungen nicht im oben vorgestellten Datensatz zur bilateralen Umwelthilfe genutzt werden. Dennoch sollen die Daten an dieser Stelle deskriptiv aufgearbeitet werden, da sie vom erfassten finanziellen Volumen her über den Referenzdatensatz hinausgehen. Das Markersystem kann außerdem als Indikator für die Güte des Referenzdatensatzes genutzt werden.

Betrachtet man die umweltorientierten bilateralen Tranfers, zeigt sich, dass während des Zeitraums von 1997-2005 im Durchschnitt jährlich ca. 6.2 Mrd. US-$ bereitgestellt wurden[86]. Dies liegt über dem Niveau der allgemeinen Umwelthilfe (ca. 1.8 Mrd. US-$) und dem des Referenzdatensatzes (ca. 3 Mrd. US-$) für den gleichen Zeitraum.

85 "Data on aid activities targeting environmental sustainability and gender equality have been collected since 1991. In 1997, data collection methodology was revised. Analyses of the policy objectives on aid should therefore generally focus on aid extended since 1997" (OECD/DAC 2007a).

86 Sofern nicht anders angeben, stammen die auf den folgenden Seiten präsentierten Zahlen aus eigenen Berechnungen des OECD-Datensatzes OECD/DAC 2007b.

Abbildung 4-6: Umweltorientierte Entwicklungshilfe 1997-2005[87]

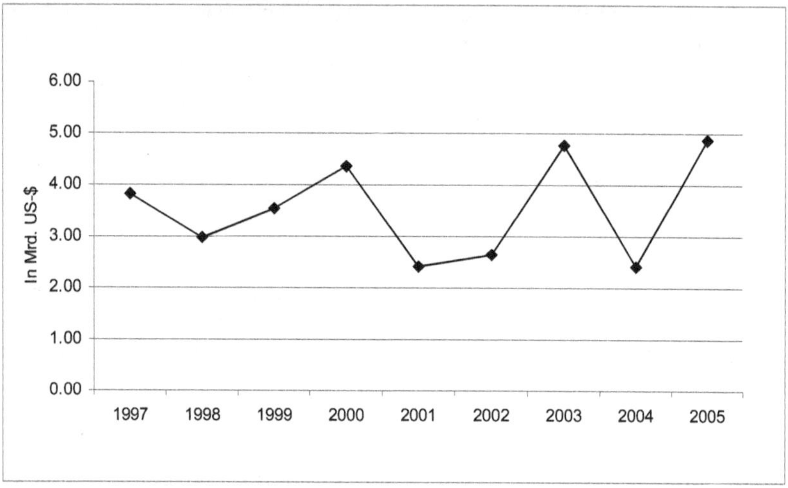

In Abbildung 4-6 ist der Verlauf der EOA aller DAC-Staaten veranschaulicht. Er ist uneinheitlich, wenngleich die EOA insgesamt zunimmt. Der rapide Einbruch vom Jahr 2000 auf das Jahr 2001 lässt sich nur schwer erklären. Er könnte teilweise auf die Auswirkungen des 11. September zurückgeführt werden, wenngleich die eigentliche Wirkung der Anschläge sich erst mit einem Jahr Zeitverzögerung wirklich in geänderte Entwicklungs- und Umwelthilfebudgets niederschlagen sollte. Plausibel ist auch eine zeitverzögerte Wirkung der Wirtschaftskrise im Jahr 2000, die durch eine weltweite Pleitewelle zahlreicher Internet-Unternehmen eingeleitet wurde. Die Erholung des Budgets im Jahr 2003 könnte als Folge des Weltgipfels für Nachhaltige Entwicklung 2002 in Johannesburg gedeutet werden. Eine solche Vermutung ist zwar nicht empirisch nachgewiesen, angesichts des Kurvenverlaufs aber durchaus plausibel.

87 Eigene Berechnungen, Datenquelle OECD/DAC 2007b.

Tabelle 4-5: Umweltorientierte Entwicklungshilfe in Mio. US-$

	2003	2004	2005	1997-2005
Australia	57.01	20.23	27.49	293.94
Austria	13.72	18.66	18.76	141.87
Belgium	23.97	17.09	41.49	137.55
Canada	65.57	40.32	52.83	441.27
Denmark	123.32	83.97	166.64	727.65
Finland	29.48	40.89	71.55	342.72
France	136.88	121.84	44.93	999.19
Germany	601.90	540.77	684.24	3,798.79
Greece	11.84	3.51	6.22	21.57
Ireland	1.70	0.00	0.00	4.56
Italy	85.43	13.41	70.37	283.78
Japan	1,954.66	813.04	2,848.69	15,066.16
Luxembourg	0.00	0.00	0.00	0.56
Netherlands	230.56	223.26	250.25	1,900.04
New Zealand	6.16	6.65	10.35	25.04
Norway	67.36	102.68	118.36	638.50
Portugal	1.31	1.77	2.23	21.50
Spain	82.77	0.00	47.89	271.75
Sweden	161.96	233.19	275.93	1,585.92
Switzerland	41.81	0.00	0.00	573.97
United Kingdom	56.07	120.57	144.14	1,567.97
United States	1,009.57	0.00	0.00	2,948.44
Summe Bilateral	**4,763.05**	**2,401.86**	**4,882.35**	**31,800.87**

Die genauen absoluten Zahlen[88] für ausgewählte Jahrgänge gehen aus Tabelle 4-5 hervor. In der Summe belaufen sich die bilateralen Leistungen zwischen 1997 und 2005 auf knapp 32 Mrd. US-$. Bei näherer Betrachtung der absoluten Zahlen fällt auf, dass Japan in der Summe der Jahre 1997-2005 mit deutlichem Abstand die größte Gebernation im Bereich der umweltorientierten Entwicklungshilfe ist und mit rund 15 Mrd. US-$ für knapp die Hälfte des Gesamtaufkommens in diesem Zeitraum verantwortlich ist. Das hohe Aufkommen bestätigt den Referenzdatensatz, da auch hier Japan den größten absoluten Anteil beisteuert.

Wie schon bei den anderen hier in dieser Arbeit besprochenen Umwelttransfers ergibt sich bei Berechnung der relativ geleisteten Zahlungen für die Jahre 1997 bis 2005 ein etwas anderes Bild (Abbildung 4-7). Die unterschiedliche Beteiligung an der Finanzierung stimmt aber weitgehend mit dem analogen Bild des Referenzdatensatzes aus Abbildung 4-6 überein. Auch dies lässt sich wieder als Beleg für die Güte des Referenzdatensatzes deuten.

88 Für die Länder Luxemburg (2002), Griechenland (2003-2004), Irland (2000-2004 und Neuseeland 2002-2004) liegen die Umwelt-ODA-Angaben nur für die in den Klammern angegebenen Jahre vor.

Abbildung 4-7: Umweltorientierte Entwicklungshilfe in % des BNE[89]

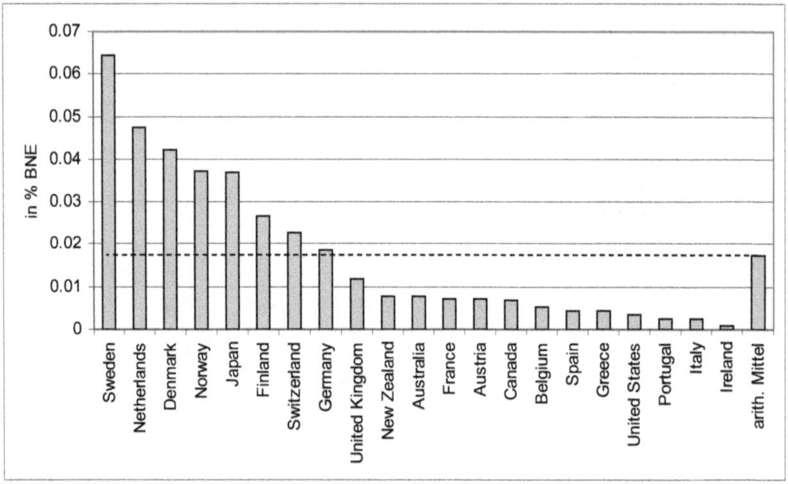

Die hohen absoluten Leistungen Japans fallen auch bei relativer Betrachtungsweise überdurchschnittlich aus. Japan rangiert hier mit 0.034 % auf dem fünften Rang, direkt hinter den ‚üblichen Verdächtigen' Schweden vor den Niederlanden, Dänemark und Norwegen. Darüber hinaus liegen noch die Schweiz, Finnland und Deutschland über dem Durchschnitt.

Verglichen mit den relativen Anteilen des Referenzdatensatzes (Vgl. Abbildung 4-6), kommt es zu einer großen Übereinstimmung derjenigen Staaten, die sich auch in diesem Bereich überdurchschnittlich an der Finanzierung von Umweltpolitik beteiligt haben, wenngleich die Reihenfolge etwas variiert. Berechnet man für die beiden Bereiche einen Rangkorrelationskoeffizienten, wird ein starker Zusammenhang von Rho=0.938** ausgewiesen (Tabelle 4-6).

Tabelle 4-6: Rangkorrelation EOA und Referenzdaten Umwelthilfe

			rel. EOA 1997-2005	rel. AU 1997-2005
Spearman-Rho	rel. EOA 1997-2005	Korrelationskoeffizient	1.000	.938(**)
		Sig. (2-seitig)	.	.000
		N (ohne Luxemburg)	21	21
	rel. AU 1997-2005	Korrelationskoeffizient	.938(**)	1.000
		Sig. (2-seitig)	.000	.
		N (ohne Luxemburg)	21	21

** Die Korrelation ist auf dem 0.01 Niveau signifikant (zweiseitig).

89 Eigene Berechnungen. Datengrundlage OECD/DAC 2007b, World Bank 2006.

Dieser starke Zusammenhang ist allerdings wenig überraschend, da sowohl die absoluten Zahlen als auch die Zahlen zur relativen Beteiligung große Analogien zum Referenzdatensatz aufweisen. Während sich die Leistungen der umweltorientierten Entwicklungshilfe zwischen 1997 und 2005 auf 31.8 Mrd. US-$ summieren, belaufen sich die Zahlungen der bilateralen Umwelthilfe auf gut 27.5 Mrd. US-$ im selben Zeitraum. Die Überschneidungen sind wenig überraschend. Über 50 % der im Referenzdatensatz zur bilateralen Umwelthilfe aufgenommenen Daten sind auch mit den Umweltmarkern kodiert. Dieses Ergebnis spricht wiederum für die Güte des Referenzdatensatzes zur bilateralen Umwelthilfe.

4.3 Fazit: Bilaterale Umweltfinanzierung

Das hier abgeschossene Kapitel widmete sich der bilateralen Finanzierung internationaler Umweltpolitik. Obwohl multilaterale Institutionen bei Finanzierungsfragen oft im Zentrum der öffentlichen Debatte stehen, wird der Löwenanteil der Mittel über bilaterale Kanäle und aus den Mitteln der traditionellen Entwicklungshilfe bestritten. Dies zu zeigen, war ein Anliegen des Kapitels.

Empirisch konnte gezeigt werden, dass die bilaterale Umwelthilfe eine eindeutige Varianz hinsichtlich des absoluten und relativen Allokationsverhaltens aufweist. Auffällig ist, dass es eine Reihe von Staaten gibt, die regelmäßig in der Gruppe derer auftauchen, die überdurchschnittlich viel (oder wenig) zur Finanzierung beitragen als andere Staaten. Hierzu gehören insbesondere die nordischen Staaten wie Schweden, Dänemark, Norwegen und Finnland aber auch die Schweiz und Japan. Insbesondere Japan ist hier besonders hervorzuheben, da das Land – auch absolut gesehen – im Ländervergleich am meisten Umwelthilfe bereitstellt. Länder wie die Vereinigten Staaten oder Deutschland geben absolut betrachtet viel Umwelthilfe. Dies relativiert sich aber, wenn man die Zahlungen ins Verhältnis zur Wirtschaftskraft der Länder setzt.

Mit Blick auf die Empfängerländer fällt auf, dass vor allem die asiatischen Länder von den Umwelthilfeleistungen profitieren. Hier sind es insbesondere Länder wie China, Indonesien, Vietnam, Bangladesch oder Pakistan, die im Vergleich zu anderen Empfängerländern stark von den Zahlungen profitieren. Bei näherer Betrachtung dieser Länder, erscheint es naheliegend, dass die finanzielle Häufung hier nicht auf dem Zufall beruht. So sind Länder wie China und Pakistan ökonomisch, militärisch und strategisch von großer Bedeutung für eine Reihe von Geberländern. Darüber hinaus ist auffällig, dass Länder wie China Indonesien, Vietnam und Bangladesch aufgrund von natürlichen Ressourcen (z.B. Regenwälder) oder aufgrund ihres rasanten Wirtschaftswachstums und Bevölkerungsgröße (z.B. China) von großer Bedeutung für den globalen Umweltschutz sind. Ist es also vorstellbar, dass diese Länder aufgrund ihrer wirtschaftlichen und strategischen Bedeutung oder aufgrund ihrer Bedeutung für den globalen Umweltschutz systematisch bei der Vergabe von Umwelthilfe bevorzugt werden? Antworten auf diese Fragen liefert Kapitel 6 dieser Arbeit. Zuvor werden auf den folgenden Seiten die wichtigsten multilateralen Finanztransferinstututionen im Bereich der Umwelthilfe vorgestellt. Mit Blick auf die Beteiligung an der Finanzierung durch die Geberländer und die Profiteure der Zahlungen ergeben sich zahlreiche Gemeinsamkeiten.

5 Multilaterale Finanzierung internationaler Umweltpolitik

Die Analyse bilateraler und ODA-gebundener Umweltfinanzierung sowie die Darstellung des CRS-Systems des vorherigen Kapitels haben gezeigt, dass multilaterale Geberinstitutionen, welche ausschließlich Belange des globalen Umweltschutzes fördern, im CRS-System der OECD nicht erfasst werden. Deshalb werden in diesem Kapitel mit der globalen GEF, dem Ozon-Fonds und dem UNEP drei Institutionen vorgestellt, die ausschließlich zum Schutz der globalen Umwelt und der Finanzierung entsprechender Maßnahmen gegründet wurden. Im Gegensatz zu GEF und Ozonfonds stellt UNEP zwar keinen ausschließlichen Finanzierungsmechanismus dar, ist aber einer der wichtigsten Akteure in diesem Politikfeld. Innerhalb des UN-Systems fungiert UNEP als institutioneller Arm und Koordinationspunkt für Maßnahmen zum Schutz der globalen Umwelt. Mit dem 1973 aufgelegten Umweltfonds verfügt UNEP zudem über den ältesten multilateralen Finanzierungsmechanismus im Umweltbereich.

Das vorliegende Kapitel wird im ersten Abschnitt (5.1) die drei Institutionen einführen und vorstellen, während sich Abschnitt 5.2 ihrer finanziellen Ausstattung widmet. Zu diesem Zweck werden vor allem die relevanten OECD-Geberländer betrachtet und ihre finanzielle Beteiligung sowohl in absoluten Zahlen als auch im relativ im Verhältnis zur Wirtschaftskraft des Landes dargestellt. Abschnitt 5.3 vermittelt einen Eindruck über die Hauptempfängerländer und die regionale Verteilung der von den Institutionen bereitgestellten finanziellen Mittel. Der Abschnitt 5.2.4 fasst zusammen, welche Zahlungen in den Datensatz zur multilateralen Umwelthilfe eingehen. Das ist die Grundlage für die statistischen Berechnungen im nächsten Kapitel.

5.1 Finanztransferinstitutionen

Neben den Nationalstaaten gehören die von der internationalen Staatengemeinschaft gegründeten internationalen Organisationen zu den wichtigsten Akteuren, wenn es um die Finanzierung internationaler Umweltpolitik geht. Dies gilt insbesondere für die GEF, die den Löwenanteil der multilateralen Finanzierung des globalen Umweltschutzes bereitstellt. Aber auch der Ozon-Fonds und UNEP haben in der Vergangenheit erheblich zur direkten Finanzierung von umweltpolitischen Vorhaben beigetragen. Im Hinblick auf die Governance-Strukturen und das institutionelle Design der Institutionen kann der Ozon-Fonds als eine Art Vorläufer der GEF betrachtet werden. Allerdings wird sich herausstellen, dass sich die beiden Institutionen mit Blick auf die Beteiligung der Geberländer an der Finanzierung unterscheiden.

5.1.1 Die Globale Umweltfazilität (GEF)

Die Globale Umweltfazilität GEF ist der bis heute wichtigste und vom finanziellen Volumen her größte Finanzierungsmechanismus der globalen Umweltpolitik und wird nicht selten als die einzig große finanzielle „Errungenschaft" des Rio-Gipfels dargestellt (GEF 2001: 3). Nach politikwissenschaftlichen Kriterien bewertet, handelt es sich bei der GEF um eine internationale Organisation, wobei diese Definition für die GEF zunächst in der Literatur nicht unumstritten war. Die GEF selbst bezeichnet sich in ihrem Gründungsdokument (GEF 2004) als einen Mechanismus der internationalen Kooperation, während Keohane von einer Finanztransferinstitution spricht, die, eingebettet in ein Set von Regeln, agiert und typischerweise mit einer oder mehreren internationalen Organisationen verknüpft ist (Keohane 1996: 5). Andere Autoren sprechen gar von einer neuen Organisationsform (Jordan 1995) oder einer Art Hybridinstitution zwischen einer klassischen Internationalen Organisation und einem globalen Politiknetzwerk (Reinicke/Deng 2000, Streck 2001a). Streng juristisch betrachtet, ist die GEF allemal eine internationale Organisation, da sie über eine eigene Organisationsstruktur mit Vollversammlung, Verwaltungsrat und Sekretariat verfügt (Ehrmann 1997: 590). Die zunächst etwas unklare Zuordnung hängt wohl mit der eigentümlichen Struktur der GEF und der Tatsache zusammen, dass die GEF bereits kurz nach ihrer eigentlichen Gründung umfassend reformiert wurde.

Das bisherige Wirken der GEF kann in zwei Phasen unterteilt werden. Die erste Phase beginnt mit der Gründung der GEF als Pilotprojekt 1991 und endet 1994 (GEF I). Die zweite Phase (GEF II) schließt sich direkt an und dauert bis heute. In der Literatur werden die beiden Phasen unterschieden, weil die GEF, wie oben erwähnt, bereits 18 Monate nach ihrer Gründung einer tief greifenden Reform unterzogen werden musste. Diese Restrukturierung war notwendig geworden, nachdem die GEF im Zuge der Rio-Konferenz als Finanzierungsmechanismus der Biodiversitäts- und Klimaschutzabkommen bestimmt wurde. Die Entwicklungsländer hatten dieser Wahl nur unter der Bedingung einer grundlegenden Reform zugestimmt, weil sie sich in der Pilotphase nicht ausreichend vertreten und von den G7-Staaten sowie der Weltbank dominiert fühlten (Streck 2001b). Die Literatur zum Thema bewertet aber gerade die Pilotphase der GEF überwiegend positiv, da sie es ermöglichte, verschiedene noch strittige Detailfragen der Institution als Teil eines ‚Experimentes' in der Praxis zu testen. Dies galt vor allem auch für die strittige Frage, was genau unter die vollen vereinbarten Mehrkosten fällt. Denn genau diese Kosten sollte die GEF in den Entwicklungsländern ja finanzieren, wenngleich von Anfang an unklar und strittig war, was genau darunter zu verstehen sei.

Die Pilotphase diente auch dazu, das ‚korporatistische' Modell der gemeinsamen Verwaltung durch Weltbank, UNEP und UNDP zu testen. Besonders an diesem Arrangement zeichnete sich eine starke Konfliktlinie ab, die maßgeblich zur Reform der GEF beitrug und für Biermann die gestiegene Verhandlungsmacht der Entwicklungsländer (Biermann 1998) veranschaulicht. Mit UNDP und UNEP trugen zwar zwei von den Entwicklungsländern anerkannte Institutionen Verantwortung innerhalb der GEF, dennoch lag die letzte Entscheidung über die Mittelzuweisung beim Management der Weltbank. Hierdurch war es den Industrieländern möglich, die Politik der GEF zu bestimmen. Deshalb waren die Verhandlungen über die GEF II entscheidend von der Suche nach einer organisatorischen Lösung geprägt, welche die Bestrebungen der Nehmerländer nach Mitsprache über die Investitionsprojekte mit den Forderungen der Geberländer nach Einfluss auf Auswahl und Finanzierung der Projekte in Einklang bringt (WBGU 1994: 17). Nach dem 1994 erzielten Kompromiss war aus einer Sonderfazilität der Weltbank eine eigenständige Körperschaft mit Generalversammlung, Sekretariat und Rat geworden, deren Entscheidungsverfahren sich am paritätischen Verfahren des Ozonfonds orientiert und nicht mehr durch die Weltbank dominiert werden konnte (Biermann 1998: 215).

Die Arbeit der GEF konzentriert sich auf die sechs Schwerpunktbereiche Klimaschutz, Biodiversität, Internationaler Gewässerschutz, Schutz der Ozonschicht[90], Persistente Organische Schadstoffe (POP) sowie Landdegradation (vor allem Wüstenbildung und Entwaldung).

Bei den Verhandlungen zur restrukturierten GEF konnten die Entwicklungsländer ein paritätisches Entscheidungsverfahren und eine stärkere Verankerung der GEF im UN-System durchsetzen. Wie die Liste der nunmehr sechs Schwerpunktbereiche zeigt, kommt die GEF bei der Finanzierung ihrer Projekte aber eher den Interessen der industrialisierten und großen Geberländer entgegen und finanziert Projekte, die von Bedeutung für den globalen Umweltschutz sind und für welche die Industrieländer überproportional verantwortlich sind. Wenngleich die globale Bedeutung im Vordergrund der Arbeit der GEF steht und auch durch den Namen symbolisiert wird, hofften die Entwicklungsländer, dass die neu gegründete und restrukturierte Institution auch zur Verbesserung ihrer unmittelbaren umweltpolitischen Belange führen würde. Verglichen mit den meisten Industrieländern, sind es für die Entwicklungsländer die lokalen Umweltprobleme, die gelöst werden müssen, und von deren Beseitigung man unmittelbarer profitieren würde als von der langfristigen Eindämmung des Klimawandels oder der Biodiversitätserhaltung. Hierzu gehören etwa die lokale Wasserversorgung- und -verschmutzung, Abwasserentsorgung, Bodenverschleiß- und -versalzung oder lokale Luftreinhaltung, um nur einige Beispiele zu nennen. Diese werden aber von der GEF gar nicht oder höchstens indirekt gefördert. Auf der UNCED wurde deshalb darauf verwiesen, dass diese für die Entwicklungsländer so wichtigen lokalen Probleme aus einer Erhöhung der Mittel traditioneller Entwicklungshilfe finanziert werden solle.

---

90 Dies gilt für Staaten, die keinen Zugang zu den Mitteln des Multilateralen Fonds des Montrealer Protokolls zum Schutz der Ozonschicht haben.

„It is thus much easier for developing countries to claim that GEF funding is for ‚services rendered' to the rest of the world for addressing common environmental problems and, therefore, that such funding should not be part of traditional development assistance programs" (Harris 2001b: 57).

Wie später noch genauer zu zeigen sein wird, ist auch die GEF nicht frei von Interessen der Geberländer.

Physisch gesehen ist die GEF auch nach ihrer Reform weiterhin innerhalb der Weltbank angesiedelt und wird bei ihrer Tätigkeit von einem unabhängigen Sekretariat unterstützt, dessen Vorsitzende[91] (CEO) dem Verwaltungsrat (GEF Governing Council) verantwortlich ist. Der Verwaltungsrat ist das Führungs- und Exekutivorgan der GEF und setzt sich aus Vertretern von 32 Mitgliedsländern zusammen, die auf der alle drei Jahre stattfindenden GEF-Vollversammlung gewählt werden. An der GEF-Vollversammlung nehmen alle an der GEF beteiligten Staaten teil[92]. Mitgliedsberechtigt sind Staaten, die Mitglied der Vereinten Nationen oder einer ihrer Sonderorganisationen sind (GEF 2004: Artikel 7).

5.1.2 Der multilaterale Fonds zum Schutz der Ozonschicht (Ozon-Fonds)

Die Politik zum Schutz der stratosphärischen Ozonschicht stellt heute einen der größten Erfolge internationaler Umweltpolitik und zwischenstaatlicher Kooperation dar. Gut zehn Jahre, nachdem der Zusammenhang zwischen der Emission von FCKW und der Zerstörung der Ozonschicht theoretisch begründet war, wurde mit der Unterzeichnung der Wiener Konvention 1985 und der Ratifizierung des Montrealer Protokolls zum Schutz der Ozonschicht 1987 ein effektives internationales Regime eingerichtet.

Das Beispiel Ozon zeigt, dass es der internationalen Staatengemeinschaft durchaus möglich ist, drohende globale Probleme zu lösen. Der Erfolg des Abkommens lässt sich vor allem am Rückgang ozonschädigender Substanzen festmachen: Bis zum Ende des Jahres 2006 haben die 191 Vertragsparteien über 95 % ihrer ozonzerstörenden Substanzen abgebaut. Dabei sank die Produktion von 1.8 Mio. Tonnen im Jahr 1987 auf 83,000 Tonnen im Jahr 2005 (UNMFS 2007: 2). Erfolgreich war das Übereinkommen aber auch, weil sowohl die Industrie- als auch die Entwicklungsländer in den Prozess eingebunden wurden und die industriellen Produzenten von FCKW ihre Produktion relativ zügig auf Ersatzstoffe umstellen konnten.

Modellcharakter besaß das Regime vor allem wegen seines Designs. Zu Beginn stand eine Konvention, die am 22. Mai 1985 in Wien unterzeichnet wurde. Diese war zwar völkerrechtlich bindend, beinhaltete allerdings noch keine kon-

91 Seit Juni 2006 ist dies die Französin Monique Barbut.

92 Derzeit sind dies 177 Mitgliedsländer(Stand Juli 2008).

kreten Reduktionsmaßnahmen für FCKW, sondern regelte lediglich weitere Forschungen und Wissenstransfer auf internationaler Ebene. Die Wiener Konvention war aber auf einen dynamischen Prozess hin ausgelegt, in dem es möglich war, die Konvention durch Protokolle der Vertragsparteien zu ergänzen. Dies geschah das erste Mal mit der Unterzeichnung des Montrealer Protokolls am 16. September 1987[93]. Das Regime wurde vor allem auf den Folgekonferenzen der Vertragsstaaten in London (1990) und Kopenhagen (1992) weitreichenden Revisionen unterzogen.

Aufgrund des Modellcharakters des Ozonregimes für viele nachfolgende Umweltregime wurde das Thema politikwissenschaftlich gewinnbringend aufgearbeitet. Dabei reicht die Literatur zum Thema von rein deskriptiver Analyse (Roan 1989; Benedick 1998, Breitmeier 1997, Grundmann 1999) bis hin zu theoretisch geleiteter Forschung (Parson 1993, Litfin 1994, DeSombre/Kaufmann 1996, Breitmeier 1996, Zürn 1996). In der Literatur ist es weitestgehend unbestritten, dass die Einrichtung des ‚multilateralen Fonds des Montrealer Protokolls'[94] eine der wichtigsten Determinanten für die erfolgreiche Verregelung dieses Konfliktfeldes ist. Die Auflegung des Fonds wurde auf der Konferenz der Vertragsparteien 1990 in London beschlossen und legte einen lang anhaltenden Nord-Süd-Konflikt über die Finanzierung des Ausstiegs aus der industriellen Produktion von ozonzerstörenden Stoffen in Entwicklungsländern bei.

Die Industrieländer waren von Verhandlungsbeginn an daran interessiert, die Entwicklungsländer langfristig in die FCKW-Reduktionsverpflichtungen einzubeziehen, um ein mögliches Trittbrettfahren zu verhindern. Allerdings war früh klar, dass diese Forderung ohne die gleichzeitige Bereitstellung positiver Anreize in Form von zusätzlichen Finanzmitteln und Technologietransfer nicht durchsetzbar war. So machten zahlreiche Entwicklungs- und Schwellenländer ihren Beitritt zum Regime davon abhängig, dass sie von den Industrieländern einen finanziellen Ausgleich für die Kosten erhielten, die aus den Regelungsmaßnahmen des Montrealer Protokolls folgten. Hier nahmen vor allem Indien und China eine komfortable Verhandlungsposition ein, da sie auf lange Sicht zu den größten Produzenten und Verbrauchern ozonzerstörender Stoffe gehören würden und auf Grundlage damaliger Prognosen im Jahr 2000 für 30 % des weltweiten Ausstoßes von FCKW verantwortlich sein würden.

„Both India and China made it clear that adequate financial mechanisms and clearly defined access to alternative technologies were the minimum conditions necessary for their accession to the protocol" (Wood 1993: 338).

93 Aufgrund des nachhaltigen Erfolgs des Regimes wird an verschiedenen Stellen auf den Modellcharakter für andere internationale Umweltvereinbarungen wie den Klimaschutz verwiesen (vgl. Downie 1995, Gehring 1996).

94 Im Folgenden wird der Begriff Ozon-Fonds verwendet.

Aber auch in den Entwicklungs- und Schwellenländern, in denen ein großer Nachholbedarf bei der Versorgung mit Konsumgütern aus der Kühl- und Klimatechnik bestand, war der Umstieg auf ozonfreundlichere Stoffe mit einer kostenträchtigen Umrüstung bestehender Produktionsanlagen verbunden. Während die europäischen Staaten dem geforderten Transfer aufgeschlossener gegenüberstanden, befürchteten die USA, dass die Bewilligung neuer Finanzmittel für Entwicklungsländer innerhalb des Ozonregimes ein Präjudiz für die Bearbeitung anderer Umweltkonflikte darstellen könne (Breitmeier 1997: 35).

Nachdem auf der ersten Vertragsstaatenkonferenz des Protokolls in Helsinki der Konflikt noch nicht gelöst werden konnte, kam es auf der zweiten Vertragsstaatenkonferenz in London 1990 zu einer Einigung, die zur Einrichtung des Ozon-Fonds führte. Das Bemerkenswerte an diesem Ergebnis ist, dass die Entwicklungsländer sich in den Verhandlungen weitgehend mit ihren Forderungen durchgesetzt haben: Neben verschärften Reduktionspflichten für Industrieländer sieht die Protokolländerung von 1990 den Ozon-Fonds als Finanzierungsmechanismus vor, der die Entwicklungsländer für die Umsetzung des Protokolls entschädigen soll. Der Fonds, der von den Industrieländern gespeist wird, finanziert mit neuen und zusätzlichen Mitteln die „vollen vereinbarten Mehrkosten", die den Entwicklungsländern[95] durch das Protokoll entstehen, wobei eine Rückzahlung nicht vorgesehen ist (Biermann 1998: 154f). Dieser Finanzierungsmechanismus stellt ein Novum in den internationalen Beziehungen dar, welches insbesondere das institutionelle Design der GEF beeinflusste.

Die Neuartigkeit bezieht sich nicht alleine auf die Finanzierung der vollen vereinbarten Mehrkosten, sondern auch auf die Organisations- und Entscheidungsstruktur des Fonds, welche die Entwicklungsländer zu gleichwertigen Partnern bei der Mitsprache über die Mittelverwendung machte: „The Fund's decision-making procedures grant developing countries the same voting powers as industrialized countries – an almost revolutionary precedent in North-South-relations" (Biermann 1997: 179).

Hauptorgane des Fonds sind die Vertragsparteien des Montrealer Protokolls, das Exekutivkomitee (ExComm), das Sekretariat, die Verwaltungsorgane (UNDP, UNEP, UNIDO, Weltbank) und die Finanzleitung (Treasurer) des Fonds. Die Vertragsparteien des Montrealer Protokolls bilden bei ihren jährlichen Treffen (MOP[96]) das ‚legislative' und zweifelsohne wichtigste Organ des Fonds, welches auch die Einrichtung des Fonds selbst beschloss und seine Arbeitsweise festlegte[97]. Darüber hinaus finden im Rahmen dieser Treffen die Wiederauffüllungsrunden des Ozon-Fonds, die Festlegung auf sein Gesamtbud-

---

95 Gemäß Artikel 5 des Montrealer Protokolls.

96 Meeting of Parties. Darüber hinaus gibt es in unregelmäßigen und größeren Abständen große Konferenzen der Vertragsparteien (Conference of Parties - (COP).

97 Terms of Reference for the Multilateral Fund. UNEP/Ozl.Pro.4/15(1992). Annex IX des Berichts über das vierte Treffen der Vertragsparteien.

get und die Höhe der jeweiligen Länderbeiträge statt. Wiederauffüllungsrunden des Fonds finden alle drei Jahre statt. Nach den 1990 vorgenommenen Protokolländerungen erfordern die Beschlüsse der Vertragsstaatenkonferenz eine Zweidrittelmehrheit der Parteien, welche die einfache Mehrheit der Entwicklungsländer und die einfache Mehrheit der Industrieländer einschließen muss. Auf diese Weise können beide „Ländergruppen" Beschlüsse blockieren (Biermann/Simonis 1998: 156). De facto führt diese paritätische Regelung also dazu, dass Beschlüsse einstimmig und im Konsens verabschiedet werden müssen.

5.1.3 Das Umweltprogramm der Vereinten Nationen (UNEP)

Das Umweltprogramm UNEP nimmt in dieser Arbeit eine gewisse Ausnahmestellung ein. Bei UNEP handelt es sich nicht um einen Finanzierungsmechanismus oder eine internationale Organisation. Trotz allem ist UNEP für diese Arbeit von Interesse. Zum einen stellt UNEP die älteste und einzige Institution im System der Vereinten Nationen dar, die sich ausschließlich dem Thema des globalen Umweltschutzes widmet und deren Arbeit von der internationalen Staatengemeinschaft – allen voran die OECD-Staaten – finanziert wird. Zum anderen verfügt UNEP aufgrund seiner nunmehr 35 Jahre andauernden Tätigkeit über große Expertise in diesem Politikbereich. Darüber hinaus verwaltet UNEP verschiedene Umweltfonds und ist als Verwaltungsorgan in die Projektumsetzung des Ozon-Fonds und der Globalen Umweltfazilität eingebunden.

Das Umweltprogramm der Vereinten Nationen wurde 1972[98] im Zuge der Stockholmer „Konferenz über die Umwelt des Menschen" in einer Zeit gegründet, als die globale Umweltproblematik auf die internationale Agenda drängte und erstmalig auch von einer breiteren internationalen Öffentlichkeit wahrgenommen wurde. Auslöser hierfür waren etwa die negativen Umweltauswirkungen des Pflanzenschutzmittels DDT und anderer umweltschädlicher Substanzen auf den Menschen, die radioaktive Verschmutzung durch Atomwaffentests, die Umweltprobleme in Folge des Vietnamkrieges oder schwere Tankerunfälle (Soroos 1999: 30). Das wachsende Problembewusstsein im Bereich des Umweltschutzes wurde seitens der Entwicklungsländer mit Argwohn betrachtet, da sie um ihre eigenen Entwicklungschancen aufgrund der vom Westen gewollten ökologischen Einschränkungen fürchteten. Neben der Zusicherung ihres legitimen Anspruchs auf wirtschaftliche Entwicklung durch die Industrieländer kann auch die Wahl des UNEP-Hauptquartiers (Kenia) als Signal an die Entwicklungsländer verstanden werden, ihre Interessen nicht unberücksichtigt zu lassen. Mit UNEP wurde die erste große UN-Institution mit Hauptsitz in einem Entwicklungsland eingerichtet (Soroos 1999: 32).

98 Vgl. UN 1972.

Was seinen Auftrag angeht, versteht sich UNEP im Rahmen seiner Tätigkeiten „als Anwalt einer global nachhaltigen, umweltgerechten Entwicklung“. UNEP erfüllt dabei hauptsächlich analytische, katalytische, normative und koordinierende Aufgaben, indem es auf globale und regionale Umweltprobleme hinweist sowie Anstöße und Lösungsvorschläge zur Bekämpfung dieser Probleme liefert (Hüfner 2006: 177).

UNEPs nationale und internationale Aktivitäten im Umwelt- und Naturschutzbereich reichen von der Beherbergung und Koordination verschiedener Konventionssekretariate (z.B. Basel, CITES, CBD, Ozon) über die Unterstützung nationaler und regionaler Zusammenarbeit bis hin zur Überwachung und Weiterentwicklung des internationalen Umwelt- und Naturschutzrechts. Ferner stellt UNEP wichtige umweltpolitische Informationen über Datenbanken (GRID, INFOTERRA, ENRIN) und Umweltlageberichte (GEO) zur Verfügung, berät Regierungen und hält Kontakt zu NGOs (Korn et al. 1999: 94). Inhaltliche Schwerpunkte sind etwa die Bereiche Umweltinformation, Abschätzung und Frühwarnung, Klimaschutz, Wasserressourcenmanagement, Frischwasser, Umsetzung der Agenda 21, Industrie- und Technologietransfer, nachhaltige Energieversorgung oder die Unterstützung für Afrika (UNEP 2006b, UNEP 2001).

Nach Aussagen des derzeitigen Generaldirektors Achim Steiner ist es UNEPs Mission, „die Führungsrolle zu übernehmen, Partnerschaften für einen schonenden Umgang mit der Natur anzuregen, indem es Staaten und Menschen inspiriert, informiert und in die Lage versetzt, ihre Lebensqualität zu verbessern, ohne die nachfolgenden Generationen zu gefährden“ (Steiner 2006: 237).

Organisatorisch handelt es sich bei UNEP nicht um eine Sonderorganisation mit eigener Mitgliedschaft und Rechtspersönlichkeit. Vielmehr ist UNEP ein Programm und Nebenorgan der UN-Vollversammlung. Aus diesem Grund sind alle UN-Mitglieder automatisch Mitglied im Umweltprogramm der Vereinten Nationen. Dies hat die Konsequenz, dass UNEP selbst kein Völkerrechtssubjekt ist und daher nicht die Fähigkeit besitzt, selbst völkerrechtliche Verträge abzuschließen. Allerdings kann UNEP von der UN hierzu ermächtigt werden und in ihrem Namen Verträge aushandeln. Ansonsten bleibt UNEP im Verhältnis zu anderen Organisationen auf Absprachen in Form von „memoranda of understanding“ angewiesen (Gödel 2006: 63). Hauptorgan von UNEP ist der Verwaltungsrat (Governing Council), der sich mindestens alle zwei Jahre trifft und vom Exekutivdirektor[99] geleitet wird.

99 Seit dem 1.4.2006 ist dies der ehemalige Generaldirektor der Weltnaturschutzunion IUCN Achim Steiner, der dem ehemaligen Bundesumweltminister Klaus Töpfer im Amt nachfolgte.

5.2 Finanzielle Ausstattung der Institutionen

Der folgende Abschnitt dient vor allem dazu, die Varianz auf Seiten der OECD-Geberländer bei der Ausstattung internationaler Institutionen darzustellen. Wie schon bei der bilateralen Finanzierung werden sowohl die absoluten Transfers in US-$ als auch relativ im Verhältnis zur Wirtschaftskraft dargestellt. Finanziell betrachtet fällt vor allem die GEF aus dem Rahmen, die bis heute mit gut neun Mrd. US-$ zur Finanzierung internationaler Umweltpolitik ausgestattet wurde. Wegen der großen finanziellen Bedeutung der GEF und der gut dokumentierten Datenlage werden die in Abschnitt 5.2.1 aufgearbeiteten Zahlen im Datensatz zur multilateralen Umwelthilfe genutzt. Anhand dieser Daten wird die statistische Analyse in Abschnitt 6.1 zur unterschiedlichen Beteiligung an der multilateralen Umwelthilfe exemplarisch durchgeführt. Die Nutzung der Zuweisungen an den Ozonfonds oder den UNEP-Umweltfonds bieten sich hierzu aufgrund fehlender Varianz und der geringen Zuweisungshöhe nicht an.

Der Ozon-Fonds und UNEP werden vor allem deshalb aufgearbeitet, weil die Beteiligung an der Mittelausstattung sich im Falle von GEF und UNEP systematisch ähnelt und der Ozonfonds hiervon abweicht. In seinem Fall ist die finanzielle Beteiligung der Geberländer an seiner Ausstattung nahezu ausgeglichen, während sie im Falle von GEF und UNEP eine starke Varianz aufweist. Es ist die Aufgabe der folgenden Abschnitte, diese Varianz darzustellen, da es sich hierbei um die abhängige Variable handelt. Sie wird in Abschnitt 5.4 auf Basis erster literaturgestützter Ad-hoc-Überlegungen erläutert und in Abschnitt 6.1 auf Grundlage eine statistischen Analyse systematisch erklärt.

5.2.1 GEF

Die Frage nach der finanziellen Ausstattung und dem finanziellen Volumen der GEF-Aktivitäten ist für diese Arbeit von besonderem Interesse. Die Globale Umweltfazilität bestreitet ihre Arbeit aus freiwilligen Zuweisungen ihrer Mitgliedsstaaten, die sich in der Regel alle drei Jahre zu Wiederauffüllungsrunden (Replenishments) treffen. Eingezahlt wird das Geld in den GEF-Treuhandfonds (GEF Trust Funds), der im Rahmen der Neustrukturierung der GEF nach der Pilotphase aufgelegt wurde und von der Weltbank verwaltet wird (GEF 2004: 11). Der für die Pilotphase geschaffene Global Environment Trust Fonds (GET) wurde aufgelöst und seine Bestände in den neuen Fonds überführt.

Die Pilotphase und Auffüllung des GET-Fonds war 1991 mit ca. 840 Mio. US-$ eher bescheiden gestartet. Im Jahr 1994 beteiligten sich an der ersten Wiederauffüllung des GEF-Treuhandfonds im Rahmen der Umstrukturierung zum GEF I 35 Länder mit insgesamt 1.951 Mrd. US-$ für vier Jahre (1994-1997). Bei der zweiten Wiederauffüllung wurde mit 1.982 Mrd. US-$ annähernd der gleiche Betrag von 32 Mitgliedsländern für den Förderungszeitraum von 1998-

2001 aufgebracht. Die finanziellen Neuzusagen zur dritten Wiederauffüllung (2002-2006) beliefen sich nach langen und zähen Verhandlungen auf ca. 2.282 Mrd. US-$ (GEF 2003: 22). Zur vierten und bisher letzten Wiederauffüllung einigte man sich im August 2006, nachdem die Verhandlungen mehrfach verschoben worden waren. Insgesamt sagten 31 Staaten 2.287 Mrd. US-$[100] zu (GEF 2006d: 59). Dieser Betrag bezieht sich allerdings nur auf die neuen Zusagen der beteiligten Geberländer. Rein rechnerisch stehen der GEF für die neue Förderungsperiode von 2007-2010 allerdings 3.13 Mrd. US-$ zu, wenn man die Überschüsse aus den Vorjahren und die Kapitalmarktrendite des zugesagten Geldes hinzuaddiert (ebd.: 59). In der Außendarstellung der GEF wird deshalb von 3.13 Mrd. US-$ Neuzusagen gesprochen (GEF 2006a), was die Höhe der Wiederauffüllung etwas verfälscht. Diese waren von GEF 1 bis GEF 4 relativ konstant um die 2 Mrd. US-$ zu jeweiligen Preisen. Berechnet man die Zusagen in Preisen von 1994 und berücksichtigt man die jeweiligen finanziellen Überträge der Vorjahre, nehmen die Zusagen tendenziell sogar ab. Dies gilt insbesondere, weil die Förderschwerpunkte der GEF ausgeweitet wurden (Clémençon 2006b: 61f). Die Ausstattung der GEF für die Arbeitsperiode 2010 – 2014 (GEF) stand zu Beginn des Jahres 2010 noch nicht fest. Die Mittel aus der Vorperiode finanzieren die Aktivitäten noch bis Juni 2010. Es kann aber davon ausgegangen werden, dass sich die Zusagen für die nächste Arbeitsperiode an den vorherigen orientieren werden.

Insgesamt wurden der GEF von den im DAC zusammengeschlossenen OECD-Staaten seit ihrer Gründung 1991 bis heute gut 9 Mrd. US-$ zugesagt und gezahlt. Die Tabelle 9.6 im Anhang stellt die finanzielle Beteiligung der an den bisherigen Wiederauffüllungsrunden in US-$ zu jeweiligen Preisen dar. Vom finanziellen Volumen her und absolut gesehen, sind die Vereinigten Staaten mit 1.8 Mrd. US-$ seit 1991 größter Beitragszahler vor Japan (1.6 Mrd. US-$) und Deutschland (ca. 1.2 Mrd. US-$). Nicht unterschlagen werden sollte außerdem, dass neben den in der Tabelle 9.6 aufgeführten OEAC/DAC-Ländern auch eine Reihe anderer Staaten einmal oder mehrmals zur Wiederauffüllung der GEF beigetragen haben. Hierzu gehören Argentinien, Bangladesch, Brasilien, China, Ägypten, Indien, Indonesien, Korea, Mexiko, Nigeria, Pakistan, Slowakei, Slowenien, Türkei und Südafrika. Die Beträge waren meistens aber sehr gering und symbolisch und hatten wenig Einfluss auf das Gesamtvolumen der GEF. Den größten Anteil haben auch hier die OECD-Länder. Die bisher durch die Geberländer aufgebrachten Mittel dürfen nicht isoliert betrachtet werden. Bis heute führte die GEF über 2400 Einzelprojekte in über 165 Entwicklungs- oder Transformationsländern aus (GEF 2009). Vor Ort werden die GEF-Projekte meist durch zusätzliche Mittel aus den geförderten Ländern, NGOs, Stiftungen oder der Privatwirtschaft aufgestockt. Rechnet man diese Mit-

100 Eigene Umrechnung von SDR in US-$ gemäß GEF 2006d und GEF 2005d.

tel zur eigentlichen GEF-Finanzierung hinzu, wurden bis zum Jahr 2005 knapp 19 Mrd. US-$ an Kofinanzierung aufgebracht (GEF 2005a: 18).

Abbildung 5-1: Durchschnittliche relative Zuweisungen an die GEF[101]

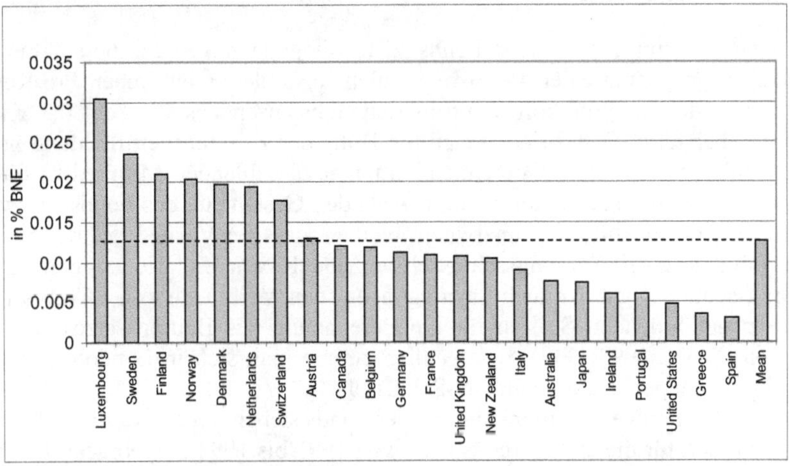

Um die nationalen Mittelzuweisungen an die GEF besser einordnen zu können, sollen die Zuweisungen – wie bei der bilateralen Umwelthilfe auch – als relative Zuweisungen im Verhältnis zur Wirtschaftskraft eines Landes dargestellt werden. Hierzu wird der für die jeweilige Arbeitsperiode zugewiesene Gesamtbetrag anteilig für die jeweiligen Jahre der Arbeitsperiode berechnet. Abbildung 5-1 stellt die durchschnittliche relative finanzielle Beteiligung an der Wiederauffüllung der GEF seit der Gründung der Institution dar (GEF Pilot – GEF 4): Neben Luxemburg sind es vor allem wieder die nordischen Staaten und die Schweiz, welche überdurchschnittlich viel zur Wiederauffüllung der GEF beitragen. Auffällig im Vergleich zu den ODA-gebundenen Umweltausgaben ist allerdings, dass Japans Anteil geringer ausfüllt, als man dies nach seinem überraschend stark ausgeprägten Umweltschwerpunkt innerhalb der öffentlichen Entwicklungshilfe erwartet hätte.

Betrachtet man die relative Beteiligung der Staaten einzeln für jede Wiederauffüllungsrunde, ergeben sich nur geringfügige Abweichungen innerhalb der Staatengruppe nach oben oder unten. So beteiligte sich Luxemburg bei der Auffüllung von GEF 1 und 2 am stärksten, während Schweden dies bei der Wiederauffüllung von GEF 3 und 4 tat. Diese Tatsache spiegelt sich auch in den Rangkorrelationen der jeweiligen relativen Beteiligungen mit ihren Vorperioden wider. Nach Beendigung der Pilotphase herrschen ausnahmslos sehr starke Zu-

101 Eigene Berechnungen, Datenquellen: GEF 2003, GEF 2006d, Weltbank 2006, Weltbank 2007.

sammenhänge zwischen den einzelnen Wiederauffüllungsperioden vor (Vgl. hierzu Anhang 9.7).

5.2.2 Ozon-Fonds

Finanzielle Beiträge zum Ozon-Fonds leisten diejenigen Staaten, die nicht unter Artikel 5 des Montrealer Protokolls fallen, also deren jährlicher Pro-Kopf-Verbrauch der im Protokoll kontrollierten Substanzen das Gewicht 0,3 Kilogramm übersteigt. Dabei richtet sich die Höhe der Zahlungsverpflichtung nach dem Schlüssel des für die Vereinten Nationen zu zahlenden Mitgliedsbeitrags, wobei die Vertragsstaatenkonferenz jeweils den Gesamtetat des Fonds für zwei Jahre festlegt. Es soll nicht unerwähnt bleiben, dass im Vorfeld der Konferenz von London zwei Zahlungsschlüssel verhandelt wurden. Neben dem UN-Beitragsschlüssel gab es auch Überlegungen, den Verbrauch von FCKWs und anderen gefährdenden Stoffen für die Berechnung des Beitragssatzes zu verwenden (Wood 1993: 339). Letztendlich einigte man sich in London aber auf Beitragszahlungen analog zum UN-Schlüssel.

Bis zum heutigen Zeitpunkt wurde der Fonds siebenmal aufgefüllt: 240 Mio. US-$ wurden für die erste Arbeitsphase von 1991 bis 1993 aufgebracht. Bei der ersten Wiederauffüllung für die Jahre 1994-1996 einigte sich die Staatengemeinschaft auf eine finanzielle Ausstattung des Fonds von 455 Mio. US-$. Für die Zeiträume 1997-1999 und 2000-2002 wurden 466 Mio. und 440 Mio. US-$ für die Arbeit des Fonds bewilligt. Für die Arbeitsperiode von 2003-2005 sowie von 2006-2008 standen jeweils rund 470 Mio. US-$ zur Verfügung. Die letzte Wiederauffüllung wurde auf der 20. Konferenz der Vertragsparteien (MOP 20) im November des Jahres 2008 beschlossen. Für die Arbeitsperiode der Jahre 2009-2011 stehen rund 490 Mio. US-$ zur Verfügung. Rund 74 Mio. US-$ hiervon wurden aus dem Budget der Vorperiode überschrieben. Um die genauen Zusagen der einzelnen Geberstaaten wurde dort auch wegen der sich abzeichnenden Wirtschafts- und Finanzkrise lange gerungen (ENB 2008). Insgesamt beläuft sich das bisherige Volumen des Fonds auf über 2,5 Mrd. US-$.

Der Anteil der tatsächlich geleisteten Zahlungen in den verschiedenen Arbeitsphasen variiert zwischen 89.54 % und 97.53 %[102] der Geberländer. Durchschnittlich wurden also zwischen 1991-2005 ca. 93.37 % der zugesagten Mittel auch tatsächlich überwiesen. Die versäumten Zahlungen werden von den jeweiligen Budgets für die neuen Arbeitsphasen abgezogen und die säumigen Länder werden in Beschlüssen des geschäftsführenden Ausschusses zu einer baldigen „Schuldentilgung" aufgefordert (UNEP 2007d).

102 1991-1993: 89.54 %; 1994-1996: 92.061 %; 1997-1999: 91,53 %; 2000-2002: 97.53 %, 2003-2005: 94.36 % Das arithmetische Mittel für den Zeitraum 1991-2005 liegt demnach bei 93, 37 % (UNEP 2007d: 5).

Die Tabelle 9.8 im Anhang gibt Aufschluss über die Zuwendungen der wichtigsten Geberländer in den einzelnen Arbeitsperioden. Die Differenz zu den oben im Text genannten Zahlen für die einzelnen Förderperioden erklärt sich dadurch, dass neben den OECD/DAC-Staaten noch eine Reihe anderer Staaten Geld in den Ozon-Fonds einzahlen, die in der Höhe aber deutlich unter denen der OECD-Staaten liegen. Bisher haben 49 Staaten mindestens eine Zahlung an den Fonds veranlasst. Dabei ist Russland mit gut 100 Mio. US-$ der größte Zahler in der Gruppe der Nicht-OECD/DAC-Staaten. Insgesamt betrachtet sind die 22 OECD/DAC-Staaten aber die Hauptgeberländer und brachten seit der Existenz des Fonds knapp 93 % seiner Mittel auf. Die Vereinigten Staaten nehmen mit ca. 680 Mio. US-$ vor Japan (557 Mio. US-$) – absolut betrachtet – die Spitzenposition unter den Geberländern ein. Deutschland liegt hier mit einem kumulierten Beitrag von 313 Mio. US-$ auf Rang 3.

Berechnet man die Zuweisungen an den Ozon-Fonds relativ zur Wirtschaftskraft eines Landes und bildet das arithmetische Mittel aus den einzelnen Wiederauffüllungsperioden, ergibt sich ein auf den ersten Blick überraschendes Bild: Im Gegensatz zu den bilateralen Finanztransfers und zur GEF ist die relative finanzielle Beteiligung unter den 22 Staaten im Fall Ozon einigermaßen ausgewogen. Abgebildet ist die durchschnittliche relative Beteiligung an den Auffüllungsrunden des Ozonfonds seit Gründung des Fonds im Jahr 1991 bis zur letzten Wiederauffüllung. Da die Daten über die Zuweisungen an den Ozon-Fonds selten jahresweise, sondern für die jeweiligen Auffüllungsrunden vorliegen, wurde für die Berechnung des relativen Anteils auf die durchschnittlichen Werte des BNE aus diesen Jahren zurückgegriffen. Fand die Auffüllung beispielsweise im Jahr 1997 statt, wurde zur Berechnung des relativen Anteils auf das durchschnittliche BNE der Länder aus der relevanten Arbeitsperiode zurückgegriffen (In diesem Fall auf den Durchschnitt der Jahre 1997-1999).

Abbildung 5-2: Durchschnittliche relative Zuweisungen an den Ozon-Fonds[103]

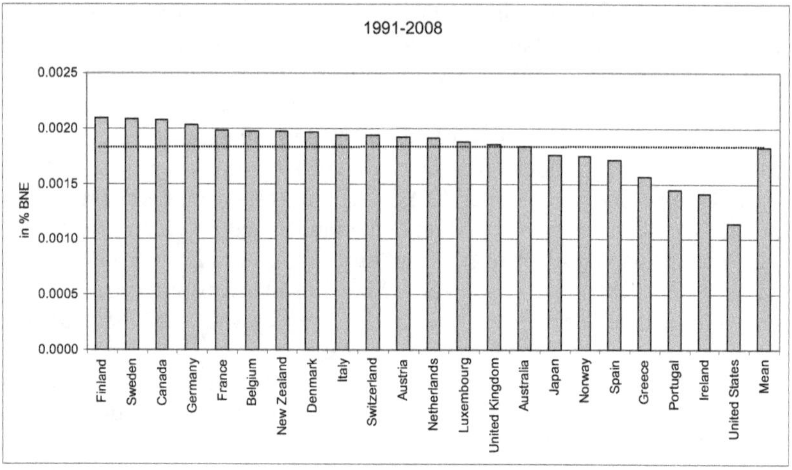

Auffällig ist, dass 18 der 22 OECD/DAC-Staaten relativ nahe über oder unter dem arithmetischen Mittel (0.0018 % BNE) liegen und die Streuung um den Mittelwert extrem gering ist. Lediglich Griechenland, Portugal, Irland und die USA fallen etwas aus dem recht einheitlich wirkenden Gesamtbild heraus[104]. Aufgrund der äußerst nah beieinanderliegenden Werte kommt auch den Rangplätzen eine geringere Bedeutung zu. Einzig erwähnenswert erscheint die Tatsache, dass Japan sich an den ersten drei Auffüllungen des Fonds – relativ gesehen – nicht so stark beteiligte, bei den letzten drei Auffüllungen aber zu den am stärksten engagierten Gebern gehörte. Vergleicht man die Wiederauffüllungen einer Periode mit der jeweiligen Vorperiode anhand einer Rangkorrelation, ergeben sich mit Ausnahme der Auffüllungsperiode Rep2 und Rep3 starke bis sehr starke Zusammenhänge zwischen den Auffüllungsrunden. Spearmans-Rho nimmt dabei jeweils folgende Ausprägungen an: INTERIM/ REP1: 0.800**, REP1/REP2: 0.741**, REP2/REP3: 0.465*, REP3/REP4: 0.837**, REP4/REP5: 0.840**.

5.2.3 UNEP

Angesichts der großen Aufgaben von UNEP im Vergleich zu den anderen in dieser Arbeit besprochenen Finanzierungsmechanismen fällt der Etat eher bescheiden aus. Zu beachten ist, dass sich der Etat aus mehreren Posten zusam-

103 Eigene Berechnungen. Datenquellen UNEP 2007d, UNEP 2004; UNEP 2006c; Weltbank 2006.

104 Für ausführlichere Erklärungen dieser vergleichsweise gerechten Latenteilung verweise ich auf Kapitel 6.1).

mensetzt: Eine ‚Grundfinanzierung' für die laufenden Verwaltungskosten und Unterhaltung des Sekretariats in Nairobi wird aus dem laufenden Haushalt der Vereinten Nationen bestritten. Im Gründungsjahr 1973 bekam UNEP 1,75 Millionen US-$ aus dem Budget der Vereinten Nationen überwiesen. Dies entsprach 21.1 % seiner finanziellen Ressourcen für dieses Jahr (UNEP 2007a). Der Anteil der UN-Zuweisungen am Gesamthaushalt ist seither stark gefallen, da sich UNEP zusätzliche Quellen zur Finanzierung seiner Arbeit erschlossen hat (vgl.Anhang 9.10).

Als Hauptfinanzierungsquelle UNEPs dient der Umweltfonds (Environmental Fund), dessen Einrichtung als drittes Hauptorgan von UNEP in der Gründungsresolution 1972 in Stockholm beschlossen wurde:

> "The General Assembly decides that, in order to provide for additional financing for environmental programmes, a voluntary fund shall be established, with effect from 1 January 1973, in accordance with existing United Nations financial procedures" (UN 1972: 44).

Der Umweltfonds wird ausschließlich aus freiwilligen Beiträgen der UN-Mitgliedsstaaten gespeist und bildet den Kernhaushalt für UNEPs operatives Geschäft. Durch die Einrichtung des Fonds sollte UNEP in die Lage versetzt werden, ohne Unterstützung aus dem UN-Etat unabhängig eigene Projekte durchzuführen (Gödel 2006: 72). Durch die freiwillige Finanzierung des Fonds und die Abhängigkeit von den großen Geberländern wird diese Unabhängigkeit allerdings unterlaufen. Im Vergleich zu anderen Fonds – etwa dem des UN-Entwicklungshilfeprogramms UNDP – ist die Mittelausstattung des Fonds relativ klein. Im Zeitraum von 1973 bis 2006 haben 176 Staaten mindestens eine Einzahlung in den Fonds vorgenommen, allerdings haben lediglich 13 Staaten jährlich eingezahlt. Im Jahr 2000 wurden gut 40 Mio. US-$ in den Fonds eingezahlt, im Jahr 2006 waren es knapp 59 Mio. US-$ (UNEP/RMU 2006).

Aus Mitteln des Umwelt-Fonds werden hauptsächlich Maßnahmen zur Koordinierung von Umwelt-Aktivitäten innerhalb und außerhalb der UN finanziert. Hierzu gehören vor allem die Bereiche Datensammlung und Umweltforschung, Informationsaustausch und –verteilung, Umweltbildung, regionale und weltweite Umweltüberwachung, Förderung von Umwelttechnologien, nachhaltige Entwicklung sowie die Unterstützung nationaler, regionaler und weltweiter Umweltorganisationen. Während der Anfangszeit von UNEP und bis weit in die achtziger Jahre hinein war der Umweltfonds praktisch die einzige Finanzierungsquelle und bis Anfang der neunziger Jahre machte der Anteil der Einnahmen aus dem Umweltfonds rund zwei Drittel der Gesamteinnahmen aus, um in den folgenden Jahren deutlich abzusinken (Hüfner 2006: 177f).

Weil der Umweltfonds als Hauptfinanzierungsquelle des Umweltprogramms vorgesehen ist, bemüht sich UNEP, seinen finanziellen Spielraum zu verbessern und die internationale Staatengemeinschaft zu regelmäßigen und verlässlichen Einzahlungen zu bewegen. Ein erstes Instrument auf dem Weg zu diesem Ziel stellt die *‚Voluntary Indicative Scale of Contributions' dar:* Diese wurde auf der siebten Sondersitzung des UNEP-Verwaltungsrates für die Geberländer beschlossen. Es handelt sich dabei um einen vom Exekutivdirektor und Verwaltungsrat empfohlenen Beitragsschlüssel, aus dem sich die an den Umweltfonds zu leistenden Beiträge für die Geberländer berechnen lassen:

Wie auch der Beitragsschlüssel der Vereinten Nationen sieht der UNEP-Schlüssel eine maximale Rate von 22 % und eine minimale Rate von 0.001 % (bezogen auf das Gesamtbudget) vor. Neben dieser Einschränkung orientiert sich die Bestimmung des Beitragssatzes am Grundsatz der gemeinsamen aber unterschiedlichen Verantwortlichkeiten und einer gerechten Lastenteilung bei der Bekämpfung der globalen Umweltprobleme. Darüber hinaus werden bei der Festlegung des Beitragssatzes auch die bisher von einem Land geleisteten Beiträge berücksichtigt. Konkret orientiert sich die ‚indicative scale' am Verteilungsschlüssel der UN aus dem Jahre 2003[105]. Hintergrund für die Einführung waren die guten Erfahrungen anderer UN-Institutionen mit einem vergleichbaren Verteilungsschlüssel und die Befürchtung, dass UNEP durch unzureichende Ressourcen und unregelmäßige Beitragszahlungen in seiner Arbeit behindert werden könnte (Gödel 2006: 73). Formuliertes Ziel war es, die jährlichen Einnahmen des Fonds auf mindestens 60 Mio. US-$ zu erhöhen.

Wenngleich es sich auch hier nur um einen freiwilligen Schlüssel handelt, werden die auf Grundlage des Schlüssels errechneten Beträge den Geberländern frühzeitig kommuniziert. Diese sollen wiederum UNEP mitteilen, ob sie die Berechnungsgrundlage für sich annehmen. Es handelt sich dabei also um eine Art sanftes Druckmittel, welches aber keine rechtsverbindliche Wirkung entfalten, sondern lediglich normativen Druck auf die Geberländer erzeugen kann, da die Differenz zwischen dem nach dem Schlüssel zu leistenden und tatsächlich geleisteten Betrag von UNEP veröffentlicht wird. Derzeit werden die Ergebnisse des freiwilligen Schlüssels von UNEP als Erfolg gewertet, da die Beteiligung an der Auffüllung und die finanziellen Zusagen an den Fonds seit der Einführung gestiegen sind.

Die Tabelle 9.9 (Anhang) vermittelt einen Eindruck über die finanziellen Zuweisungen der Hauptgeberländer an den UNEP-Umweltfonds. Seit seiner Auflegung brachten die 22 Hauptgeberländer des DAC ca. 1.258 Mrd. US-$ auf. Berücksichtigt man auch die Zahlungen aus den Nicht-DAC-Staaten, ergibt sich eine Summe von 1.378 Mrd. US-$ (UNEP/RMU 2006). Dabei sind die Vereinigten Staaten mit einer Summe von knapp über 310 Mio. US-$ seit 1973 absolut gesehen der größte Ausstatter des Umweltfonds. Bezogen auf den Zeitraum von 1991 bis 2006, haben die USA knapp 160 Mio. US-$ ausgegeben. Es folgen Großbritannien mit 110 Mio. US-$, Deutschland mit 94 Mio. US-$ sowie Japan mit knapp 85 Mio. US-$ und Finnland mit knapp 63 Mio. US-$.

---

105 So beschlossen auf der 22. Sitzung des UNEP-Verwaltungsrates (UNEP/GC.22/INF/20 vom 13. Dezember 2002).

Setzt man die Zuweisungen wieder ins Verhältnis zur Wirtschaftskraft der Geberländer, ergibt sich ein Bild, das dem Beteiligungsverhalten an der bilateralen Umwelthilfe und der GEF ähnelt. Finnland und Norwegen sind die großzügigsten Ausstatter des Umweltfonds. Auffällig ist, dass die nordischen Staaten und die Schweiz sich überproportional an der Auffüllung des UNEP-Umweltfonds beteiligen, während die meisten anderen Staaten mit Ausnahme von Großbritannien deutlich unter dem Durchschnitt aller Staaten liegen. Besonders auffällig ist Finnland mit einem Anteil, der etwa fünfmal so groß ist wie der durchschnittliche Anteil aller Staaten. Ein vergleichbares Bild ergibt sich auch, wenn man den Zeitraum erweitert und die durchschnittlichen relativen Zuweisungen der Jahre 1973 – 2006 berücksichtigt. Auch hier liegt Finnland an der Spitze der Geberländer, wenngleich der Abstand zu Staaten wie Norwegen, Schweden und Dänemark etwas kleiner ausfällt.

Abbildung 5-3: Relative Zuweisungen an den Umwelt-Fonds 1991-2005

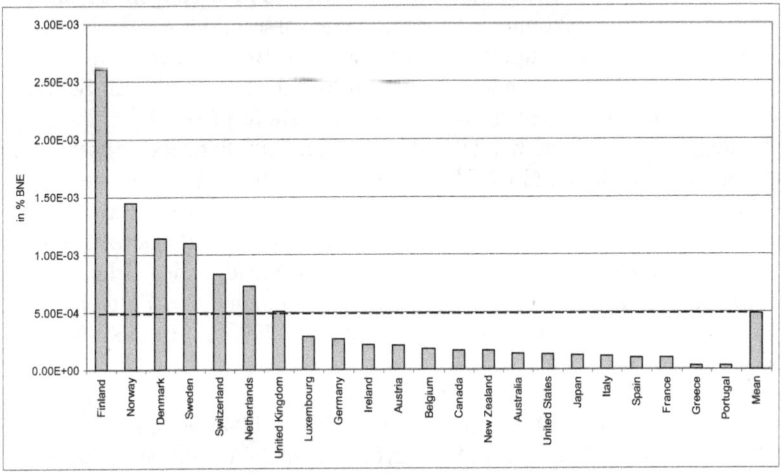

Neben der UN-Grundfinanzierung und Einnahmen aus dem durch die Staatengemeinschaft finanzierten Umweltfonds fließen UNEP außerdem Erträge aus Spenden, Partnerschaftsabkommen und den von ihm verwalteten Treuhand- und Sonderfonds (trust funds) zu. In den letzten Jahren spielen zunehmend die sogenannten ergänzenden Einnahmen (earmarked contributions) eine Rolle bei der Finanzierung. Diese stammen von Regierungen oder von mit UNEP kooperierenden UN-Institutionen und sind zweckgebunden. Der Geber kann also bestimmen, wofür das Geld ausgeben wird (Hüfner 2006: 178). Die ergänzenden Einnahmen waren ab Ende der neunziger Jahre für rund 10 % der Gesamteinnahmen von UNEP verantwortlich; in den Jahren 2003 und 2005 sogar für knapp über 20 %.

Zu den wichtigsten Bestandteilen des UNEP-Etats haben sich in den letzten Jahren die Treuhandfonds entwickelt. Zurzeit verwaltet UNEP 73 (Treuhandfonds: Stand Dezember 2008). Der überwiegende Teil dient der direkten Unterstützung des Arbeitsprogramms von UNEP, die anderen Fonds werden zur Finanzierung von Maßnahmen zur Umsetzung von Konventionen und ihrer Sekretariate eingesetzt (Gödel 2006: 73). Bei den Treuhandfonds wird zwischen allgemeinen und sonstigen Treuhandfonds unterschieden, die für spezielle Tätigkeiten im Rahmen der technischen Zusammenarbeit eingerichtet werden. Zur Gründung der zuerst Genannten bedarf es der Zustimmung des UN-Generalsekretärs, während die Kompetenz zur Einrichtung von Treuhandfonds im Bereich der technischen Zusammenarbeit beim Exekutivdirektor liegt (Hüfner 2006: 178). Der Anteil der Einnahmen aus den Treuhandfonds an den Gesamteinnahmen ist seit den achtziger Jahren erheblich gestiegen und lag zuletzt regelmäßig deutlich über 60 % der Gesamteinnahmen. Für den Anstieg der Bedeutung können drei Gründe aufgeführt werden. 1) Die steigende Anzahl von internationalen Übereinkommen zu Regionalgewässern, die von UNEP verwaltet werden. 2) Die Ausweitung der Aktivitäten im Bereich der technischen Zusammenarbeit. 3) Die steigende Anzahl von Mitarbeitern im UNEP-Sekretariat, die aus Treuhandmitteln bezahlt werden (Hüfner 2006: 179).

In den letzten Jahren hat UNEP auch verstärkt Partnerschaftsabkommen zwischen Geberländern und UNEP aufgesetzt. Auf diese Weise werden zusätzliche finanzielle Ressourcen generiert sowie die Zusammenarbeit zwischen einzelnen Regierungen von Geberländern und UNEP vertieft. Derzeit existieren solche Abkommen mit Norwegen, Belgien, den Niederlanden, Irland und Luxemburg (UNEP 2006b: 82). Das finanzielle Volumen dieser Partnerschaftsabkommen belief sich in der Summe der Jahre 2002-2005 auf ca. 53.2 Mio. US-$ (UNEP 2007c).

Summiert man die verschiedenen finanziellen Posten, die im Anhang 9.10 aufgeführt sind, konnte UNEP in den Jahren 2001-2004 über ein jährliches Gesamtbudget von gut 200 Mio. US-$ verfügen. Im Jahr 2005 stieg dieser Wert durch einen starken Anstieg bei den Mitteln aus den Treuhand-Fonds und den ergänzenden Einnahmen auf ca. 300 Mio. US-$.

Der Anstieg der finanziellen Ressourcen ist zwar grundsätzlich positiv zu bewerten, allerdings sehen zahlreiche Autoren das Finanzierungsmodell von UNEP als Achillesferse des Umweltprogramms an. Gemessen am engen finanziellen Spielraum wird die Arbeit von UNEP grundsätzlich positiv bewertet (Gödel 2006: 283, Ivanova 2005, Soroos 1999, Vogler/Imber 1996, Moltke 1996).

Wenngleich freiwillige Leistungen die Grundlage für UNEPs Finanzstruktur bilden, werden die Geberländer dazu angeregt, eigen- statt gemeinnütziger Interessen zu verfolgen (Ivanova 2006: 117). Eine langfristige Planung über das laufende Budget ist für UNEP aus diesem Grund nur schwer möglich. „UNEP's de facto agenda is set by individual priorities of donor countries, which has resulted in a fragmentation of UNEP's activities and lack of clear prioritization" (Ivanova 2005: 139). Die im Anhang 9.10 dokumentierte schwindende Bedeutung des Umweltfonds am Gesamtbudget bei gleichzeitiger Vervielfachung der zweckgebundenen ‚ergänzenden Einnahmen' wertet Ivanova als Indiz für das schwindende Vertrauen der Geberländer in den Erfolg von UNEP (Ivanova 2005: 140).

5.2.4 Der Datensatz multilaterale GEF-Umwelthilfe

Die in den vorangegangenen Kapiteln aufgearbeiteten Finanztransfers zur Ausstattung der GEF, des Ozon-Fonds und von UNEP werden nicht alle im Rahmen der statistischen Analyse in Kapitel 6 genutzt. Die Zuweisungen zum Ozon-Fonds weisen kaum erklärungsbedürftige Varianz auf und die finanzielle Ausstattung von UNEP fällt zu gering aus, als dass sich die Leistungen sinnvoll mit den Zuweisungen an die GEF aggregieren ließen. Wegen seiner großen finanziellen Bedeutung und der gut dokumentierten Datenlage werden deshalb nur die finanziellen Zuweisungen an die GEF (5.2.1) im Datensatz zur multilateralen Umwelthilfe berücksichtigt.

Anders als in der schematischen Abbildung 5-1 zur Illustration dargestellt, wird die abhängige Variable nicht als durchschnittlicher Anteil der Umwelthilfe über mehrere Arbeitsperioden ausgewiesen. Die Transfers eines Landes werden pro Jahr und Geberland summiert und prozentual im Verhältnis zum BNE im jeweiligen Jahr ausgedrückt. Abhängige Variable ist damit der jährliche Anteil (in % BNE) multilateraler Umwelthilfe von 22 OECD-Geberländern in jedem Jahr des Zeitraums von 1991 bis 2005. Der Datensatz ist als Paneldatensatz über 15 Jahre und 22 Länder organisiert und erhöht auf diese Weise die Fallzahl.

Die Zuweisungen an die GEF werden von den Geberländern zunächst für die jeweiligen Arbeitsperioden von vier Jahren zugesagt und dann in der Regel jedes Jahr zu festgeschriebenen Stichtagen zu 25 % beglichen (GEF 2008b: 3). Aus diesem Grund wird der zugewiesene Gesamtbetrag der Länder anteilig für die jeweiligen Jahre der Arbeitsperiode berechnet. Dieses Vorgehen ist daher praktikabel, weil die dritte Arbeitsperiode im Jahr 2006 abgeschlossen wurde und der jährliche Stand der Länderzuweisungen in den Treuhandberichten zu den jährlichen Treffen des GEF-Verwaltungsrates bereitgestellt wird (GEF 2008a). Wenngleich die GEF-Geberländer in der Regel dem vereinbarten Verfahren folgen, weichen sie doch in Ausnahmen davon ab und bezahlen ihre jährlichen Raten verspätet oder den ganzen Betrag in einer Überweisung. Diese Abweichungen werden im Datensatz zu den jährlichen Transfers nicht berücksichtigt.

Im Vergleich zum oben besprochenen Datensatz zur bilateralen Umwelthilfe (Abschnitt 4.1.3) ist der Datensatz deutlich weniger komplex. Dies liegt vor allem daran, dass die Geberbeziehungen einseitig sind, also sich nur an eine Institution richten. Der Datensatz eignet sich deshalb nicht zur Analyse komplexer Vergabebeziehungen. Er ist vor allem darauf ausgelegt, die ungleiche Beteiligung der OECD-Geberländer im Hinblick auf die Vergabe der multilateralen GEF-Umwelthilfe zu untersuchen.

5.3 Empfängerländer und regionale Verteilung

Während sich bei der finanziellen Beteiligung der Institutionen eine Reihe von Staaten überdurchschnittlich beteiligen, so sind auch auf Seiten der Empfängerländer Staaten auszumachen, die überdurchschnittlich stark von den Zuweisungen der Institutionen profitieren. Die Verteilung der Mittel auf die Empfängerländer ist aber auch machtpolitisch interessant. Zwar können die Geberländer die Vergabe nicht so direkt beeinflussen, wie es bei der bilateralen Umwelthilfe der Fall ist. Sie können aber ihre Beteiligung an den Wiederauffüllungsrunden der Organisation abhängig von bestimmten institutionellen Weichenstellungen in Richtung des von ihnen erwünschten Ausgabeverhaltens machen. Entsprechender sanfter Druck wurde im Falle der GEF von Seiten der Vereinigten Staaten ausgeübt. So machte das Land seine weitere Beteiligung abhängig von einer institutionellen Reform, welche die Zuweisung von GEF-Mitteln an bestimmte Bedingungen auf Seiten der Empfängerländer knüpft.

5.3.1 GEF

Richtet man den Blick weg von der finanziellen Ausstattung der GEF durch die Geberländer und hin zur Verteilung der ihr zugewiesenen finanziellen Ressourcen auf die sechs Schwerpunktbereiche, fällt auf, dass der größte Anteil an finanziellen Ressourcen in die beiden Bereiche Biodiversität und Klimaschutz fließt. Dabei liegen diese Bereiche mit 2.24 und 2.11 Mrd. US-$ deutlich vor den vier anderen Bereichen und vereinigen gut 2/3 der verfügbaren GEF-Ressourcen auf sich. Nicht mit abgebildet sind die Zuweisungen, denen kein klarer Förderungsbereich zugewiesen werden kann, sondern die mehrere Bereiche gleichzeitig fördern. Diese schlagen im genannten Zeitraum mit 0.558 Mrd. US-$ (~8.85 %) zu Buche (GEF 2007).

Abbildung 5-4: GEF-Förderung nach Schwerpunktbereichen[106]

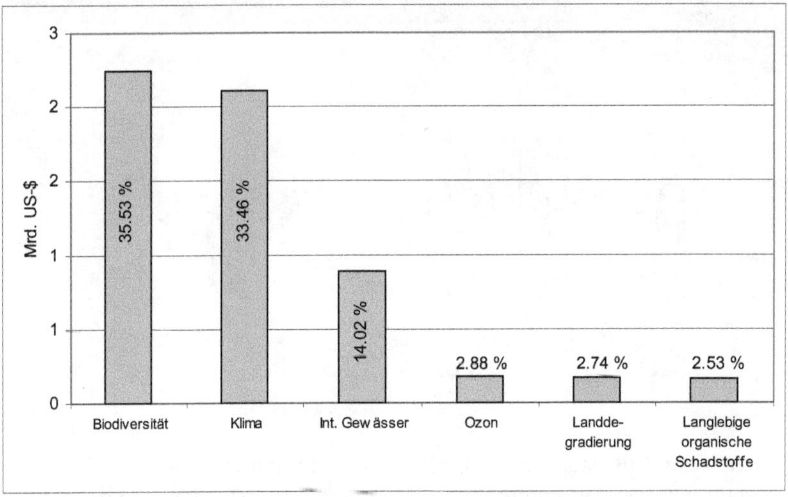

Ein näherer Blick auf die geographische Verteilung zeigt, dass die Ressourcen der GEF relativ ausgewogen verteilt werden. Während des Zeitraums 1991-2006 erhalten die Regionen ‚Asien', ‚Afrika' und ‚Lateinamerika/Karibik' zwischen 1.5 und 1.4 Mrd. US-$. Lediglich die Region ‚Europa' liegt mit 0.9 Mrd. US-$ etwas darunter. Allerdings gehören viele Länder Europas und mittlerweile auch Osteuropas zu den Geber- und weniger zu den Empfängerländern. Die Bereiche ‚Global' und ‚Regional' sind keine geographischen Regionen im engeren Sinne, werden in der GEF-Datenbank aber unter Regionen geführt. Unter die Region ‚Global' fallen Fördermaßnahmen, die in mehreren Ländern verschiedener Regionen gleichzeitig durchgeführt werden. Unter die Region ‚Regional' fallen Projekte, die in mehreren Ländern einer Region durchgeführt werden (z.B. Zentralamerika).

106 Eigene Berechnung. Datenquelle: GEF 2007.

Abbildung 5-5: Geographische Verteilung von GEF-Mitteln[107]

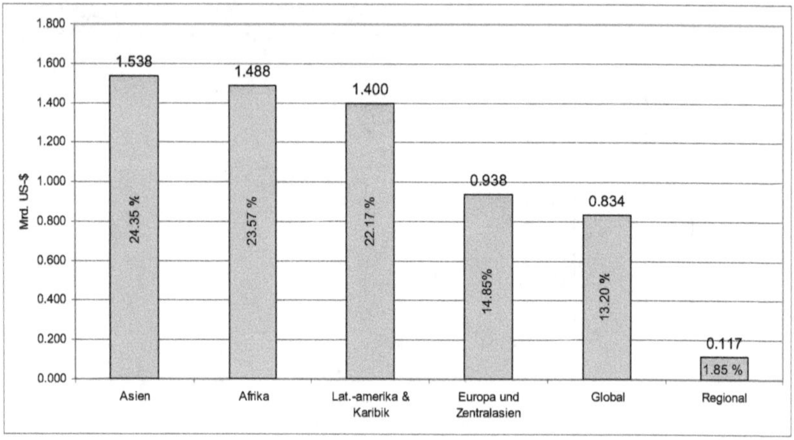

Bricht man die Zuweisungen der GEF noch weiter herunter und untersucht, welche Staaten am meisten von den Projekten und Zuweisungen der Globalen Umweltfazilität profitieren, ergibt sich ein Bild, welches dem der Verteilung der ODA-gebundenen Umwelthilfe ähnelt. Dies deutet auf systematische Zusammenhänge zwischen den verschiedenen Finanzierungsquellen hin. Seit der Gründung der GEF-Pilotphase 1991 bis Ende 2006 flossen rund 8.5 % aller GEF-Mittel bzw. 535 Mio. US-$ nach China. Neben dem Größeneffekt ist dies auch Chinas Bedeutung für den globalen Umweltschutz geschuldet.

In Tabelle 5-1 sind zehn Staaten dargestellt, die seit der Gründung der GEF am meisten von ihren Zuweisungen profitiert haben. Gleich nach China folgen Brasilien und Mexiko mit jeweils deutlich über 200 Mio. US-$. Auch Indien sowie Russland und die Philippinen profitieren mit jeweils noch deutlich über 100 Mio. US-$ von den Zuweisungen der GEF. Dabei muss berücksichtigt werden, dass gerade China und Indien bevölkerungsreiche Länder sind und – pro Kopf gesehen – nicht so viele Ressourcen auf sich vereinigen würden.

Tabelle 5-1: Hauptempfänger der GEF 1991-2006[108]

Land	Mio. US-$		Land	Mio. US-$	
China	535.952	(42.343)	Philippinen	117.201	
Brasilien	292.990	(11.07)	Indonesien	94.568	
Mexiko	241.635	(26.728)	Ägypten	80.861	(8.09)
Indien	170.939	(35.275)	Peru	71.770	
Russland	157.958		Marokko	70.874	

107 Eigene Berechnungen. Datenquelle:GEF 2007.

108 Eigene Berechnungen. Datengrundlage GEF 2007, GEF 2003, GEF 2006d.

Unter diesen Ländern sind einige Staaten nicht nur Empfänger-, sondern auch Geberländer (in Klammern () dargestellt). Die Zuweisungen dieser Länder an die GEF sind wohl eher symbolischer Natur, da ein großer Nettonutzen bleibt, wenn man die Zuweisungen an die GEF mit den Zuweisungen von der GEF verrechnet. So ist beispielsweise China bisher bei jeder Wiederauffüllungsrunde auch als Geberland in Erscheinung getreten. Insgesamt beteiligte sich Peking zwischen 1991 und 2006 mit rund 42.34 Mio. US-$ an der Wiederauffüllung der GEF, es bleibt allerdings ein Nettonutzen von gut 500 Mio. US-$. Am anderen Ende der Skala derjenigen Staaten, die bisher von der GEF gefördert wurden, stehen Malta (0.357 Mio US-$), Saudi-Arabien (0.35 Mio US-$), Angola (0.339 Mio US-$), Bahrain (0.335 Mio US-$), Äquatorialguinea (0.296 Mio US-$) und Ost-Timor (0.225 Mio. US-$).

Was die Hauptempfängerländer der GEF angeht, tauchen insgesamt sechs Länder unter den zehn größten Empfängerländern auf, die auch im Bereich der allgemeinen Umwelthilfe zu den größten Empfängerländern gehören. Auffällige Überschneidungen finden sich etwa bei China, Brasilien, Indien, Indonesien und Ägypten. Es gibt also bestimmte Länder, die im Bereich der Umweltpolitik besonders stark gefördert werden. Neben Landesgröße und Bevölkerungszahl liegt es nahe, noch andere Gründe hierfür geltend zu machen. Ebenso wie Indien ist China als aufstrebende Wirtschafts- und Handelsnation besonders wichtig für den globalen Umweltschutz und muss zur Lösung der globalen Umweltproblematik einbezogen werden (vgl. hierzu Humphrey/Messner 2006). Ägypten ist seit jeher ein wichtiger strategischer Partner des Westens im Nahen Osten und es ist anzunehmen, dass mit den vergleichsweise hohen Zuweisungen nach Ägypten nicht nur die umweltpolitische Bedeutung des Landes honoriert wird. Brasilien und Indonesien sind vor allem auch für ihre großen Regenwälder bekannt, die allerdings von illegalem Holzeinschlag und Brandrodung bedroht sind[109].

Für die Zukunft der GEF zeichnet sich eine weitere Konzentration der Mittel auf bestimmte Empfängerländer ab: Weitgehend unbemerkt von einer breiten Öffentlichkeit wurde auf einer Sondersitzung des GEF-Verwaltungsrates im September 2005 die Einführung eines komplizierten Verfahrens beschlossen, nach dem die GEF-Ressourcen auf die Empfängerländer verteilt werden. Dieses sogenannte ‚Resource Allocation Framework' (RAF) regelt zunächst die Verteilung der Ressourcen für zwei der sechs Schwerpunktbereiche. Mit den Bereichen Klima und Biodiversität sind dies allerdings die größten und bisher am stärksten geförderten Bereiche. Die Berechnung basiert auf einem äußerst komplizierten Schlüssel, in den unterschiedliche, auf Performanz basierende Indikatoren innerhalb der Empfängerländer sowie umweltpolitische Prioritäten der

109 Zwischen 1990 und 2005 ging der Anteil der von Wald bedeckten Landfläche in Brasilien von 61.47 % auf 46.47 % zurück, in Indonesien von 64.35 % auf 48.85 % (Weltbank 2006).

GEF eingehen. Auf diese Weise wird am Ende der Förderungsanteil bestimmt, der den Ländern zusteht.

Das RAF geht auf Politikempfehlungen des Abschlusspapiers[110] der dritten Wiederauffüllungsrunde zurück, die als Zugeständnis an die USA aufgenommen wurden. Daraufhin wurde das RAF bis weit in die vierte Wiederauffüllungsrunde hinein verhandelt, war aber intern immer höchst umstritten. Der Beschluss zur Einführung des RAF zum 1. Juli 2006 kam vor allem auf Druck der USA zustande, da diese ihre weitere finanzielle Beteiligung an der Wiederauffüllung zu GEF 4 von der Einführung des RAFs, abhängig machte (Clémençon 2006b: 59f). Gemäß des zur vierten Wiederauffüllungsrunde eingeführten RAFs stehen für die beiden Schwerpunktbereiche Biodiversität und Klima jeweils 1 Mrd. US-$ für den Arbeitszeitraum 2007-2010 zur Verfügung, die nun anhand des bereits oben erwähnten Schlüssels auf die potentiellen Empfängerländer verteilt werden[111]. Dieser Schlüssel setzt sich aus zwei Indizes zusammen, die sich ihrerseits wieder nach komplexen Formeln berechnen. Die zwei Indizes sind der ‚GEF Benefits Index' (GBI) und der ‚GEF Performance Index (GPI)'. Der GBI ist ein Maß, welches den globalen ökologischen Nutzen eines Landes im Hinblick auf den jeweiligen Schwerpunktbereich (zurzeit also Klima und Biodiversität) darstellt. Der GPI ist ein Maß, welches die Fähigkeit und Kapazitäten des Empfängerlandes im Hinblick auf eine erfolgreiche Umsetzung von GEF-Programmen und -Projekten widerspiegelt. Dabei unterscheiden sich die Indizes für die Bereiche Biodiversität und Klima. Der Biodiversitäts-GBI misst den potentiellen globalen Nutzen, der sich aus der biologischen Vielfalt eines Landes realisieren lässt:

> "It reflects the complex, highly uneven distribution of species and threats to them across the ecosystems of the world, both within and across countries. It recognizes the richness of available data in some areas of biodiversity through the inclusion of detailed indicators and acknowledges the data gaps in other areas through the inclusion of broad indicators" (GEF 2005b: 2).

Analog dazu misst der Klima-GBI den potentiellen globalen Nutzen von Klimaschutzmaßnahmen in den Empfängerländern: "The approach reflects the objectives of the GEF climate change operational programs to address long-term priorities to mitigate climate change" (GEF 2005b: 2). In der Konsequenz führt dies dazu, dass die Ressourcen der GEF vor allem an die Länder mit den größten

---

110 Im Wortlaut heißt es: "The system should establish a framework for allocation to global environmental priorities and to countries based on performance. Such a system would provide for varied levels and types of support to countries based on transparent assessments of those elements of country capacity, policies and practices most applicable to successful implementation of GEF projects" (GEF 2002: Annex C, Para 18, S. 54).

111 Jeweils 5 % dieser Summe müssen für das Kleinstzuschussprogramm zur Verfügung stehen. Für die anderen Programme (FSPs, MSPs, EAs) stehen also noch jeweils 900 Mio. US-$ zur Verfügung.

Emissionen vergeben werden. „The rationale is that countries with greater GHG emissions will have lower abatement costs than countries with smaller emissions" (Mace 2005: 244).

Die Ausführungen zum RAF und den dort genutzten Indikatoren sind vor allem deshalb wichtig, weil in Abschnitt 6.2 ein aus dem Klima- und Biodiversitäts-GBI konstruierter Indikator genutzt wird, um statistisch zu testen, ob auch bilaterale Umwelthilfe aufgrund ihres größten Nutzens für die Umwelt vergeben wird.

Der GEF-Performanzindikator GPI setzt sich aus drei weiteren Subindikatoren zusammen:

(a) einem ‚Portfolio Performance Indicator' (PPI), der mit 10 % in den GPI eingebracht wird und auf GEF Projektratings abgeschlossener Projekte sowie auf Ratings der Weltbankprojektdatenbank zurückgreift;

(b) einem ‚Country Environmental Policy and Institutional Assessment Indicator' (CEPIA), der zu 70 % in den GPI einfließt. Der CEPIA basiert auf einem Nachhaltigkeitsindikator der Weltbank, der Politik und Institutionen in Ländern im Hinblick auf Nachhaltigkeitsaspekte bewertet;

(c) einem ‚Broad Framework Indicator' (BFI), der zu 20 % eingeht und sich aus den Durchschnittswerten von fünf Indikatoren der Weltbank zusammensetzt, die öffentliche Verwaltungseinrichtungen und Institutionen bewerten.

Aus GBI und GPI wird eine ‚Länderpunktzahl' berechnet, aus der wiederum der prozentuale, dem Land zustehende Förderbetrag abgeleitet werden kann. Formalisiert dargestellt, sieht die Berechnung folgendermaßen aus:

$$1: \quad \textit{Länderpunktzahl} = GBI^{0,8} \times GPI^{1,0}$$

$$2: \quad \textit{Länderanteil} = \frac{\textit{Länderpunktzahl}}{\sum \textit{Länderpunktzahlen der Förderberechtigten}}$$

$$3: \quad \textit{Vorläufige Mittelzuweisung} = \textit{Länderanteil x verfügbare Ressourcen im RAF}$$

Den Ländern, die auf dieser Grundlage weniger als eine Million US-$ zugewiesen bekommen, werden in einem vierten Schritt zusätzliche Mittel zugewiesen, so dass eine Minimalförderung von einer Mio. US-$ gewährleistet ist. Darüber hinaus werden die Zuweisungen auch noch von oben her ‚gedeckelt'. Beim Förderungsschwerpunkt Biodiversität darf ein einzelnes Land nicht mehr als 10 % (100 Mio. US$) der verfügbaren RAF-Ressourcen erhalten, im Förderbereich Klimaschutz sind dies 15 % (150 Mio. US-$) der im RAF verfügbaren Ressourcen. Nach dieser zweiseitigen Anpassung, werden in einem fünften Schritt die endgültigen Zuweisungen kalkuliert. Entsprechend dem neu eingeführten RAF verteilen sich die für GEF 4 vorgesehenen Ressourcen folgendermaßen auf die zehn größten Empfängerländer:

Wie aus Tabelle 5-2 hervorgeht, stehen China im Förderbereich Klimaschutz 150 Mio. US-$ zu. Wie bereits oben erwähnt, ist dies der Höchstbetrag, bis zu dem ein einzelnes Land in diesem Förderbereich gefördert werden kann. In Klammern dahinter vermerkt ist der Rangplatz (1). Zu Vergleichszwecken sind in der Spalte ‚GEF 1-3' die kumulierten finanziellen Zuweisungen aus den drei vorherigen Förderperioden dargestellt. Auch hier ist der Rangplatz in Klammern dahinter vermerkt.

Tabelle 5-2: Ressourcenverteilung GEF 4 und GEF 1-3 in Mio. US-$[112]

	Klimaschutz					Biodiversität			
Land	**GEF 4**		**GEF 1-3**		**Land**	**GEF 4**		**GEF 1-3**	
China	150.0	*(1)*	313.3	*(1)*	Brasilien	63.2	*(1)*	91.4	(1)
Indien	74.9	*(2)*	145.0	*(2)*	Mexiko	54.6	*(2)*	66.7	(3)
Russland	72.5	*(3)*	15.4	*(13)*	China	44.3	*(3)*	81.5	(2)
Brasilien	38.1	*(4)*	126.3	*(3)*	Indonesien	41.4	*(4)*	50.4	(6)
Polen	38.1	*(5)*	29.1	*(12)*	Kolumbien	36.6	*(5)*	48.8	(7)
Mexiko	28.3	*(6)*	122.2	*(4)*	Indien	29.6	*(6)*	52.0	(5)
Südafrika	23.9	*(7)*	13.6	*(26)*	Russland	25.3	*(7)*	53.1	(4)
Ukraine	18.9	*(8)*	11.9	*(31)*	Peru	25.3	*(8)*	37.7	(9)
Türkei	17.5	*(9)*	–	*(147)*	Madagaskar	24.2	*(9)*	36.0	(10)
Iran	16.5	*(10)*	6.9	*(41)*	Ecuador	23.2	*(10)*	32.1	(11)
[…]	[…]	[…]	[…]						
Ägypten	11.5	17	69.1	5					

Im Bereich des Klimaschutzes fällt auf, dass mit Russland, Polen, Südafrika, der Ukraine, der Türkei und dem Iran sechs Länder unter die ersten zehn ‚förderungswürdigen' Staaten im RAF rücken, die in den vorhergehenden Arbeitsphasen nicht darunter waren. Innerhalb dieser Gruppe fällt vor allem die Türkei auf, der im Bereich Klimaschutz in drei Förderungszeiträumen der GEF kein einziges Klimaprojekt finanziert wurde, die nach dem RAF aber Anspruch auf ein Fördervolumen in der Höhe von 17.5 Mio. US-$ hat. Stark profitiert auch der Iran, was hinsichtlich der unsicheren politischen Situation und undemokratischen Regierung etwas überrascht. Bemerkenswert ist auch, dass Polen den gleichen Förderungsanspruch hat wie etwa Brasilien. Intuitiv würde man den Nutzen Brasiliens für den Bereich des globalen Klimaschutzes deutlich höher bewerten als den Polens.

Zu erwähnen ist auch die Tatsache, dass Ägypten an Bedeutung verliert. Unter GEF 1-3 rangierte es mit knapp 70 Mio. US-$ an fünfter Stelle der am stärksten geförderten Länder, während es nach dem RAF mit 11.5 Mio. US-$ auf Rang 17 fällt.

Derartige Überraschungen bleiben im Förderungsbereich Biodiversität weitestgehend aus. Zwar kommt es zu einigen Verschiebungen, doch insgesamt gesehen profitieren die zehn oben aufgelisteten Länder finanziell von der Einführung des RAF, wenn man berücksichtigt, dass in der Tabelle die potentiellen Zuweisungen einer Förderperiode mit der tatsächlich geleisteten Summe aus drei Förderperioden verglichen werden.

112 Datenquelle: GEF 2006b: 4-12.

Zum besseren Verständnis des RAF muss noch betont werden, dass die in Tabelle 5-2 aufgeführten Beträge keine Besitzstände darstellen, die den Ländern im Laufe der vier Förderjahre automatisch überwiesen werden oder einklagbar sind. Die Mittel müssen weiterhin über Projektanträge abgerufen werden, ansonsten verfallen sie. Es könnte also der Fall eintreten, dass ein Land zwar eine relativ hohe Summe nach dem RAF zugesprochen bekommt, dieses Geld aber nicht oder nur zu Teilen in Anspruch genommen wird. Vor diesem Hintergrund müssen auch die oben angestellten Vergleiche verstanden werden. Eine endgültige Bewertung des RAF kann erst nach dem Ablauf der Förderperiode gemacht werden, wenn feststeht, welche Länder wie viel des ihnen zugestandenen Geldes abgerufen haben. Nicht allen potentiellen Empfängerländern wird das Geld in Form von einzelnen Länderzuweisungen zugesprochen. Im Bereich Klima sind dies lediglich 57 Länder (Biodiversität 46). Die anderen Länder (Klima: 115 , Biodiversität: 93) werden zu Ländergruppen zusammengefasst, die um die verbleibenden Ressourcen konkurrieren. Im Klimabereich sind dies 148.6 Mio. US-$, im Biodiversitätsbereich 146.8 Mio. US-$.

5.3.2 Ozon-Fonds

Aus dem im Ozon-Fonds angelegten Geld wurden im Zeitraum von 1991 bis 2006 knapp über 5600 Einzelprojekte zur Reduktion von ozonzerstörenden Substanzen investiert. Bezogen auf die geographisch wichtigsten Regionen der Welt, floss der größte Teil dieser Mittel nach Asien. Dort wurden insgesamt 2,344 Projekte mit einem finanziellen Volumen von 1.34 Mrd. US-$ gefördert. Nach Lateinamerika und die Karibik flossen 415 Mio. US-$ in Projekte. Zehn Prozent der Fondsmittel flossen nach Afrika, wo mit 208 Mio. US-$ 1219 Projekte finanziert wurden. Fünf Prozent der Mittel flossen in die Region Europa und Zentralasien. Hier spielen hauptsächlich die osteuropäischen Staaten und die Staaten des Kaukasus eine Rolle, da die westeuropäischen Staaten ja keine Empfänger-, sondern Geberländer sind (Ozon-Sekretariat 2007).

Abbildung 5-6: Geographische Verteilung der Ozon-Fonds-Mittel[113]

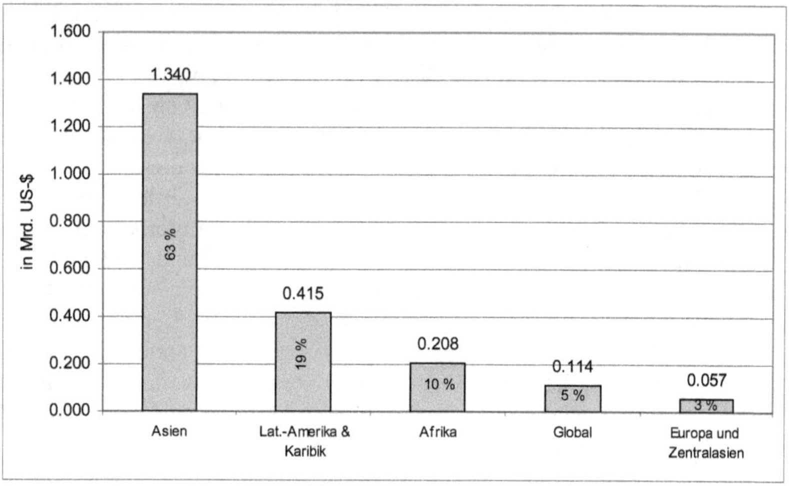

Die Dominanz der Region Asien ist wenig überraschend, vor allem weil die beiden bevölkerungsstärksten Staaten Indien und China zu dieser Region gerechnet werden. Kontrolliert man die Region Asien für China, fließen noch gut 600 Mio. US-$ in die Region. Kontrolliert man für China und Indien, fließen noch ca. 390 Mio. US-$ nach Asien, was in etwa dem Wert entspricht, der an die Staaten Lateinamerikas und die Karibik überwiesen wird.

Tabelle 5-3: Hauptempfängerländer des Ozon-Fonds 1991-2006[114]

Land	Mio. US-$	Land	Mio. US-$
China	734.833 (463)	Argentina	60.079 (157)
India	212.261 (409)	Indonesia	59.605 (176)
Brazil	91.561 (286)	Thailand	55.781 (149)
Mexico	84.209 (143)	Malaysia	50.725 (173)
Iran	60.602 (182)	Egypt	47.728 (97)

Somit gehören China und Indien denn auch zu den ‚Hauptprofiteuren' des Ozon-Fonds. China konnte zwischen 1991 und 2006 mit knapp 735 Mio. US-$ ca. 34 % der Gesamtförderungssumme des Ozonfonds auf sich vereinigen. Indien brachte es mit 212 Mio. US-$ auf rund 10 % des Gesamtvolumens. Danach

113 Eigene Berechnungen. Datengrundlage Ozon-Sekretariat 2007. Da die Regionen nicht im Datensatz enthalten waren, wurden die Länder nachträglich auf Grundlage von Vorgaben der GEF den Regionen zugeordnet (GEF 2006c).

114 Datengrundlage Ozon-Sekretariat 2007. Anzahl der geförderten Projekte dargestellt in Klammern ( ).

folgen mit einigem Abstand Brasilien (91 Mio. US-$.), Mexiko (84 Mio. US-$) und der Iran (60 Mio. US-$).

Mit China, Indien, Brasilien, Indonesien und Ägypten tauchen insgesamt fünf Staaten unter den zehn am stärksten geförderten Staaten auf, die auch von den anderen hier besprochenen Finanzierungsmechanismen am stärksten profitieren.

5.3.3 UNEP

Zur Ausgabenseite oder der geographischen Verteilung der UNEP zur Verfügung stehenden finanziellen Ressourcen können bis auf die bereits gemachten Ausführungen keine Aussagen getroffen werden. Dies liegt an der schlechten Datenlage, und der mangelnden Bereitschaft von UNEP, bessere Daten zur Verfügung zu stellen. Auch nach mehreren Telefonaten, Emails und Korrespondenz mit Verantwortlichen von UNEP, UNON und dem BMU war es nicht möglich, detaillierte und systematische Informationen zur Mittelverwendung von UNEP zu erhalten[115]. Informationen hierzu konnten lediglich anhand von unsystematischen und anekdotenhaften Beispielen zur Verfügung gestellt werden. Vom Abteilungsleiter des Schatzamtes von UNON wurde allerdings bekräftigt, dass UNEP das Problem erkannt habe und Informationen über die Ausgabenseite durch die Einführung eines „Result Based Budgeting and Management module" zukünftig beheben werde[116]. Ein Grund für die Einführung eines solchen Systems ist auch die Aussicht auf eine Erhöhung der Einnahmen aus dem Umweltfonds, die sich gegenüber den Geberländern nur rechtfertigen lässt, wenn man auch systematisch Rechenschaft über die Mittelverwendung ablegen kann.

Grob zusammengefasst verwendet UNEP seine Mittel vor allem zur Koordinierung seiner Umwelt-Aktivitäten, wozu vor allem die Administration diverser Konventionssekretariate gehört. Darüber hinaus stellt UNEP Geld für die Bereiche der technischen Zusammenarbeit, Umweltbildung, Datensammlung und Umweltforschung, Informationsaustausch und –verteilung, regionale und weltweite Umweltüberwachung, Förderung von Umwelttechnologien, nachhaltige Entwicklung sowie die Unterstützung nationaler, regionaler und weltweiter Umweltorganisationen zur Verfügung.

115 Dieser Eindruck wird durch die Lektüre eines Bandes von Hüfner bestätigt (Hüfner 2006), der das Finanzierungssystem der Vereinten Nationen aufarbeitet, aber aus den gleichen Gründen die Ausgabenseite nicht systematisch offenlegen kann.

116 Persönliche Kommunikation vom 15.08 2007 mit Harald S. Brekke.

5.4 Fazit: Zusammenfassung und Deutungsversuche

Das abgeschlossene Kapitel hat – wie schon Kapitel 4 – einen empirischen Beitrag zur Aufarbeitung wichtiger Finanztransfers und Finanzierungsmechanismen geleistet. Hierzu wurden ausgewählte multilaterale Institutionen, die bei der Finanzierung internationaler Umweltpolitik eine besondere Rolle spielen, dargestellt. Den Schwerpunkt der Darstellung bildete die finanzielle Ausstattung dieser Institutionen durch die OECD-Geberländer sowie die Mittelverwendung- und Weitergabe an die Empfängerländer. Im Mittelpunkt der Aufmerksamkeit stand die GEF. Die Zuweisungen der Geberländer an sie fließen stellvertretend für andere Institutionen in den Datensatz zur multilateralen Umweltfinanzierung ein.

In der Zusammenschau der empirischen Beobachtungen in den Kapiteln 4 und 5 zeigt sich, dass die Beteiligung an der bilateralen und der multilateralen Umwelthilfe innerhalb der Ländergruppe stark variiert. Auffällig ist vor allem, dass es häufig die gleichen Länder sind, die überdurchschnittlich viel für Umwelthilfe bereitstellen. Diese Ähnlichkeiten zwischen den einzelnen Finanzierungsquellen deuten auf systematische Zusammenhänge hin. Insbesondere die überdurchschnittliche Beteiligung der nordischen Länder, kann als Indiz für ein ‚nordisches Modell' der Umweltfinanzierung gewertet werden.

Eine mögliche Erklärung der ungleichen Beteiligung ist sicherlich die freiwillige Mittelvergabe. Für ihre finanziellen Zuweisungen an die GEF sollen sich die Geberländer an einem angepassten IDA[117]-Schlüssel orientieren. Dieser lässt aber Abweichungen nach oben, insbesondere aber nach unten zu (Sjöberg 1999: 36). Wie im Abschnitt 5.1.1 zur GEF deutlich gemacht wurde, variiert die Beteiligung bei den Zuweisungen an die GEF im Hinblick auf die Zahlungsfähigkeit der Geberländer erheblich.

Im Gegensatz dazu stellt der multilaterale Fonds zum Schutz der Ozonschicht (Abschnitt 5.1.2) das einzige dem Autor bekannte Beispiel dar, in welchem eine annähernd ausgeglichene finanzielle Beteiligung erreicht wurde, wobei das Verhältnis zwischen zugesagten Beiträgen und tatsächlich gezahlten Beiträgen zwischen den Jahren 1991-2005 bei durchschnittlich 93,37 % liegt. Auch dies könnte mit dem Beitragsschlüssel erklärt werden, der sich im Falle des Ozon-Fonds an dem bei den Vereinten Nationen[118] verwendeten orientiert. Zwar ist dieser Schlüssel recht kompliziert, allerdings ist das wichtigste Kriterium zur Ermittlung des Beitragssatzes die Zahlungsfähigkeit (capacity to pay) eines Staates, für die im UN-Schlüssel das Bruttonationaleinkommen BNE verwendet

117 International Development Association (zur Weltbankgruppe gehörig). Siehe auch Kapitel 1.4.

118 Ausführlich hierzu Hüfner 2006: 67ff und Hüfner 2003.

wird. Das gilt insbesondere für die reichen Industrienationen. Da diese Maßzahl auch für die Berechnung der relativen Zuweisungen an den Ozon-Fonds in Abbildung 5-2 verwendet wird und die Staaten ihre Beiträge zu einem ganz erheblichen Anteil tatsächlich auch zahlen, überrascht das einheitliche Bild auf den zweiten Blick nicht mehr so stark.

Auch die Tatsache, dass die Vereinigten Staaten am weitesten unter dem Durchschnitt liegen, lässt sich mit Hinweis auf den UN-Beitragsschlüssel erklären. Bei der endgültigen Festlegung des UN-Beitragsschlüssels haben neben der Zahlungsfähigkeit auch die Festlegung der Veranlagungsperiode, die Umrechnungskurse der jeweiligen Landeswährung in US-$ und diverse ‚BNE-korrigierende Entlastungsfaktoren' Einfluss auf die Höhe des Beitrags. Im Falle des UN-Haushalts sind der Höchstsatz auf 22 % und der Mindestsatz auf 0.001 % begrenzt. Ohne diesen Höchstsatz würden die USA auf ca. 30 % Beitragssatz kommen (Hüfner 2006: 75). Da die Zahlungsfähigkeit der Vereinigten Staaten im Vergleich zu den anderen OECD-Ländern künstlich gedeckelt wurde, weicht auch ihr relativer Anteil am stärksten vom arithmetischen Mittel ab. Dies alleine ist natürlich keine ausreichende Erklärung für die annähernd ausgeglichene finanzielle Beteiligung im Ozonfonds. Sie passt zudem sehr gut zur Erfolgsgeschichte der Problemverregelung der internationalen Bemühungen zum Schutz der Ozonschicht (vgl. Bankobeza 2005, Benedick 1998, Breitmeier 1997, Parson 1993).

Die Ausführungen zur GEF haben außerdem deutlich gemacht, dass bei der finanziellen Ausstattung einer Finanztransferinstitution in der Umweltpolitik von Geberseite –zumindest indirekt – Einfluss auf das Ausgabeverhalten dieser Institution genommen wird: Die Einrichtung des Resource Allocation Framework kann als starkes Indiz dafür gewertet werden, dass auch bei der Mittelzuweisung durch multilaterale Institutionen politische Interessen eine Rolle spielen. Diese spiegeln sich bei der GEF vor allem im GBI wider, der die finanziellen Zuweisungen für die Bereiche Klima und Biodiversität u.a. vom potentiellen globalen Umweltnutzen eines Empfängerlandes abhängig macht. Nicht zuletzt zeigt dieses Beispiel aber auch die Macht der Geberländer auf multilaterale Institutionen. So ist das RAF überhaupt erst auf den Druck der Vereinigten Staaten eingeführt worden, die ihre weitere finanzielle Unterstützung für die GEF von der Einführung eines solchen Mechanismus abhängig gemacht hatten (Clémençon 2007).

Im Sekretariat und bei vielen Mitgliedsländern stieß das Projekt auf wenig Gegenliebe und wurde heftig kritisiert. Lediglich die Regierungen Kanadas, Frankreichs und Großbritanniens unterstützen die Einführung ausdrücklich. Aus der Reihe der Industrieländer artikulierten Belgien, Deutschland, Dänemark und die Schweiz die deutlichste Kritik, die allerdings selten direkt und öffentlich geäußert wurde, aber bei der Lektüre der Zusammenfassung des Abschlussdokumentes der Sondersitzung deutlich wird, auf der das RAF beschlossen wurde.

Die Staaten Belgien, Argentinien, Bolivien, Chile, Paraguay, Peru und Uruguay formulierten deutliche Vorbehalte gegenüber dem RAF, die als eine Art ‚Minderheitsvotum' im Anhang des Abschlussdokuments aufgenommen wurden. In der Stellungnahme wird der unklare Nutzen des RAFs ebenso bemängelt wie die für die Berechnung benutzten Indikatoren, die zum Teil nicht auf Umwelt- und Nachhaltigkeitsaspekten beruhen. Zusätzlich wird betont, dass die GEF vor allem auch zur Unterstützung der Umsetzung von internationalen Konventionen verabschiedet wurde, die nicht auf Wettbewerbsgesichtspunkte hin ausgelegt sind. Darüber hinaus wird das Sekretariat und das undurchsichtige Beratungs- und Entscheidungsverfahren kritisiert, an dem nicht alle Akteure gleichermaßen beteiligt wurden, um nur einige Kritikpunkte zu nennen (GEF 2005c. 11). Trotz der Vorbehalte betont die Staatengruppe, dass sie sich einem Konsens über die Einführung nicht in den Weg stellen würde, sofern dies der ausdrückliche Wille des Verwaltungsrates sei.

In ähnlicher Form, aber für ein Industrieland ungewöhnlich kritisch, äußert sich der Vertreter Deutschlands, dessen Vorbehalte ebenfalls im Anhang des Abschlussdokuments aufgenommen wurden. Nach Meinung Deutschlands stellt das RAF nicht das geeignete Instrument dar, die Effizienz und Transparenz der Verwendung von GEF-Ressourcen zu erhöhen, da das System zu kompliziert und intransparent sei. Auch widerspricht es dem Gedanken einer universellen Teilnahme, indem es bestimmte Akteure von Förderungen ausschließen kann. Weiter heißt es:

> „[...] that it does not ensure the cost-effectiveness of the GEF's activities but leads to increasing bureaucracy; that it is not sufficiently flexible to respond to changing circumstances - all these being fundamental principles laid down in the GEF Instrument. And we are concerned that this jeopardizes the quality of GEF projects due to very low thresholds for a number of countries" (GEF 2005c: 9).

Jedoch lehnte auch Deutschland die Zustimmung zum RAF nicht ab, weil es die Wiederauffüllung der GEF nicht gefährden wollte. Gleichwohl fordert es vom Verwaltungsrat einen intensiven Kontrollprozess und Offenheit für eine eventuell notwendig werdende Modifizierung des Systems ein.

> „In the end, council members felt that a trade-off had to be made between keeping the United States engaged in the GEF or standing on principles and that a failure to come to an agreement on the RAF would jeopardize the survival of the GEF in its current shape and form" (Clémençon 2006b: 60).

Externe Beobachter kritisieren außerdem, dass eine Vielzahl der zur Berechnung des Förderungsanteils verwendeten Indikatoren und Daten von der Weltbank bereitgestellt wird, von denen einige nicht für Empfängerländer oder eine interessierte Öffentlichkeit eingesehen bzw. nachvollzogen werden können. Außerdem werde ein gesunder Wettbewerb um Projektförderungsanträge und Gelder in Frage gestellt, da manche Länder eine große Summe für den Zeitraum von vier Jahren zugesagt bekommen und dadurch der Anreiz reduziert werde, geeignete und effiziente Projektvorschläge einzureichen. Im Gegensatz dazu wird die Gruppe kleiner Staaten zunehmen, die um einen bescheidenen Anteil an verbleibenden Fördersummen konkurrieren. Deswegen kann der negative Anreiz entstehen, erst gar keine Projekte zu entwickeln. Auch befürchten Beobachter, dass undemokratische Länder oder Länder mit Korruptionsproblemen zukünftig kaum noch Förderung erhalten, obwohl diese zu großen Teilen auch an Nichtregierungsorganisationen und lokale Akteure gezahlt wird, die wichtig für die langfristige Kapazitätsentwicklung und Beseitigung eben dieser Probleme sind (Clémençon 2006b: 60f). Zumindest der letzte Einwand lässt sich mit einem Blick auf die am stärksten geförderten Länder aus Tabelle 5-2 nicht eindeutig belegen. Der Iran fällt hier deutlich heraus und auch Russland und China gehören zumindest von der Tendenz her zu den undemokratischen Staaten.

Auch handwerkliche Fehler in der Konstruktion des RAF lassen darauf schließen, dass die Einführung vor allem auf politischen Druck hin erfolgte. Über den so wichtigen Performanzindikator GPI war schon vor seiner Einführung bekannt, dass für immerhin 23 Entwicklungsländer keiner der drei für die Berechnung notwendigen Subindikatoren überhaupt verfügbar ist (Mace 2005: 244).

Insgesamt zeigt die Debatte um die Einführung des RAFs, welch starken Einfluss GEF-interne Vergabekriterien auf die Verteilung von finanziellen Mitteln an die Empfängerländer haben und wie die GEF dazu benutzt wird, den Willen größerer Geberländer – insbesondere (den) der USA – durchzusetzen. Auch wird deutlich, wie heterogen die Interessen sowohl zwischen den Geber- und Empfängerländern als auch innerhalb der Gruppe der wichtigsten Geberländer sind. Im Endeffekt konnte sich der in absoluten Zahlen gemessene größte Geber weitgehend mit seinen Forderungen durchsetzen, weil die USA ihren Beitrag zur Wiederauffüllung von der Einführung des RAF abhängig machten.

Eine weitere empirische Auffälligkeit des abgeschlossenen Kapitels ist die Rolle Japans. Dies gilt insbesondere in der Zusammenschau mit den Ergebnissen aus Kapitel 4 zur bilateralen Umwelthilfe. Hier beteiligte sich Japan überdurchschnittlich stark und ist finanziell deutlich mehr engagiert als z.B. die Wirtschaftsmächte Deutschland oder die Vereinigten Staaten. Dies ist ein interessanter Kontrast zu Japans zurückhaltender Beteiligung bei der multilateralen Umwelthilfe.

Der hohe Anteil Japans an der bilateralen Umwelthilfe ist auf den ersten Blick überraschend, passt aber durchaus ins Selbstbild des Landes, das sich schon seit den 1970er Jahren als Umweltpionier profiliert (Tsuru/Weidner 1989). Diese Profilierung bezog sich aber vor allem auf innerstaatlichen Umweltschutz, niedrige Emissionswerte und sonstige Umweltinnovation und weniger auf die gezielt eingesetzte Vergabe von Umwelthilfe für den globalen Umweltschutz. Das Ausgabeverhalten Japans wird vor allem dann plausibel, wenn man Japans „Umweltaußenpolitik" näher betrachtet[119].

Bereits auf dem Weltgipfel für Umwelt und Entwicklung, der 1992 in Rio stattfand, kündigte der japanische Außenminister an, Japans ODA deutlich auszuweiten und stärker für Belange des Umweltschutzes einzusetzen. Diese Ankündigung war deshalb von Belang, weil das japanische Außenministerium über fast 50 % der Entwicklungsausgaben des Lands verfügt und damit einen starken Einfluss auf die Vergabe von Umwelthilfe nehmen kann. Eine Ausweitung der Umwelthilfefinanzierung wurde bereits ab dem Jahr 1993 sichtbar (Asuka-Zhang 2003, 154). Den nächsten Schritt zur stärkeren Finanzierung von Umweltpolitik über ODA-Mittel unternahm Japans Premierminister Ryutaro Hashimoto auf einer Sondersitzung der UN-Generalversammlung im Juni 1997. Dort kündigte er die 'Initiative for Sustainable Development Toward the 21st Century' an, die ihrerseits unter anderem das Ziel verfolgte, die Vergabe von Entwicklungshilfe primär an Umweltgesichtspunkten auszurichten. Spätestens seit dieser Ankündigung verknüpft kein Land seine Außen- und insbesondere seine Entwicklungspolitik so stark mit dem Umweltschutz wie Japan (Kameyama 2003: 141)[120]. Diese Neuausrichtung japanischer Außenpolitik spiegelt sich in den Daten zur bilateralen Umwelthilfe wider. Die Tatsache, dass Japan vergleichsweise wenig für multilaterale Umwelthilfe wie die GEF oder den Ozonfonds ausgibt, ist ein Indiz dafür, dass bilaterale Vergabekanäle bevorzugt werden. Darüber hinaus vertritt Japan den außenpolitischen Standpunkt, dass es nicht das größte Geberland eines multilateralen Fonds sein darf und orientiert sein Ausgabeverhalten an dem der USA (Clémençon 2006b, 68).

Ziel des nun folgenden Kapitels ist es, über diese Ad hoc- und literaturgestützten Erklärungen hinaus, empirische Belege für die ungleiche Beteiligung bei der Vergabe von bilateraler und multilateraler Umwelthilfe zu gewinnen. Darüber hinaus soll geklärt werden, aufgrund welcher Vergabekriterien sich die Empfängerländer für den Bezug von Umwelthilfe qualifizieren.

---

119 Zur Theorie und Praxis des Konzepts der Umweltaußenpolitik (engl. environmental foreign policy) verweise ich auf Barkdull/Harris 2002, Harris 2009a, Harris 2009b sowie insbesondere Müller 2009.

120 Hierzu auch MoFA 2007 und MoFA 2003.

„While statistics can and should be used to generate stylized facts, the most common underlying goal of research that uses statistics is to test and evaluate theories of international phenomena" *(Braumoeller/Satori 2004: 144).*

6 Ungleiche Beteiligung und Vergabekriterien bei der Finanzierung von Umweltpolitik

Nachdem die Finanzierung internationaler Umweltpolitik bisher eher deskriptiv aufgearbeitet wurde und erste Erklärungsversuche aus der Empirie und der aufgearbeiteten Literatur heraus vorgenommen wurden, dient das nun folgende Kapitel der systematischen Erklärung. Eingangs dieser Arbeit wurde die Frage gestellt, warum sich die wichtigsten OECD-Geberländer unterschiedlich stark an der Finanzierung internationaler Umweltpolitik beteiligen und welchen Vergabekriterien die bilateralen finanziellen Zuweisungen unterliegen. Im folgenden Abschnitt soll diese Frage einer quantitativen Analyse unterzogen werden.

Hierzu sind zwei Arbeitsschritte nötig: Abschnitt 6.1 widmet sich dem ersten Teil der Fragestellung und klärt die Frage, warum sich die wichtigsten OECD-Geberländer unterschiedlich stark an der Finanzierung internationaler Umweltpolitik beteiligen. Es wird untersucht, wie viel Geld ein Geberland prozentual für Umwelthilfe ausgibt und warum die Beteiligung der Geberländer – relativ und im Verhältnis zur Wirtschaftskraft – unterschiedlich stark ausfällt. Abschnitt 6.2 bearbeitet den zweiten Teil der Fragestellung und wird klären, welchen Vergabekriterien die bilateralen finanziellen Zuweisungen folgen. Zu diesem Zweck wird der Fokus mehr auf die Empfängerländer gerichtet und untersucht, welchen Anteil ein Empfängerland am Umwelthilfeetat der Geberländer hat. Auf diese Weise lassen sich die bilateralen Geber und Nehmerbeziehungen nachvollziehen und mögliche Motive für die Vergabe prüfen.

6.1 Ungleiche Beteiligung bei der Vergabe von Umwelthilfe

Für die finanzielle Beteiligung einer Gruppe von Staaten an gemeinsam vereinbarten Zielen hat sich in der Literatur der Begriff ‚burden sharing' etabliert (vgl. Müller 2009, Thielemann 2003, Harris 2002, Harris 2001b, Chalmers 2000). Dabei gehen vor allem die klassischen Arbeiten, die sich dem Thema vor dem Hintergrund der Kollektivgutproblematik nähern, von einer „exploitation of the big by the small" aus (Olson 1965: 29). Demnach verlassen sich kleine Staaten bei der Bereitstellung öffentlicher Güter auf die größeren Staaten und leisten selber nur einen geringen bzw. gar keinen Beitrag, da sie auch ohne eigene Beteiligung von den Ergebnissen des kollektiven Handelns profitieren. Dieser Zusammenhang wurde in einigen Studien vor allem für Verteidigungsbündnisse im Rahmen einer gemeinsamen Sicherheitspolitik und den damit verbundenen Militärausgaben nachgewiesen (Oneal 1990, Boyer 1989, Olson/Zeckhauser 1966).

Die klassische Sicht auf das burden sharing mag für Militärbündnisse und verschiedene internationale Organisationen gelten, für die Finanzierung globaler Umweltpolitik gilt sie nicht. Zum einen stellt Umwelthilfe kein öffentliches Gut dar. Mittels ihrer lassen sich allenfalls öffentliche Umweltgüter schützen oder bereitstellen. Zum anderen geht es bei der Finanzierung von Umwelthilfe selten um fixe, absolute Beträge, die unter den Geberländern gemäß ihrer Leistung aufzuteilen sind. Die Hilfe ist meist freiwillig und vor allem nach oben offen.

Mit Blick auf die empirischen Kapitel ist man zudem geneigt, von einer „Ausbeutung der Kleinen durch die Großen" zu sprechen. Sowohl die Aufarbeitung der bilateralen und ODA-gebundenen Umweltfinanzierung (Abschnitt 4) als auch die der multilateralen Finanzierung (Abschnitt 5) hat gezeigt, dass häufig die kleineren nordischen Staaten im Verhältnis zu ihrer Wirtschaftskraft einen überproportionalen Anteil an der Finanzierung von Umweltpolitik tragen. Ein ähnliches Bild ergibt sich bei der Bereitstellung und Finanzierung klassischer Entwicklungshilfe (Abschnitt 2.2). Im Gegensatz zur Finanzierung von Umwelt- und Entwicklungspolitik sind Verteidigungsbündnisse und die damit verbundenen Aufwendungen eher abhängig von Skaleneffekten (Chalmers 2000).

Nach dieser Logik ist die Aufrechterhaltung und Bereitstellung von Militärkapazitäten im Rahmen gemeinsamer Bündnisoperationen eher abhängig von der Landesgröße als die Vergabe von Entwicklungs- oder Umwelthilfe. Kleine Staaten scheuen den Aufwand zur Aufrechterhaltung größerer Militärkapazitäten und sind eher geneigt, ihre begrenzten Mittel an anderer Stelle einzusetzen (Chalmers 2000: 129). Da kleinere Länder, international gesehen, wenig Machtpotential haben, suchen sie andere Politikfelder, in denen sie ihren politischen Einfluss deutlich machen können. Dies geschieht insbesondere dann, wenn damit ein Reputationsgewinn innerhalb der internationalen Staatengemeinschaft einhergeht. Dies ist bei der Vergabe von Umwelt-, aber auch Entwicklungshilfe zweifellos der Fall.

Degressionseffekte können daher nicht als Erklärung für die überproportionale Beteiligung kleiner Staaten an der Finanzierung von Umwelthilfe herangezogen werden, insbesondere weil eine Reihe kleiner Staaten wie etwa Griechenland, Portugal, Belgien, Spanien und Neuseeland auch für den Bereich der Umwelthilfe relativ wenig Mittel aufbringen. Auf der anderen Seite wenden Staaten wie Schweden oder Norwegen nicht unbeträchtliche Mittel für militärische Zwecke auf[121].

121 Die Ausgaben beliefen sich im Jahr 2005 in Schweden auf gut 1.5 % des BIP (~5.5 Mrd. US-$2005) und in Norwegen auf gut 1.6 %. Dies entspricht rund 4.8 Mrd. US-$ zum konstanten Preis des Jahres 2005 (SIPRI 2007) .

Plausibler erscheint das bereits im Literaturüberblick erwähnte Modell nordischer Entwicklungshilfe (Abschnitt 2.2.3), demzufolge vor allem Staaten mit einem universellen (oder sozialdemokratischen) Wohlfahrtsstaatstyp eine starke Präferenz dafür haben, auch international überdurchschnittlich viel in eine ‚globale Wohlfahrt' zu investieren (Noël/Thérien 1995). Andererseits besitzen Staaten, die im eigenen Land mehr auf Eigenverantwortung als auf staatliche Absicherung setzen, auch international eine Präferenz dafür, weniger Geld in eine globale Wohlfahrt zu investieren. Allgemein ergibt sich eine Perspektive, nach der Länder ihr einheimisches Modell staatlicher Sozialleistungen auf internationale Hilfe übertragen (Chalmers 2000: 141).

Mit Blick auf die bi- und multilateralen Umwelthilfeleistungen in dieser Arbeit scheint die von Noël und Thérien empirisch überprüfte Hypothese auch für den Bereich der Umweltpolitik von Bedeutung zu sein. Mit Ausnahme der Schweiz und Japan stellen vor allem nordische Staaten des sozialdemokratischen Wohlfahrtsstaatstyps überproportional Finanzmittel für Umweltzwecke zur Verfügung. Es scheint daher, dass internationale Umweltpolitik ähnlichen Wertvorstellungen folgt und die nordischen Staaten das jeweilige nationale Modell auf die internationale Ebene übertragen. Dies ist ein Argument, das sich gut mit einer sozialkonstruktivistischen Position vereinbaren lässt, die den zentralen Einfluss von gesellschaftlich anerkannten Normen auf das Verhalten von Staaten herausstellt.

6.1.1 Hypothesen und Variablen

Auf den folgenden Seiten werden die Überlegungen des zweiten und die allgemeinen Hypothesen des dritten Kapitels wieder aufgegriffen. Dabei werden die Hypothesen mit Blick auf die jeweilige abhängige Variable konkretisiert und im weiteren Verlauf statistischen Tests unterzogen. Es ist dabei ausdrücklich nicht das Ziel dieser Arbeit, Theorietraditionen der internationalen Beziehungen gegeneinander auszuspielen oder zu widerlegen. Dies ist bei so groß angelegten Theorien und einem solch kleinen empirischen Wirklichkeitsausschnitt wie der Umweltpolitikfinanzierung auch gar nicht sinnvoll zu leisten. Die Hypothesen sind von Theorien internationaler Beziehungen inspiriert und abgeleitet.

Neben den empirischen Tests sollen außerdem die Schwierigkeiten bei der Umsetzung der Hypothesen in ein Forschungsdesign und die Operationalisierung der Variablen deutlich gemacht werden. Wie noch zu zeigen sein wird, lassen sich nicht alle hier genutzten Variablen eindeutig den verwendeten Theorien zuschreiben.

Neorealismus

Wie im theoretischen Kapitel bereits näher erläutert, begegnet die neorealistische Theorieschule internationalen Institutionen und der Kooperation von Staaten mit Blick auf gemeinsam zu vereinbarende Ziele mit erheblicher Skepsis. Ein Anreiz zu Kooperation besteht lediglich, wenn sich für einen Staat relative Gewinne gegenüber einem anderen Staat einstellen, sich in der Regel also die Machtposition des Staates verbessert. Vor diesem Hintergrund lässt sich die finanzielle Beteiligung an multilateralen Umwelttransferinstitutionen oder die bilaterale Vergabe von Umwelthilfe nicht unbedingt erwarten. Nach streng neorealistischer Interpretation ließe sich erwarten, dass Staaten, die eine auf Machterweiterung ausgelegte Außenpolitik verfolgen, so wenig finanzielle Mittel wie möglich für die Finanzierung von Umweltpolitik bereitstellen, um relative finanzielle Gewinne ihrer Kontrahenten auszuschließen. So interpretiert beispielsweise Biermann den ausgehandelten Kompromiss zur Ausstattung des Ozonfonds mit Verweis auf die realistische Theorieschule folgendermaßen:

> „Thinkers in the tradition of Realism would expect industrialized countries to neglect the wording and the spirit of the treaties; in this view, the North would seek by all means of power politics to pay as little as possible and to prevent any relative financial gains by developing countries" (Biermann 1997: 180).

Für den Neorealismus ist vor allem die Verbesserung der eigenen Machtposition von Relevanz. Wenn durch die Vergabe von Umwelthilfe die Gefahr einer Verschlechterung der eigenen Machtposition zu erwarten ist, kann nicht mit der Vergabe von finanziellen Mitteln gerechnet werden. Trotz allem ist die Vergabe von Umwelthilfe nicht ausgeschlossen, wenn sie dazu dient, eigene Interessen mit diesen finanziellen Transfers durchzusetzen. In einer neorealistischen Betrachtungsweise dienen finanzielle Transfers hauptsächlich – wenn nicht sogar ausschließlich – der Durchsetzung eigener Interessen. Humanitären und umweltpoltischen Gesichtspunken wird höchstens zweitrangige Bedeutung beigemessen:

> "If an effect is identified, it is significant only to the extent that it increases the donor's political influence, military security, trade programs, and foreign investments. Foreign aid in this view is inseperable from the problem of power" (Hook 1995: 34).

Wenn es stimmt, dass für die Vergabe von Umwelthilfe höchstens eigene strategische Interessen eine Rolle spielen und dass Umwelthilfe nicht den eigenen Machtinteressen direkt dient, lässt sich die allgemeine Hypothese aus Abschnitt 3.1.1.2 mit Blick auf die unterschiedliche Beteiligung folgendermaßen konkretisieren[122]:

Hypothese $1_{(a)}$: *Je stärker ein Geberland eine neorealistische Machtpolitik verfolgt, desto geringer ist seine Beteiligung an der Finanzierung internationaler Umweltpolitik.*

122 Die Verbindung der Vergabehypothese mit der allgemeinen Hypothese wird durch den tiefgestellten Buchstaben (a) dargestellt. Bei den noch folgenden Hypothesen wird analog vorgegangen.

Für die Operationalisierung einer solchen neorealistisch inspirierten Vergabehypothese bieten sich dem empirischen Forscher nur wenige robuste Indikatoren an. Zum Testen neorealistischer Annahmen in quantitativen Analysen haben sich die Militärausgaben der betroffenen Länder bewährt, die ins Verhältnis zur Wirtschaftskraft der Länder gesetzt werden. Militärausgaben werden auch in vielen der im Literaturüberblick von Kapitel 2 gemachten Studien als Indikator verwendet. Nach der Logik der oben gemachten Hypothesen geben Staaten mit hohen Militärausgaben Geld höchstens, wenn es ihrem strategischen Interesse dient. Darüber hinaus wird Geld nur an ausgewählte Verbündete bereitgestellt, was sich, relativ betrachtet, in einem niedrigen Umwelthilfebudget niederschlägt. Mit Blick auf die spätere empirische Analyse wird also ein negativer Zusammenhang zwischen Militärausgaben und Umwelthilfe erwartet.

Ein solch traditioneller neorealistischer Indikator ist vor allem nach dem Ende des Kalten Krieges durchaus angreifbar. Aus diesem Grund wird noch ein zweiter Indikator zum Test der machtbasierten Hypothese in die Analyse einbezogen. Die unabhängige Variable „Sicherheitsratsmitgliedschaft" (*UNSEC*) gibt Aufschluss darüber, ob ein Staat in der Zeit zwischen 1991 und 2005 einen Sitz als ständigges oder nicht ständiges Mitglied im Sicherheitsrat (SR) der Vereinten Nationen gehabt hat. Die Variable ist dichotom (0 = kein Sitz, 1 = Sitz) und folgt einer ähnlichen Logik wie die unabhängige Variable Militärausgaben: Staaten mit einem entsprechenden Sitz im SR werden als mächtiger angesehen als Staaten, die keinen Sitz haben. Während mächtige Staaten wenig Interesse an der Bereitstellung finanzieller Mittel haben, ist dies für weniger mächtige Staaten ein probates Mittel, um Einfluss und Reputation innerhalb der Staatengemeinschaft geltend zu machen. Eine ähnliche, wenn auch komplexere Variable wird von Alesina and Dollar (2000) benutzt.

Handelsliberalismus

Das Formulieren einer reinen handelsliberalen Hypothese, welche den wirtschaftlichen Interessen der Geberländer Rechnung trägt, erscheint mit Blick auf die Höhe und die unterschiedliche Beteiligung der Staaten wenig zielführend. Wirtschaftliche Interessen wie Marktchancen und Exportanteile lassen sich nur in direkten bilateralen Beziehungen unterstellen und im Zweifel auch nachweisen. Bei der Erklärung ungleicher Beteiligung an der Umwelthilfe wird die abhängige Variable aber als der relative Anteil (gemessen in % des BNE) der Umwelthilfe gemessen. Dies lässt keinerlei Aufschluss über zwischenstaatliche Vergabebeziehungen, sondern nur über die unterschiedliche Höhe der Zuweisungen innerhalb der Gruppe der Geberländer zu (vgl. Abschnitt 0). Aus diesem Grund wird für den Test der klassischen handelsliberalen Variable auf Abschnitt 6.2 verwiesen, welcher die bilateralen Vergabeziehungen und nicht die unterschiedliche Beteiligung zwischen den Geberländern untersucht.

In Anlehnung an die allgemeinen Hypothesen von Kapitel 3.1.2.3 kann aber eine Hypothese zu Wohlstandsniveaus und Beteiligung formuliert werden. Ökonomische und soziale Wohlfahrt führen in der Regel zu einer erhöhten „Nachfrage“ nach postmateriellen Gütern wie Umweltschutz (Inglehart 1990: 291ff). Dagegen argumentieren Autoren wie Hopkins und andere, dass steigende Haushaltsdefizite und niedriges Wirtschaftswachstum zu Kürzungen in den Entwicklungshilfeetats führen (Hopkins 2000: 431). Im Gegensatz dazu sollten ökonomisches Wachstum und ein hohes Wohlstandsniveau einen gegenteiligen Effekt haben. Das Wohlstandsniveau, der Reichtum eines Staates und ausgeglichene Budgets werden in der Regel in BIP pro Kopf gemessen. Je höher das BIP pro Kopf und das Wohlstandsniveau eines Landes ausfällt, desto mehr Geld wird auch für Umwelthilfe bereitgestellt werden.

Hypothese $2_{(c)}$: *Je wohlhabender ein Geberland ist, desto höher fallen auch seine Umwelthilfeleistungen aus.*

Im Umkehrschluss bedeutet das, dass Länder, die über geringe finanzielle Ressourcen verfügen auch weniger Umwelthilfe vergeben.

Sozialkonstruktivismus

Die Mehrzahl sozialkonstruktivistischer Forscher steht dem Ableiten von quantitativ testbaren sozialkonstruktivistischen Hypothesen extrem kritisch gegenüber, weil sich auf diese Weise die wissenschaftliche Beschäftigung mit internationaler Politik einer erkenntnistheoretischen Reflexion entziehe (Weller 2005: 36). Dennoch betonen alle sozialkonstruktivistischen Arbeiten die Bedeutung von Normen, welche die Grundlage für individuelle und staatliche Interessen vorgeben oder zumindest beeinflussen. Normen sind intersubjektiv geteilte, wertgestützte Erwartungen angemessenen Verhaltens und stellen die zentrale unabhängige Variable außenpolitischen Verhaltens dar (Boekle et al. 1999: 5). Es ist daher völlig legitim, Normen quantitativ greifbar zu machen, um ihren Einfluss auf bestimmte soziale Phänomene empirisch zu messen.

Mit Blick auf den globalen Umweltschutz und zahlreiche sozialkonstruktivistisch geleitete qualitative Forschungsarbeiten in diesem Bereich, erscheint der Einfluss von Normen und Ideen auf staatliches Handeln im Bereich der Umweltpolitik unbestritten zu sein. Auch hinsichtlich des Theoriekapitels ist es naheliegend, dass Normen Einfluss auf das Gebeverhalten von Staaten haben können. Die allgemeine Hypothese formuliert, dass Normen Einfluss auf die Höhe und die unterschiedliche Beteiligung von Geberländern an der Umwelthilfe haben. Aber was sind genau ‚grüne Normen’? Es sind diejenigen Normen, die umweltpolitisches (Zahlungs)Verhalten beeinflussen.

Sie können sich auf vielfältige Weise äußern, manifestieren sich aber meistens innerhalb der Gesellschaft bzw. einer Mehrheit der Gesellschaft. Auf diese Weise haben sie – zumindest indirekt – Einfluss auf staatliches Handeln. Eine umweltpolitisch stark sensibilisierte und politisch motivierte Bevölkerung wird eine Regierung wahlpolitisch und über entsprechendes Lobbying in ihrem Handeln beeinflussen. Regierungen sind in der Regel an Reputationsgewinnen, Machterhalt und der Wiederwahl interessiert und werden entsprechend stark ausgeprägte Normen in ihr Regierungshandeln einfließen lassen, um den Willen der Bevölkerung zumindest teilweise widerzuspiegeln. Nicht zuletzt können hiervon auch grüne Parteien profitieren, welche grünen Ideologien aufgrund ihrer inhaltlichen Ausrichtung in der Regel am nächsten stehen. Mit Blick auf die unterschiedliche finanzielle Beteiligung wird folgende sozialkonstruktivistisch inspirierte Hypothese formuliert:

Hypothese $3_{(e)}$: *Je stärker ausgeprägt ökologische Normen im Geberland sind, desto höher fallen auch seine Umwelthilfeleistungen aus.*

Gesellschaftliche Normen lassen sich quantitativ auf vielfältige Weise messen. Um die Hypothesen testen zu können, wird ein Indikator vorgeschlagen, der misst, wie stark sich die Bevölkerung in einem Geberland zum globalen Umweltschutz bekennt. Um dies zu messen, braucht man Informationen über das umweltpolitische Engagement der Bevölkerung, das über mehrere Staaten hinweg verglichen werden kann. Mit Blick auf einen globalen Umweltschutz wäre der geeignetste Indikator hierfür die Organisationsdichte von allen in den jeweiligen Ländern aktiven grünen – also umweltpolitisch engagierten – NGOs (Anheier/Daly 2005). Hierzu gibt es bisher lediglich Schätzungen und nur für eine begrenzte Länderauswahl liegen Zahlen für einzelne Jahre vor[123]. Ausführliche und verlässliche Zeitreihendaten gibt es nicht.

Als weitere mögliche Indikatoren kommen Umfragedaten zu umweltpolitischen Einstellungen des World-Value-Surveys (Inglehart 1997, WWS 2007) oder Eurostat in Frage. Aber auch diese haben große Schwächen. Die Eurostat-Daten berücksichtigen nicht die für diese Arbeit wichtigen OECD-Staaten und reichen zeitlich nicht weit genug zurück. Der World-Value-Survey bietet zwar Indikatoren an, welche postmaterialistische Wertevorstellungen in den wichtigsten Geberländern messbar macht. Allerdings sind diese seit 1990 in mehreren Wellen erhobenen Daten untereinander nicht konsistent. Sie korrelieren außerdem stark mit dem ebenfalls hier genutzten Indikator BNE pro Kopf, was das statistische Problem der Multikolloniarität mit sich bringt.

In dieser Arbeit wird ein Indikator genutzt, für den eigene Daten erhoben wurden. Es handelt sich dabei um die Unterstützer/Mitgliedszahlen für Greenpeace in den jeweiligen Mitgliedsländern. Bei Greenpeace handelt es sich wohl um die globalste aller Umweltbewegungen, die auf ein internationales Unter-

123 Vgl. hierzu etwa: Anheier/Daly 2005; Binder/Neumayer 2005; Bomberg 2007; Glasius et al. 2005; Pinter 2001; Shandra 2007, 2008; Smith 2004; Smith/Wiest 2005.

stützernetzwerk und Länderbüros in 46 Staaten der Welt verweisen kann (Stand Juli 2009). Die entsprechenden Zahlen konnten von zwei Greenpeace-Büros zur Verfügung gestellt werden (Greenpeace International 2008, Greenpeace Nordic 2008). Für die Nutzung im Datensatz wurden die Mitgliedszahlen durch die entsprechenden Bevölkerungszahlen (World Bank 2007) geteilt, um einen relativen Unterstützungsindikator zur Erfassung von Umweltnormen in der Gesellschaft zu erhalten[124].

Der auf diese Weise erhaltene Indikator gibt die jeweilige innerstaatliche Ausprägung von Umweltschutznormen wieder. In der empirischen Analyse wird ein positiver Zusammenhang erwartet. Ein höherer Unterstützungsgrad schlägt sich in einer größeren Bedeutung der sozialen Norm nieder, die globale Umwelt zu schützen, was die staatlichen Geldzuweisungen im positiven Sinne beeinflussen sollte.

Einen weitereren sozialkonstruktivistisch inspirierten Indikator stellen die innerstaatlichen Sozialausgaben dar. Diese werden im Verhätnis zur Wirtschaftskraft eines Staates gemessen und können bei der OECD bezogen werden (OECD 2007). Wie oben bereits erwähnt, argumentieren Autoren wie Noël/Thérien (1995), Lumsdaine (1993) oder Harris (2002), dass die großzügige Vergabe von z.B. internationaler Entwicklungshilfe auf der Grundlage der gleichen gesellschaftlichen Normen erfolgt, die auch dafür verantwortlich sind, dass innerstaatlich überproportional viel Geld in die soziale Wohlfahrt investiert wird. Analog hierzu gilt, dass Staaten, die im eigenen Land mehr auf Eigenverantwortung als auf staatliche Absicherung setzen, auch international weniger Geld in eine globale Wohlfahrt wie den Umweltschutz investieren. Vor diesem Hintergrund wird ein positiver Zusammenhang zwischen den innerstaatlichen Sozialausgaben (gemessen in Prozent des BIP) und den Ausgaben für globale Umweltpolitik erwartet[125].

124 In einem anderen inhaltlichen Zusammenhang hat ein solcher Indikator in der Literatur bereits Verwendung gefunden (von Stein 2008).

125 Für eine generelle Diskussion der Wirkung von Sozialausgaben auf die Staatstätigkeit vgl. Clasen/Siegel 2007, hier insbesondere Siegel 2007.

Tabelle 6-1: Hypothesen zur ungleichen Beteiligung von Umwelthilfe

Hypothese[126]		Variablen	Quelle
$H1_{(a)}$	*Je stärker ein Geberland eine neorealistische Machtpolitik verfolgt, desto geringer ist seine Beteiligung an der Finanzierung internationaler Umweltpolitik.*	Militärausgaben	SIPRI 2007
		VN Sicherheitsratsmitgliedschaft	UN 2008
$H2_{(c)}$	*Je wohlhabender ein Geberland ist, desto höher fallen auch seine Umwelthilfeleistungen aus.*	BNE pro Kopf	World Bank 2007
		Sozialausgaben in Prozent des BNE	OECD 2007
$H3_{(e)}$	*Je stärker ausgeprägt ökologische Normen im Geberland sind, desto höher fallen auch seine Umwelthilfeleistungen aus.*	Anteil der Greenpeace-Unterstützer an der Gesamtbevölkerung	Greenpeace International 2008 / Greenpeace Nordic 2008
		Anteil grüner Sitze im Parlament im Verhältnis zur Gesamtzahl der Parlamentssitze	Armingeon et al. 2006, Müller-Rommel 2002, eigene Erhebungen

Als weiterer Indikator zur Messung der ökologischen Normen in der Bevölkerung dient eine Variable zur parteipolitischen Zusammensetzung der nationalen Parlamente der Geberländer. Entsprechende Variablen sind vor allem in der vergleichenden Staatstätigkeitsforschung gebräuchlich (Schmidt et al. 2007, Schmidt 2004). So wie sich das Umweltbewusstsein der Bevölkerung in der Unterstützung grüner Bewegungen niederschlägt, schlägt es sich auch in der Stärke grüner Parteien nieder. Grüne Parteien verhelfen ökologischen Themen zu größerer politischer Bedeutung, indem sie wichtige Themen auf die politische Agenda und die Regierung entsprechend unter Druck setzen. Als Reaktion hierauf werden die Themen – zumindest teilweise – von den Regierungen aufgenommen, was sich auch in einer verstärkten finanziellen Förderung von Umweltpolitik niederschlagen sollte.

Die Existenz grüner Parteien wird als prozentualer Anteil grüner Parteien im Verhältnis zur Gesamtzahl der Parlamentssitze gemessen (Armingeon et al. 2006, Müller-Rommel 2002, eigene Erhebungen). Je stärker ausgeprägt ökologische Normen in der Bevölkerung sind, desto mehr Sitze sollten grüne Parteien im Parlament haben. Dies wiederum sollte dazu führen, dass grüne Parteien Einfluss darauf nehmen, umweltpolitische Themen auf die politische Agenda zu setzen. Es wird daher ein positiver Zusammenhang zwischen dem Anteil grüner Parteien und der Vergabe von Umwelthilfe erwartet.

126 Die Verbindung mit den jeweiligen allgemeinen Hypothesen wird durch die tiefgestellten Buchstaben dargestellt.

Tabelle 6-1 fasst die drei Vergabehypothesen zur Erklärung der unterschiedlichen finanziellen Beteiligung an der Umwelthilfe zusammen und gibt Aufschluss über die Operationalisierung und die entsprechenden Datenquellen.

6.1.2 Abhängige Variable, Daten und Methoden

Als Datenbasis für die folgende Untersuchung dient der bereits vorgestellte Datensatz zur bilateralen Umwelthilfe (Abschnitt 4.1.3) sowie der Datensatz zur multilateralen GEF-Umwelthilfe (Abschnitt 5.2.4). In beiden Fällen wird die *abhängige Variable* als der jährliche Anteil an bi- und multilateraler Umwelthilfe von 22 OECD-Geberländern im Zeitraum von 1991 bis 2005 dargestellt. Der Anteil wird in Bezug zur Wirtschaftskraft eines Landes ermittelt und im prozentualen Verhältnis zum BNE im jeweiligen Jahr gemessen. Der Datensatz zur bilateralen Umwelthilfe eignet sich aufgrund seiner Komplexität zur Beantwortung mehrerer Fragestellungen. Im Hinblick auf die in diesem Abschnitt thematisierte unterschiedliche Vergabehöhe bzw. die ungleiche Beteiligung wird diese Komplexität allerdings erheblich reduziert, da die bilateralen Beziehungen zwischen Geber- und Nehmerland vorerst (noch) nicht untersucht werden.

Beide Datensätze sind als Paneldatensatz organisiert, in den jährliche Daten für 22 Länder über einen Zeitraum von 1991-2005 eingehen. Eine solche Datenstruktur erlaubt zahlreiche Beobachtungen über Jahre und Länder hinweg. Allerdings sind Zeitreihendaten anfällig für Probleme wie Autokorrelation und Heteroskedastizität. Hierzu gehört insbesondere die Korrelation von aufeinanderfolgenden Werten innerhalb der unabhängigen aber auch der abhängigen Variablen. Diese als Autokorrelation bezeichnete Eigenschaft kann als Indiz dafür gewertet werden, dass politische Phänomene in hohem Maße pfadabhängig sind. Das heißt, dass der Wert einer Periode t von dem Wert seiner Vorperiode t -1 (oder t -n) abhängt. Die Autokorrelation kann sowohl positiv als auch negativ sein und zu einer Überschätzung der Signifikanz der Regressionskoeffizienten führen.

In der Datenanalyse stehen eine Reihe Tests und Schätzverfahren zur Verfügung, um mit den Problemen der Zeitreihenanalyse umzugehen. So gibt etwa der Durbin-Watson-Test Aufschluss darüber, ob Autokorrelation vorliegt oder nicht (Wagschal 1999: 235). Ein solches Testverfahren zeigt allerdings nur an, dass Autokorrelation existiert, behebt aber nicht das Problem als solches. Aus diesem Grund entwickelte sich in den neunziger Jahren ein Standard, der die Autokorrelation in multivariaten Regressionsanalysen modelliert. Hierzu wird die abhängige Variable zeitverzögert als unabhängige Variable mit in das OLS-Regressionsmodell aufgenommen. Je nach theoretischem Hintergrund und der Struktur der Daten entscheidet der Forscher, welches Intervall (1 Jahr, 2 Jahre) für die Zeitverzögerung sinnvoll ist (t –n). Zusätzlich werden noch Jahres- und Länderdummies (Farkas 2005) in die Schätzgleichung aufgenommen. In der Literatur wird dieses Verfahren auch als Beck-Katz-Standard bezeichnet (Beck/Katz 1995, Kittel 2005, 2006).

Die Nutzung des Beck-Katz-Standards kann dazu führen, dass ein Großteil des Trends in der abhängigen Variable absorbiert wird. Es ist aber genau dieser Trend, der für den Forscher interessant sein kann. Die zeitverzögerte abhängige Variable sowie Länder- und Zeitdummies inflationieren die unabhängigen Variablen und lassen kaum noch Varianz für die theoretisch wichtigen Variablen offen. Aus diesem Grund sollte man gegebenenfalls auf den Beck-Katz-Standard zugunsten anderer Schätzverfahren verzichten. Mittel der Wahl ist die sogenannte Prais-Winsten-Transformation mit panelkorrigierten Standardfehlern (vgl. Plümper et al. 2005: 349). In dieser Arbeit werden die Regressionsanalysen mit Prais-Winsten-Transformation gerechnet.

Eine der Bedingungen der linearen Regression ist, dass die abhängige Variable mit einer linearen Funktion der unabhängigen Variable beschrieben werden kann. Selbst wenn für zwei Variablen ein linearer Zusammenhang existiert, so ist es möglich, dass sich der Zusammenhang zwischen zwei Variablen durch die Hinzunahme weiterer Variablen in das Regressionsmodell ändert (Kohler/Kreuter 2006: 218). Aus diesem Grund wurden die Variablen, die auf einen nicht linearen Zusammenhang hindeuten, logarithmiert. Dies gilt auch für die abhängige Variable. Die Höhe der Umwelthilfe wird in % zum Bruttovolkseinkommen gemessen. Der Wertebereich ist dadurch auf Werte von 0 bis maximal 100 festgelegt. Negative Werte können nicht auftreten. Im Beispiel der Umwelthilfe werden natürlich Werte von 100 niemals erreicht. Wie das empirische Kapitel gezeigt hat, liegen die Anteile eher in einem Wertebereich von 0 bis 1. Im Falle der bilateralen Umwelthilfe liegen der Minimalwert bei 0.000119 und der Maximalwert bei 0.1138552. Bei der multilateralen GEF-Umwelthilfe liegen der Minimalwert bei 0.0003063 und der Maximalwert bei 0.0093291.

Vor diesem Hintergrund kann nicht von einem linearen Zusammenhang gesprochen werden, weswegen die abhängige Variable durch den natürlichen Logarithmus transformiert wurde. Hierdurch erhält man eine symmetrischere Verteilung auf Seiten der abhängigen Variablen. Die Transformation führt dazu, dass der Wert des Regressionskoeffizienten erhöht wird und sich die Interpretation des Modells ändert. Letzteres bezieht sich auf die Elastizitätsinterpretationen des Modells und die Interpretation der Steigungen der Regressionsgeraden. Eine Elastizitätsinterpretation lässt sich aber durchführen, wenn für die entsprechenden Werte der Steigung nach der Regressionsanalyse die Umkehrfunktion zum Logarithmus gebildet wird.

6.1.3 Multivariate Regressionsanalyse: Ergebnisse und Interpretation

Das nach Prais-Winsten geschätzte Regressionsmodell, in das die oben vorgestellten Hypothesen und Variablen eingehen, bestätigt eine Reihe der erwarteten Zusammenhänge. Interessant sind die Wirkungen der einzelnen unabhängigen Variablen:

Tabelle 6-2: Regressionsanalyse: Ungleiche Beteiligung an der Umwelthilfe

	(1) Bilat. Umwelthilfe	(2) Multilat. GEF-Umwelthilfe
Militärausgaben	0.301	-0.116
	(1.526)	(-0.829)
Mitgliedschaft UN Sicherheitsrat	-0.0780	-0.0725*
	(-0.695)	(-1.687)
BNE (pro Kopf)	0.0307***	-0.00904*
	(4.093)	(-1.712)
Sozialausgaben (% BNE)	0.0449***	0.0359***
	(3.126)	(3.505)
Greenpeace Unterstützer (pro Kopf)	-0.110***	0.0750***
	(-3.133)	(4.063)
Grüne Parteien	0.0200	0.00809
	(0.839)	(0.784)
Konstante	-6.290***	-6.428***
	(-14.91)	(-17.00)
N	265	297
Zeit	1991-2005	1991-2005
Länder	21	21
R^2	0.821	0.937

Anmerkungen: Prais-Winsten-Regression mit panelkorrigierten Standardfehlern und PSAR1-Prozess[127] im Fehlerterm. *** p<0.01, ** p<0.05, * p<0.1, z-Statistik in Klammern.

Sowohl der klassische Machtindikator als auch der moderate Sicherheitsrats-Machtindikator besitzen keine Erklärungskraft für die unterschiedliche Beteiligung. Lediglich auf der Basis einer 90 %-igen Vertrauenswahrscheinlichkeit hat die Sicherheitsratsmitgliedschaft einen negativen Einfluss auf die Vergabehöhe von multilateraler Umwelthilfe. Vor diesem Hintergrund verfügen die neorealistisch inspirierten Vergabehypothesen über wenig Erklärungskraft.

Für eine Überraschung sorgen die Unterschiede bei der liberalen Wohlstandshypothese zwischen bi- und multilateraler Umwelthilfe. Während sich die oben vorgestellte Vergabehypothese bei der bilateralen Umwelthilfe bestätigt, hat Wohlstand einen leicht gegenteiligen Effekt, wenn es um die Vergabehöhe von multilateraler GEF-Umwelthilfe geht. Auf den ersten Blick scheint es so, dass wohlhabende Staaten die traditionellen bilateralen Vergabe-

127 Für jedes Land wird ein eigener AR-1-Prozess geschätzt.

kanäle bevorzugen. Diese Interpretation ist weder im Sinne der Theorie noch mit Blick auf Ad-hoc-Erklärungen zufriedenstellend. Plausibler ist eine andere Erklärung. In Abschnitt 5.1.1 wurde die GEF und ihre finanzielle Ausstattung ausführlich dargestellt. Abbildung 5-1 hat gezeigt, dass vor allem Länder wie Schweden, Finnland, Norwegen, Dänemark oder die Schweiz überdurchschnittlich viel zur Ausstattung der GEF beitragen. Diese Länder haben alle ein hohes BNE pro Kopf. Allerdings gibt es mit den Vereinigten Staaten, Japan und Großbritannien zahlreiche Staaten mit einem vergleichsweise hohen BNE pro Kopf, die – relativ gesehen – unterdurchschnittlich viel zur Ausstattung der GEF beitragen. Es sind vor allem diese Länder, die für den leicht negativen Zusammenhang verantwortlich sind. Darüber hinaus ist die GEF als multilaterale Institution stärker institutionalisiert als die bilaterale Umwelthilfe, was die finanziellen Spielräume stärker einschränkt. Der unerwartet negative Zusammenhang sollte aber auch im Hinblick auf das schwache Signifikanzniveau nicht überbewertet werden.

Mit Ausnahme des parteipolitischen grünen Indikators besitzt die sozialkonstruktivistisch inspirierte Hypothese eine große Erklärungskraft: Die Zusammenhänge sind hoch signifikant und entsprechen mit einer Ausnahme den oben gemachten Erwartungen. Insbesondere die Sozialausgaben erweisen sich als wichtige Determinante der Höhe von Umwelthilfe. Es erscheint daher eindeutig, dass die großzügige Vergabe von Umwelthilfe auf Grundlage der gleichen Norm wie die Vergabe von innerstaatlicher sozialer Wohlfahrt erfolgt.

Unerwartet negativ fiel der Greenpeace-Indikator zur Messung der umweltpolitisch sensibilisierten Gesellschaft für den Bereich der bilateralen Umwelthilfe aus. Eine Erklärung hierfür bietet das im Forschungsstand diskutierte Argument, dass der bilateralen Vergabe von Umwelthilfe am ehesten eine politische Einflussnahme unterstellt werden kann. Da dies auch in der Öffentlichkeit bekannt ist, erscheint das umgekehrte Vorzeichen plausibel und passt durchaus zur oben besprochenen Literatur des Kapitels 2. Ein ökologisch fortschrittlicher Staat gibt das Geld lieber dorthin, wo es für den globalen Umweltschutz am besten eingesetzt werden kann, an eine multilaterale Institution wie die Globale Umweltfazilität.

Die Variable ‚grüne Parteien in der Regierung' ist nicht signifikant. Grüne Parteien im Parlament haben demnach keinen nennenswerten Einfluss auf das Ausgabeverhalten der Regierung im Bereich der Umweltpolitik. Statistisch mag dies vor allem damit zusammenhängen, dass die grünen Parteien nur relativ geringe Sitzanteile in den jeweiligen Länderparlamenten auf sich vereinigen. Praktisch bedeutet dies, dass die grünen Parteien ihre politische Unterstützung zwar in Parlamentssitze, aber nicht immer in eine konkrete politische Gestaltungsoption umsetzen können. Dies liegt wohl vor allem daran, dass politischer Gestaltungsspielraum und der Einfluss der öffentlichen Meinung eher bei einer Regierungsbeteilung möglich ist. Der Einfluss grüner Parteien aus der Opposition heraus bleibt begrenzt. Derzeit ist eine grüne Regierungsbeteilung eher die Ausnahme als die Regel. So war bei lediglich fünf (Belgien, Finnland, Frankreich, Deutschland, Italien) der hier betrachteten 22 OECD-Geberländer im Untersuchungszeitraum eine grüne Regierungsbeteiligung zu beobachten.

Zusammenfassend kann festgestellt werden, dass die sozialkonstruktivistisch inspirierten Vergabehypothesen die größte Erklärungskraft haben, wenn es um die Höhe der Umwelthilfe und Fragen ungleicher Beteiligung geht. Klassische Machterklärungen in neorealistischer Tradition greifen zu kurz, ebenso liberale Wohlstandshypothesen.

6.2 Vergabekriterien bilateraler Umwelthilfe

Im Gegensatz zum vorherigen Abschnitt, in dem die Höhe und die unterschiedlich starke Beteiligung (gemessen als Anteil am BNE des Geberlandes) an der Finanzierung von Umweltpolitik erklärt wurde, stehen in den folgenden Abschnitten die direkten finanziellen Transfers und Finanzbeziehungen (gemessen als Anteil eines Empfängerlandes am Umwelthilfeetat eines Geberlandes) im Vordergrund der Untersuchung. Dies ist von besonderem Interesse, weil der Literaturüberblick zum Thema Entwicklungshilfefinanzierung aus Abschnitt 2.2.3 und auch das Theoriekapitel 3 die Bedeutung von politischen, strategischen und wirtschaftlichen Interessen bei der Vergabe von Geldleistungen herausgestellt haben. Diese Einflussnahme oder Fortsetzung von Machtpolitik mit anderen Mitteln innerhalb anderer Politikfelder wurde in der empirischen Literatur zum Thema aufgearbeitet, in weiten Teilen bestätigt und unter dem Namen ‚Donor-Interest-Model' zusammengefasst.

Inwiefern vergleichbare Vergabemodalitäten auch für den Bereich der bilateralen Umweltpolitikfinanzierung gelten, soll auf den folgenden Seiten geklärt werden. Da immer mehr Mittel der traditionellen Entwicklungshilfe zur Finanzierung globaler Umweltpolitik herangezogen werden, liegt die Vermutung nahe, dass auch die Finanzierung von Umweltpolitik nicht losgelöst von Interessen ist und spezifischen Vergabekriterien folgt. Diese Vergabekriterien lassen sich nur in bilateralen Vergabebeziehungen nachweisen. Nur hier bestehen komplexe Geberland/Nehmerland-Beziehungen, die man auf Seiten der Empfängerländer durch Indikatoren prüfen kann.

6.2.1 Hypothesen und Variablen

Analog zum Vorgehen auf den vorangegangenen Seiten knüpft der folgende Abschnitt an die Ausführungen des Theoriekapitels und die dort formulierten allgemeinen Hypothesen an. Dabei werden die in diesem Teil spezifischeren Hypothesen formuliert, die als operationalisierte Variablen Eingang in eine Regressionsanalyse finden.

Neorealismus

Im theoretischen Teil dieser Arbeit (Abschnitt 3.1) wurde die allgemeine Hypothese formuliert, dass sich die Vergabe von finanziellen Mitteln allenfalls auf strategisch wichtige Partnerländer konzentriert und die Mittel nicht zu einer Verbesserung der eigenen Machtposition im internationalen System genutzt. Dies liegt daran, dass finanzielle Zuweisungen stets dem Primat der Vermeidung relativer finanzieller Gewinne konkurrierender Staaten unterliegen. Dennoch werden finanzielle Transfers nicht ausgeschlossen. Rein altruistische Motive kennt die neorealistische Theorieschule jedoch höchstens im Bereich der Katastrophenhilfe und akuten Nothilfe. Ansonsten ist die Vergabe von finanziellen Mitteln stets mit politischen und strategischen Interessen verbunden. Sie ist die Fortsetzung traditioneller Machtpolitik mit anderen Mitteln. Diese Machtpolitik wird allerdings in eher ‚unbedeutenden Stellvertreterländern' ausgetragen (Morgenthau 1962). Aus neorealistischer Sicht erscheint es undenkbar, finanzielle Zuweisungen an Länder zu leisten, die machtpolitisch wichtig sind oder dies in absehbarer Zeit werden können. Dies gilt insbesondere dann, wenn sich die Verwendung der Mittel dem eigenen Einfluss entzieht und die Zuweisungen im schlechtesten Falle gegen das Geberland selbst und nicht für den Umweltschutz eingesetzt werden. Aus diesem Grund werden wichtige finanzielle Ressourcen höchstens an politisch verbündete oder ehemalige Kolonien vergeben, nicht aber an direkte politische Konkurrenten um Macht. Vor diesem Hintergrund wird folgende neorealistisch inspirierte Vergabehypothese formuliert:

Hypothese $4_{(b)}$: *Je höher die Machtrelevanz eines Empfängerlandes für das Geberland ist, desto geringer fallen die Umwelthilfeleistungen an dieses Land aus.*

Zur Operationalisierung der Machtrelevanz eines Empfängerlandes greift diese Arbeit wieder auf den klassischen Machtindikator der Militärausgaben zurück. Die Ausgaben werden relativ und im Verhältnis zum BIP der Empfängerländer gemessen. Dabei wird ein negativer Zusammenhang erwartet: Hohe Militärausgaben in einem potentiellen Empfängerland sind ein Indiz für eine hohe Machtrelevanz und ein Signal für Rivalität in der internationalen Politik. Länder mit hohen Militärausgaben werden deshalb gar nicht oder nur sehr zurückhaltend mit Umwelthilfe bedacht.

Als weiterer Indikator zum Test der Hypothese wird eine Variable genutzt, welche den möglichen Kolonialstatus der Empfängerländer berücksichtigt. Es wird getestet, ob der Kolonialstatus bei der Vergabe von Umwelthilfe berücksichtigt wird. Im Sinne der realistischen Theorie nach Morgenthau konzentrieren sich Finanztransfers – wenn überhaupt – höchstens auf Kolonien. Um diesen Zusammenhang zu testen, wird ein bereits bestehender Datensatz zum Kolonialstatus von Alesina und Dollar (2000) genutzt. Dieser Datensatz misst den Kolonialstatus als Anzahl der Jahre, in denen Kolonialbeziehungen zu Geberländern bestanden[128]. Je länger ein Empfängerland eine Kolonie eines Geberlandes gewesen ist, desto mehr Umwelthilfe sollte es erhalten. Geberländer, die eine machtpolitische Umweltaußenpolitik verfolgen, sind zurückhaltend bei der Vergabe von finanziellen Mitteln an andere Staaten. Kolonien können aufgrund gemeinsamer Traditionen und über die Jahre vermittelter Weltanschauungen eher mit finanziellen Zuweisungen rechnen. Hinzu kommt auch ein in der realistischen Schule nicht gänzlich abstreitbarer moralischer Aspekt, Kolonien auch nach Entlassung in die Unabhängigkeit weiter materiell zu unterstützen. Nicht zuletzt kann argumentiert werden, dass auch handelspolitische Interessen bei der Ressourcenvergabe eine Rolle spielen. Häufig pflegen die ehemaligen Kolonialmächte enge wirtschaftliche Beziehungen zu den ehemaligen Kolonien.

Letzteres Beispiel macht deutlich, wie schwierig es ist, die theorieinspirierten Hypothesen auch eindeutig in ein Forschungsdesign umzusetzen und die Variablen richtig zu operationalisieren. Es ist durchaus plausibel, den Kolonialstatus als Kontrollvariable für eine neorealistisch inspirierte als auch als Indikator für eine handelsliberalistisch inspirierte Vergabehypothese zu verwenden. Das Problem der Operationalisierung hat aber auch damit zu tun, dass die in Kapitel 3 besprochenen Theorien zu unpräzise sind. Dies hat zur Folge, dass es mehrere Beziehungen zwischen abhängiger und unabhängiger Variable geben kann (Braumoeller/Satori 2004: 134). Auch aus diesem Grund hat die im Forschungsstand aufgearbeitete ökonomische und entwicklungspolitische Literatur nur grob zwischen zwei Modellen unterschieden. Im Donor-Interest-Modell finden sich sowohl klassische neorealistische Annahmen als auch handelsliberalistisch inspirierte Annahmen. An dieser Stelle wurde der Kolonialstatus als neorealistische Kontrollvariable gewählt, um über die Militärausgaben hinaus einen Indikator zu haben.

Handelsliberalismus

Die an das klassische Donor-Interest-Modell angelehnte allgemeine liberale Hypothese in Kapitel 3.1.2.3 betont die Bedeutung von wirtschaftlichen Verflechtungen im Welthandelssystem, wonach insbesondere Außenhandel, handelspolitische Verflechtungen und Exportbeziehungen bei der Vergabe von Umwelthilfe berücksichtigt werden. Staatliche Außenpolitik berücksichtigt diese Verflechtungen und versucht durch entsprechende Politiken, Marktchancen zu eröffnen bzw. zu erhalten. Es wird argumentiert, dass Geld – wenn es denn vergeben wird – so eingesetzt wird, dass es Vorteile für die heimische Ökonomie schafft, Exportmärkte stabilisiert und neue Marktchancen eröffnet. Zugespitzt formuliert heißt dies, dass Geld verstärkt an Länder vergeben wird, die für die

128 Analog verfährt auch Neumayer 2003b: 51.

Wirtschaft der Geberländer wichtig und für den Export von hoher Bedeutung sind:

Hypothese *$5.1_{(d)}$:*	*Je größer die handelspolitischen Verflechtungen von Empfängerländern mit den Geberländern sind, desto höher fallen die Umwelthilfeleistungen an diese Länder aus.*

Wichtigster Indikator zur Operationalisierung der handelspolitischen Verflechtungen ist die Exportquote der Geberländer in die jeweiligen Empfängerländer. Die OECD bietet hierzu absolute Zahlen in US-$ an, welche die Exporte detailliert nach Handelspartnern auflistet und als Zeitreihe seit 1988 zur Verfügung steht (OECD 2008). Zur Umrechnung in die jeweiligen Exportquoten werden die absoluten Exportzahlen, die ein Empfängerland von einem Geberland erhält, ins Verhältnis zu den Exportzahlen der anderen Handelspartner gesetzt. Die Exportquote gibt somit Aufschluss darüber, wie hoch der Anteil der Exporte eines Empfängerlandes, verglichen mit den anderen Empfängerländern, in Bezug auf ein bestimmtes OECD-Geberland ist. Die Höhe der Exportquote zeigt an, wie wichtig ein Empfängerland als Absatzmarkt für die jeweiligen Geberländer im Vergleich zu den anderen Empfängerländern ist. Im Sinne der handelsliberalen Vergabehypothese wird ein positiver Zusammenhang zwischen dem Anteil der Umwelthilfe und dem Anteil der Exporte erwartet. Zu berücksichtigen ist, dass die Verwendung dieses Indikators unter Umständen zu einer Überschätzung von Geberländern führt, die hohe Außenhandelsüberschüsse aufweisen und deren Wirtschaft stark exportorientiert ist.

Ein weiterer Indikator, der die Größe eines potentiellen Absatzmarktes anzeigt, ist die Größe der Bevölkerung eines Landes. Je größer die Bevölkerung in einem Empfängerland ist, desto größer ist der Markt und desto mehr potentielle Käufer und Unternehmen sind dort zu erwarten. Dieser Indikator kontrolliert den Zusammenhang zwischen Größe und Außenhandel. Dies ist wichtig, da es qualitativ einen Unterschied macht, ob ein beliebiges Land A die gleiche Exportquote für Luxemburg oder Deutschland aufweist. Für den Indikator Bevölkerungsgröße wird ein positiver Zusammenhang erwartet.

Darüber hinaus hat die allgemeine Hypothese darauf hingedeutet, dass handelsliberale Staaten bestrebt sein könnten, die Grenzkosten des Umweltschutzes zu minimieren: Das globale Klima ist ein dynamisches System. Grundsätzlich ist es nicht wichtig, wo und auf welche Weise Treibhausgasemissionen eingespart werden. Global gesehen macht es daher durchaus Sinn, Treibhausgase dort einzusparen, wo ihre Einsparung am günstigsten ist. Wegen ihrer wirtschaftlichen Entwicklung und auch wegen des technischen Fortschritts bei Energieeffizienz- und Umwelttechnologien kostet es vergleichsweise viel, eine Tonne CO_2 in Industrieländern einzusparen. Dies ist oftmals in Entwicklungsländern deutlich günstiger vor allem dann, wenn dort veraltete Technologien eingesetzt werden. Dieses Kostenargument berücksichtigt z.B. der für das Kyoto-Protokoll ausgehandelte ‚Clean Development Mechanism' (CDM). Der flexible Mechanismus ermöglicht es Annex-B-Ländern (Industrieländer) des Kyoto-Protokolls, ihre Emissionsreduktionsverpflichtungen auch in Nicht-Annex-B-Ländern (Entwicklungs- und Schwellenländer) umzusetzen. Zu diesem Zweck können sie zertifizierte Emissionsreduzierungsrechte (CERs) einkaufen, welche die entsprechende Emissionsreduktion belegen. Die Kontingente können sich die Annex-B-Länder für ihre Emissionsbemühungen ‚gutschreiben' lassen, obwohl die Emissionsreduktion nicht im eigenen Land erfolgte.

Nach einer vergleichbaren Logik funktioniert auch der Emissionshandel. Durch den Handel mit Emissionsrechten – z.B. innerhalb der Europäischen Union – und die für jedes Land festgelegten Obergrenzen ist es grundsätzlich egal, in welchem Land die Emissionen eingespart werden. Die Hauptsache ist, dass sie überhaupt eingespart werden und die großen Emittenten hierfür einen Preis zahlen, der die externen Kosten erhöhter Emissionen externalisiert. Um die Grenzkosten des Umweltschutzes zu minimieren, ist es sinnvoll, knappe finanzielle Ressourcen am besten an Länder zu vergeben, in denen durch entsprechende Projekte der größte globale ökologische Umweltnutzen erzielt werden kann. Dies sind vor allem Länder, in denen sich die ‚grünen Lungen der Erde' und große CO_2-Senken befinden. Das können z.B. Länder mit hoher Regenwalddichte und einem hohen Biodiversitätsanteil sein. In Anlehnung an diese Logik wird die folgende marktliberal inspirierte Vergabehypothese zum ökologischen Nutzen formuliert:

Hypothese 5.2*(d)*: Je größer der ökologische Nutzen von Empfängerländern für den globalen Umweltschutz ist, desto höher fallen die Umwelthilfeleistungen an diese Länder aus.

Für die Plausibilität dieser Hypothese spricht auch die bereits beschriebene Einführung des Resource Allocation Frameworks (RAF) innerhalb der GEF. Mit der Einführung des RAF orientiert sich auch die multilaterale GEF – zumindest teilweise – am ökologischen Nutzen eines Empfängerlandes sowie an der erfolgreichen Mittelverwendung in der Vergangenheit.

Um diese Hypothese statistisch testen zu können, wird ebenfalls der im Kapitel 5.3.1 erwähnen GEF-Benefits-Index (GBI) als Indikator genutzt. Der Index existiert für die Politikbereiche Klimaschutz und Biodiversität und ist ein zentraler Indikator zur Ressourcenverteilung der GEF. Er ist ein Maß, welches den globalen ökologischen Nutzen eines jeden Landes im Hinblick auf den jeweiligen Schwerpunktbereich (zurzeit also Klima und Biodiversität) darstellt. Für diese Arbeit wurden die GBIs für Klima und Biodiversität in einem Indikator zusammengefasst. Hierfür wurden die entsprechenden GBIs logarithmiert und summiert. Zusammengefasst wurden die Indikatoren, um einen zentralen und testfähigen Indikator zu erhalten, der den Umweltnutzen aus zwei Umweltbereichen berücksichtigt. Durch Logarithmieren werden die Indikatoren untereinander besser vergleichbar gemacht. So variiert der GBI für Klima von 8.0 für die Cook Inseln bis 2,413,021 für China. Der GBI für den Bereich Biodiversität hat eine Spannbreite von 0.1 für Weißrussland bis 663.7 für Brasilien (GEF 2006b). Wenngleich beide Indikatoren für unterschiedliche Umweltbereiche stehen, sind sie dennoch nicht voneinander unabhängig. Wie bereits erwähnt, sind Länder mit hoher Biodiversität fast immer auch von Bedeutung für das globale Klima. Schon allein aus diesem Grund lohnt die Zusammenfassung beider Indikatoren. Logarithmiert man die Indikatoren des GBI für Klima und Biodiversität und rechnet eine einfache Korrelation, wird der Zusammenhang mit einem Regressionskoeffizienten von fast 0.6 offensichtlich. Der Vollständigkeit halber sein noch erwähnt, dass die GEF die Indikatoren nur einmalig und nicht als Zeitreihe zur Verfügung stellt. Eine Zeitreihe erscheint auch wenig plausibel, da bei der ökologischen Bedeutung keine bedeutenden Schwankungen von Jahr zu Jahr zu erwarten sind. Da der Datensatz dieses Kapitels aber auf Zeitreihendaten angewiesen ist, wiederholen sich die Werte jährlich. Dies führt dazu, dass sie untereinander keine Varianz aufweisen. Ähnlich verhält es sich auch mit anderen gebräuchlichen Indikatoren wie der Bevölkerungsgröße, die in hohem Maße pfadabhängig ist.

Sozialkonstruktivismus

Wie schon bei der Frage nach der unterschiedlichen Höhe sollte der Einfluss von Normen und Ideen aus sozialkonstruktivistischer Sicht maßgeblichen Einfluss auf das Vergabeverhalten von Staaten haben. Bei der Untersuchung der unterschiedlichen Beteiligung wurden die Normen im Geberland zur Erklärung herangezogen.

Wie es die allgemeine Hypothese bereits formuliert hat, haben Normen auch auf Seiten der Empfängerländer Einfluss auf die Vergabeentscheidung der Geberländer. Zur Untersuchung der Vergabekriterien spielen aber auch die Normen im Empfängerland eine große Rolle. Konkret könnte sich dies in der Einhaltung oder der Nicht-Einhaltung umweltpolitischer Normen äußern. Dies spielt bei der Entscheidung darüber, ob Umwelthilfe vergeben wird, eine große Rolle. Empfängerländer, die in der Vergangenheit unter Beweis gestellt haben, dass sie umweltpolitische Normen erfüllen und einhalten, könnten entsprechend belohnt werden. Durch die Ratifikation wichtiger völkerrechtlicher Verträge zum Schutz der globalen Umwelt können diese Länder zeigen, dass sie ein bestimmtes globales Umweltproblem als solches anerkennen. Vertragstreue Staaten sollten also eher Zuweisungen von den Industrieländern erhalten, da das Geld als gute Investition in den globalen Umweltschutz verstanden werden kann.

Potentielle Empfängerländer, die in ihrem staatlichen Handeln umweltpolitische Normen nicht oder nur unzureichend einhalten, müssen mit weniger finanziellen Mitteln rechnen. Wenn Staaten also in der Vergangenheit Konventionen nicht ratifiziert haben, signalisieren sie auf diese Weise Desinteresse an der Lö-

sung gemeinsamer Umweltprobleme. Aufgrund ihres ‚vertragsschädigenden' Verhaltens werden solche Staaten mit entsprechend weniger finanziellen Mitteln ausgestattet, da ein Investitionserfolg im Sinne des globalen Umweltschutzes ungewiss erscheint.
Vor dem Hintergrund dieser Argumentation lässt sich folgende sozialkonstruktivistisch inspirierte Vergabehypothese formulieren:

Hypothese $6_{(f)}$: *Je stärker ausgeprägt ökologische Normen in Empfängerländern sind, desto höher fallen die finanziellen Umwelthilfeleistungen an diese Länder aus.*

Zur Testen dieser Hypothese wurde ein Indikator konstruiert, der Aufschluss darüber gibt, wie hoch der prozentuale Ratifikationsanteil eines Empfängerlandes an den wichtigsten internationalen Umweltabkommen ist. Einen ähnlichen Indikator nutzen Perkins und Neumayer (2007) zur Überprüfung einer sozialkonstruktivistischen Hypothese. Die Studie von Perkins und Neumayer untersucht, warum umweltpolitische Regulierungen der Europäischen Union unterschiedlich ‚ambitioniert' umgesetzt werden. Der für diese Arbeit konstruierte Indikator ist aber lediglich bei Perkins und Neumayer angelehnt, da die Autoren zur Konstruktion auf das Treaty-Status-Dataset zurückgegriffen haben (CIESIN 2002). Der von den Autoren genutzte CIESIN-Datensatz hat zwei Nachteile: Er greift auf alle jemals verhandelten Abkommen im Umweltbereich zurück. Die wenigsten der dort berücksichtigten Abkommen sind aber globaler Natur; viele sind regional, was den Adressatenkreis einschränkt. So treten Umweltabkommen der Afrikanischen Union in der Regel keine asiatischen Staaten bei. Der zweite Nachteil ist, dass die Datenbank zum Zeitpunkt der Studie von Perkins und Neumayer nur bis ins Jahr 1997 gepflegt wurde. Um diesen Umstand zu beheben und eine längere Zeitreihe zu bekommen, nutzen die Autoren für die Jahre ab 1998 einfach die Zahlen von 1997 weiter.

Zur Konstruktion des hier genutzten Indikators wurden internationale Umweltabkommen betrachtet. Alle Abkommen adressieren ein globales Umweltproblem und streben eine möglichst breite Mitgliedschaft an. Regionale Abkommen oder Abkommen von Staatengruppen wie OECD, ASEAN, OPEC etc. werden dabei nicht berücksichtigt. Für die Konstruktion des Indikators und die Operationalisierung der unabhängigen Variablen wurden 15 internationale Umweltabkommen ausgewählt.

Das Zählen der Mitgliedschaft und die Kalkulation der Anteile beruhen auf eigenen Berechnungen[129]. Informationen über die Ziele der Konventionen (global, regional), die Verabschiedung und das Ratifikationsdatum der Konventionen durch die für diese Arbeit relevante 56 Umwelthilfe-Empfängerländer wur-

129 Einen ähnlichen Indikator, der die Ratifizierung von neun globalen Umweltabkommen in der Zeit zwischen 1991 und 1999 berücksichtigt, nutzen Hicks et al. 1999: 99f).

den von der Datenbank ‚ECOLEX' abgerufen (ECOLEX 2008). Die Datenbank ist das größte Portal zum Umweltvölkerrecht. Es wird in Kooperation mit der UN-Organisation für Ernährung und Landwirtschaft (FAO), der Weltnaturschutzorganisation (IUCN) und UNEP bereitgestellt und gepflegt. Für diesen sozialkonstruktivistisch inspirierten Indikator wird ein positiver Zusammenhang erwartet: Je höher der Anteil an ratifizierten Umweltabkommen ist, desto stärker bekennt sich ein Empfängerland zur Norm eines globalen Umweltschutzes. Als Ergebnis hieraus wird auch der Umwelthilfeanteil entsprechend positiv ausfallen.

Tabelle 6-3: 15 globale Umweltabkommen

Umweltabkommen (MEA)	Jahr der Verabschiedung
Ramsar-Konvention über Feuchtgebiete	1971
Übereinkommen zum Schutz des Kultur- und Naturerbes der Welt (Heritage)	1972
Washingtoner Artenschutzübereinkommen (Cites)	1973
Seerechtskonvention (UNCLOS)	1982
Wiener Konvention zum Schutz der Ozonschicht (Wiener-Konvention)	1985
Übereinkommen über die Biologische Vielfalt (Biodiv)	1992
Änderungsprotokoll von Kopenhagen zur Ozon-Konvention (Ozone-Copenhagen)	1992
Klimarahmenkonvention (UNFCC)	1992
Internationales Tropenholzübereinkommen (Timber)	1994
Kyoto-Protokoll zur Klima-Rahmenkonvention (Kyoto)	1997
Änderungsprotokoll von Montreal zur Ozon-Konvention (Ozone-Montreal)	1997
Rotterdam-Konvention über das Verfahren der vorherigen Zustimmung nach Inkenntnissetzung für bestimmte gefährliche Chemikalien sowie Pestizide im internationalen Handel (Rotterdam)	1998
Änderungsprotokoll von Peking zur Ozon-Konvention (Ozone-Beijing)	1999
Internationales Protokoll über die biologische Sicherheit (Cartagena)	2000
Stockholmer Übereinkommen über Persistente Organische Schadstoffe (POP)	2001

Die sozialkonstruktivistisch inspirierte Vergabehypothese zeigt einmal mehr die Schwierigkeiten der Anbindung der Hypothesen an Großtheorien der internationalen Beziehungen. Der hier konstruierte Indikator und das Argument, dass sich vertragskonformes Verhalten in höheren Umwelthilfeleistungen auszahlt, passt auch zum Konzept des neoliberalen Institutionalismus, der wiederum Impulsgeber für die Entstehung reflexiver/ sozialkonstruktivistischer Ansätze war.

An dieser Stelle wird mit dem Wohlstandsniveau (gemessen in BNE pro Kopf) noch ein weiterer Indikator vorgeschlagen. Das Wohlstandsniveau eines Landes hat höchstens indirekt Einfluss auf die Ausprägung ökologischer Normen im Empfängerland, es hat aber Einfluss auf das Vergabeverhalten der Geberländer und orientiert sich am Recipient-Need-Modell, welches in Abschnitt 2.2.3 dargestellt wurde und in der Tradition des Idealismus steht. Hiernach werden arme und unterentwickelte Länder vorrangig unterstützt. Je ärmer ein Land ist, desto weniger kann es sich postmaterielle ‚Luxusgüter' wie eine intakte

Umwelt leisten. Vielmehr steht die eigene wirtschaftliche Entwicklung im Vordergrund (vgl. auch Kuznets 1955). Es lässt sich vermuten, dass sich Geberländer dieses Dilemmas bewusst sind und Finanzhilfe bevorzugt an arme Länder vergeben könnten, damit auch diese sich das postmaterielle Gut Umweltschutz leisten können.

Auch legen internationale Normen ein solches Vergabeverhalten nahe. Die im September des Jahres 2000 verabschiedete Millenniums-Erklärung und die damit verbundenen Millennium-Entwicklungs-Ziele (Millennium Development Goals) sind eine starke Ausprägung dieser Norm. Mit dem Bekenntnis zu diesen Zielen und ihrer Umsetzung bis ins Jahr 2015 bekennt sich die Staatengemeinschaft zur Unterstützung der weltweit ärmsten Länder in den Bereichen Armutsbekämpfung, Bildung, Gleichstellung, Gesundheits- und Umweltschutz. Aus diesem Grund wird ein negativer Zusammenhang zwischen dem ‚Wohlstandsniveau' eines Empfängerlandes und der Höhe der Umwelthilfe erwartet. Gemessen wird Wohlstandsniveau als Bruttonationaleinkommen pro Kopf.

Tabelle 6-4: Hypothesen bilateraler Umwelthilfe und Operationalisierung

Hypothese		Operationalisierug	Quelle
$H4_{(b)}$	*Je höher die Machtrelevanz eines Empfängerlandes für das Geberland ist, desto geringer fallen die Umwelthilfeleistungen an dieses Land aus.*	Militärausgaben in % BIP;	SIPRI 2007
		Kolonialstatus (Koloniale Vergangenheit)	Alesina/Dollar 2000
$H5.1_{(d)}$	*Je größer die handelspolitischen Verflechtungen von Empfängerländern mit den Geberländern sind, desto höher fallen die Umwelthilfeleistungen an diese Länder aus.*	Exporte (ln),	OECD 2008
		Bevölkerungsgröße	World Bank 2007
$H5.2_{(d)}$	*Je größer der ökologische Nutzen von Empfängerländern für den globalen Umweltschutz ist, desto höher fallen die Umwelthilfeleistungen an diese Länder aus.*	Ökologischer Nutzen (ln)	GEF 2006b, eigene Berechnungen
$H6_{(f)}$	*Je stärker ausgeprägt ökologische Normen in Empfängerländern sind, desto höher fallen die finanziellen Umwelthilfeleistungen an diese Länder aus.*	Ratifikation wichtiger globaler Umweltabkommen (ln)	ECOLEX 2008, eigene Berechnungen
		Bruttonationaleinkommen pro Kopf	World Bank 2007

Tabelle 6-4 fasst noch einmal die oben vorgestellten Vergabehypothesen mitsamt ihrer Operationalisierung und Quellenangaben zusammen.

6.2.2 Abhängige Variable, Daten und Methoden

Die abhängige Variable zur Bestimmung der Vergabekriterien ist anders konstruiert als diejenige zur Erklärung der ungleichen finanziellen Beteiligung. Es wird nicht mehr untersucht, wie viel Geld ein Staat prozentual zu seiner Wirtschaftskraft insgesamt für bilaterale oder multilaterale Umweltpolitik ausgegeben hat, sondern welchen Anteil seines Umwelthilfeetats ein bestimmtes Empfängerland bekommen hat. Die *abhängige Variable* ist der prozentuale Anteil xij des Empfängerlandes j am Gesamtumwelthilfeetat eines Geberlandes i. Die Messung der abhängigen Variablen als Anteil des insgesamt zur Verfügung stehenden Umwelthilfeetats erscheint auch mit Blick auf das tatsächliche Allokationsverhalten innerhalb eines Staates plausibel. Dort geht es oft weniger um die Höhe eines Transfers als darum, welcher Staat wie viel von einem vorher festgelegten Kuchen abbekommt.

Um die Anteile zu berechnen, wurden die Daten aus dem für diese Arbeit aufgebauten Datensatz bilaterale Umwelthilfe aggregiert. ährend der ursprüngliche Datensatz – wie in Abschnitt 4.1.3 vorgestellt und beschrieben – rund 35,000 Beobachtungen aufweist, liegt die Zahl der Beobachtungen in dem für die multivariate Regressionsanalyse aufgearbeiteten und aggregierten Datensatz zur bilateralen Umwelthilfe bei 840 Beobachtungen. Dies hat mehrere Gründe: Der ursprüngliche Datensatz umfasst 22 OECD-Geberländer sowie 187 Empfängerländer. Jedes Empfängerland erhält in der Regel mehrere Transfers in einem Jahr von den jeweiligen Geberländern. Jeder Transfer, etwa die Beteiligung Deutschlands an der Finanzierung von Windenergieanlagen in Namibia im Jahr 2004, zählt als eine Beobachtung. Allein Deutschland hat in besagtem Jahr in Namibia neun verschiedene Projekte finanziert. Vergleichbares gilt für die anderen 22 Geberländer, die ihr Geld auf 187 Empfängerländer aufteilen. Um den Anteil eines Empfängerlandes am Gesamtumwelthilfeetat zu ermitteln, ist eine Addition der finanziellen Zuweisungen nach Jahren für Geber- und die jeweiligen Empfängerländer notwendig. Allein diese Aggregation reduziert die Zahl der Beobachtungen erheblich. Im modifizierten Datensatz zur bilateralen Umwelthilfe bezeichnet demnach jede einzelne Beobachtung einen bilateralen Finanztransfer von Land $_i$ ins Land $_j$ in der Höhe von $_{xij}$ für das jeweilige Jahr zwischen 1991 und 2005[130].

Eine weitere Reduzierung der Beobachtungen hängt damit zusammen, dass nicht alle Empfängerländer in den modifizierten Datensatz aufgenommen werden. Neben den 22 Geberländern werden ausschließlich jene Entwicklungs- und Schwellenländer aufgenommen, die regelmäßig bei der Vergabe von Umwelthilfe von mindestens einem der Geberländer berücksichtigt worden sind. Ein solches Vorgehen erscheint notwendig, um den Datensatz handhabbar zu machen.

130 i: OECD/DAC Geberland, j: EL: Entwicklungsland, xij:Prozentualer Anteil am Gesamtetat für das jeweilige Jahr zwischen 1991 und 2005.

Insgesamt gibt der Datensatz Aufschluss über 187 Empfängerstaaten. Diese haben mindestens einmal innerhalb des Zeitraums von 1991-2005 Umwelthilfe erhalten. Um die bilateralen Vergabebeziehungen aber tatsächlich beurteilen und zwischen Staaten vergleichen zu können, reicht die einmalige Vergabe von Umwelthilfe allerdings nicht aus. Aus diesem Grund wird die Informationsdichte des Datensatzes noch einmal reduziert. Empfängerländer, die sehr selten und extrem unregelmäßig Umwelthilfe erhalten, werden von der Analyse ausgeschlossen. Vergleichbar sind vor allem Staaten, die jedes Jahr von mehreren Geberländern Umwelthilfe erhalten. Wendet man dies auf den Datensatz an, würde sich die Anzahl der Empfängerländer allerdings auf gut 20 Länder reduzieren. Diese Fallzahl wäre zu gering. Aus diesem Grund werden Empfängerländer berücksichtigt, die überwiegend – mindestens in 10 Jahren von 1991 bis 2005 – Zahlungen erhalten haben.

Hiernach verbleiben 55 Empfängerländer, die in den Jahren 1991 bis 2005 regelmäßig Umwelthilfe erhalten haben. Eine Übersicht der berücksichtigten Länder findet sich im Appendix 9.5 dieser Arbeit. Auch auf Geberseite wurde der modifizierte Datensatz um ein Land reduziert. Da für Luxemburg erst Daten ab dem Jahr 2001 vorliegen, wurde dieses Geberland wegen fehlender Vergleichbarkeit und zu weniger Beobachtungen aus dem Datensatz entfernt. Die auf diese Weise gewonnenen Anteile für Umwelthilfe wurden für alle Geberländer als gemeinsame Gebergruppe errechnet. Hierzu gehören die Länder Australien, Österreich, Belgien, Kanada, Dänemark, Finnland, Frankreich, Deutschland, Griechenland, Irland, Italien, Japan, Niederlande, Neuseeland, Norwegen, Portugal, Spanien, Schweden, Schweiz, Großbritannien und die Vereinigten Staaten.

Neben dem Referenzmodell wird noch ein zweites Modell gerechnet, welches die besondere Rolle der nordischen Staaten berücksichtigt. Sowohl der Literaturüberblick als auch die empirische Analyse in dieser Arbeit haben bestätigt, dass sich die nordischen Staaten sowohl bei der Vergabe von Entwicklungshilfe als auch bei der Vergabe von Umwelthilfe stark von anderen Geberländern unterscheiden. Um einem ‚nordischen Modell' der Umweltfinanzierung Rechnung zu tragen, wird ein zweites Modell geschätzt, welches das Vergabeverhalten der nordischen Länder als Dummyvariable berücksichtigt. Die Variable ist dichotom und nimmt den Wert null an, wenn Empfängerländer kein Geld von nordischen Staaten erhalten. Sie nimmt den Wert eins an, wenn die Empfängerländer Geld von den nordischen Ländern erhalten. Auf diese Weise kann ein möglicher Effekt, der von den nordischen Geberländern ausgeht, ins Gesamtmodell integriert werden.

Alle Daten liegen weiterhin als Paneldatensatz ab dem Jahr 1991 vor. Die Ausführungen des Abschnitts 0 gelten analog. Die abhängige Variable kann wieder nur positive Werte zwischen 0 und 100 annehmen. Im vorliegenden Fall ist der niedrigsten Wert 0 und der höchste Werte 33.77. Sie wird, wie schon im

Abschnitt zuvor, logarithmiert. Der Referenzdatensatz bilaterale Umwelthilfe beinhaltet somit detaillierte Informationen über die jeweiligen Anteile der Empfängerländer am Umwelthilfeetat der Geberländer und erlaubt auf diese Weise einen zwischenstaatlichen Vergleich.

6.2.3 Multivariate Regressionsanalyse: Ergebnisse und Interpretation

Auf den folgenden Seiten werden die Ergebnisse der multivariaten Regressionsanalyse für die oben formulierten und die entsprechend operationalisierten Variablen dargestellt. Um es vorwegzunehmen: Die Ergebnisse bestätigen eine Reihe der oben aufgestellten Hypothesen. Andere Hypothesen halten dem Test nicht oder nur unzureichend stand, weil die zur Operationalisierung verwendeten Indikatoren nicht signifikant sind oder der erwartete Zusammenhang genau umgekehrt eintritt. Tabelle 6-5 fasst die Ergebnisse der Regressionsanalyse für alle 21 im Datensatz verfügbaren Geberländer zusammen. Dabei werden zwei Modelle verwendet, die sich durch die Verwendung bzw. Nicht-Verwendung der nordischen Dummy-Variable unterscheiden.

Die neorealistisch inspirierte Vergabehypothese kann teilweise bestätigt werden. Der Machtindikator Militärausgaben ist signifikant und verhält sich erwartungsgemäß negativ. Hohe Militärausgaben in einem Empfängerland und das damit signalisierte Machtpotential wirken sich negativ auf die Höhe der Umwelthilfeleistungen aus. Eine starke Militarisierung zahlt sich mit Blick auf zu erwartende Umwelthilfeleistungen für die Empfängerländer nicht aus. Im Sinne einer strikten Auslegung der neorealistischen Außenpolitik würde die Umweltpolitik allerdings kaum in das strategische Kalkül der Staaten einbezogen werden.

Der zweite Teil der neorealistisch inspirierten Hypothesen kann durch die Analyse nicht belegt werden. Der Kolonialstatus spielt bei der Vergabe von Umwelthilfe keine Rolle. Der Indikator Kolonien ist nicht signifikant, wenngleich das Vorzeichen den geäußerten Erwartungen entspricht. Dieses Ergebnis ist ebenso überraschend wie interessant. Bemerkenswert ist vor allem der deutliche Unterschied zur Vergabe von Entwicklungshilfe.

Der Literaturüberblick in Abschnitt 2.2 hat gezeigt, dass insbesondere der Kolonialstatus Auswirkungen auf die Vergabe von Entwicklungshilfe hat. Im Bereich der Umweltpolitik sind diese klassischen Beziehungen dagegen weitgehend aufgebrochen. Dies ist ein starkes Indiz für eine eigenständige und von der klassischen Entwicklungsfinanzierung emanzipierte Umweltfinanzierung. Im vergleichsweise neuen Problemfeld Umweltschutz gelten andere Regeln als in traditionellen Politikfeldern. Es sind eben nicht die ehemaligen Kolonien, die systematisch bevorzugt werden, sondern vor allem auch Länder, die für den globalen Umweltschutz von zentraler Bedeutung sind oder Länder, die gemeinsame ökologische Wertvorstellungen teilen.

Tabelle 6-5: Regressionsanalyse: Vergabekriterien von Umwelthilfe

	Modell 1: Referenz	Modell 2: Nordic
Militärausgaben	-0.0418**	-0.0408**
	(-2.03)	(-2.002)
Kolonialbeziehungen	0.000263	0.00244
	(0.057)	(0.539)
Exporte	0.0667	0.0866
	(1.06)	(1.247)
Bevölkerungszahl	0.352***	0.305***
	(8.22)	(7.210)
Ökologischer Nutzen	0.0930***	0.0978***
	(2.91)	(3.068)
Ratifikationstreue	0.591***	0.599***
	(5.05)	(4.910)
Wohlstand	-0.000169***	-0.000148***
	(-2.89)	(-2.803)
Nordische Staaten		0.363***
		(4.673)
Konstante	-9.062***	-8.660***
	(-10.5)	(-10.04)
N	776	776
Zeit	1991-2005	1991-2005
Empfängerländer	55	55
R^2	0.35	0.370

Anmerkungen: Prais-Winsten-Regression mit panelkorrigierten Standardfehlern und PSAR1-Prozess[131] im Fehlerterm. *** p<0.01, ** p<0.05, * p<0.1, z-Statistik in Klammern.

Analog zu den Kolonialbeziehungen verhält sich der Exportindikator zur Operationalisierung der handelsliberal inspirierten Vergabehypothese. Wenngleich das positive Vorzeichen eine Beziehung im Sinne der Erwartung signalisiert, ist der statistische Effekt nicht signifikant. Demnach spielen auch exportgestützte Handelsbeziehungen bei der Vergabe von Umwelthilfe nur eine untergeordnete Rolle. Anders verhält es sich freilich, wenn man die potentielle Marktgröße über die Bevölkerungsgröße eines Landes operationalisiert. In diesem Fall liegt ein hoch signifikanter Zusammenhang vor. Bevölkerungsreiche Länder werden also bei der Vergabe von Umwelthilfe systematisch stärker berücksichtigt als kleine Länder. Diesen Zusammenhang aber alleine der Marktgröße zuzuschlagen, wäre zu hoch gegriffen. Die Marktgröße spielt hier sicher eine wichtige Rolle, der Zusammenhang lässt sich aber auch anders begründen. Größere Länder kommen allein schon aufgrund ihrer Größe eher für finanzielle Zuweisungen in Betracht als kleine Länder. Häufig verfügen diese Länder auch eher über das Potential und die notwendigen heimischen Ressourcen zur Verwirklichung mehrerer großer Umweltprojekte. Dies gilt – mit Ausnahmen – für kleinere Länder nicht.

131 Für jedes Land wird ein eigener AR-1-Prozess geschätzt.

Hoch signifikant ist auch der ökologische Nutzen eines Empfängerlandes bei der Vergabe von Umwelthilfe. Auch die Vorzeichen entsprechen den Erwartungen. Länder, die ökologisch bedeutsam sind, werden bei der Vergabe von Umweltpolitik also stärker gefördert als ökologisch weniger wichtige. Dieser Befund mag wenig überraschen, doch hat er praktische Implikationen von hoher politischer und normativer Bedeutung. Die globale Bedeutung und die Vergabe von knappen finanziellen Mitteln an diese Länder heißt im Umkehrschluss auch, dass lokalen Umweltproblemen nicht genügend Bedeutung beigemessen wird. Lokale Umweltprobleme entstehen auch als Folge (etwa die vermehrte Häufung von Dürren) von globalen Umweltproblemen wie dem Klimawandel oder werden hierdurch verstärkt. Andere lokale Umweltprobleme bleiben der Öffentlichkeit verborgen, obwohl sie gravierende Auswirkungen auf die lokalen Lebensbedingungen haben. Hierzu gehören etwa verunreinigtes Grundwasser oder pestizidverseuchtes Ackerland, um nur wenige Beispiele zu nennen.

Die sozialkonstruktivistisch inspirierte Vergabehypothese ist relativ erklärungsstark. Der Indikator Vertragsratifizierung ist hoch signifikant und entspricht der erwarteten Vorhersage. Es kann also davon ausgegangen werden, dass die Geberländer im Empfängerland ausgeprägte umweltpolische Normen und vertragsgerechtes Verhalten mit entsprechenden finanziellen Zuweisungen honorieren. Im vorliegenden Fall äußerte sich die Einhaltung einer umweltpolitischen Norm darin, dass die Empfängerländer durch die Ratifikation wichtiger zentraler Abkommen globale Umweltprobleme als solche anerkennen. Dies ist ein Indiz für die Einhaltung umweltpolitischer Normen. Darüber hinaus signalisiert es die potentielle Vertragstreue zukünftiger Umweltkooperationen und kann als ein Signal an die Geberländer gewertet werden, dass die finanziellen Transfers im Sinne der Umweltpolitik gut angelegt sind. Das Ergebnis kann auch als Hinweis für die Güte des vergleichsweise einfach konstruierten Indikators gewertet werden, mit dem der Ratifikationsstatus von 15 globalen Umweltabkommen quantifiziert wurde.

Auch das Wohlstandsniveau des Empfängerlandes weist den erwarteten Zusammenhang auf und ist hoch signifikant. Länder mit einem niedrigen Pro-Kopf-Einkommen werden also systematisch stärker berücksichtigt als Länder mit höherem Einkommen. Es bleibt die Einschränkung, dass sich dieser Indikator höchstens indirekt auf ökologische Normen im Empfängerland auswirkt. Geberländer sind sich in der Regel darüber im Klaren, dass arme Länder entweder nicht in der Lage oder nicht bereit dazu sind, in globalen Umweltschutz zu investieren. Aus diesem Grund bedürfen sie entsprechender Unterstützung. Die umweltpolitische Norm ist in diesem Fall aber eher auf der Geberseite und nicht – wie in der Hypothese formuliert – auf der Empfängerseite ausgeprägt.

In der zweiten Spalte des in Tabelle 6-5 ausgewiesenen Modells hat die nordische Dummy-Variable nur geringe Auswirkungen auf die anderen Variablen. Dies ist ein Indiz dafür, dass sich die Vergabekriterien in nordischen Ländern nicht substantiell von den anderen Geberländern unterscheiden und Politik so funktioniert, wie in anderen Ländern auch. Die Unterschiede liegen eher im Detail, welche im Rahmen einer quantitativen Analyse nicht zu ergründen sind. Aus diesem Grund könnte es sich lohnen, die Rolle der nordischen Staaten bei der Vergabe von Umwelthilfe anhand qualitativer Methoden zu untersuchen. R^2 wird durch die zusätzliche Variable erhöht und der Zusammenhang des Indikators ist erwartungsgemäß positiv. Nach der Logik des Indikators, wäre ein negativer Zusammenhang auch nicht möglich gewesen. Die hohe Signifikanz ist aber ein Beleg dafür, dass der Anteil der Umwelthilfe in einem Land sehr stark vom Engagement der nordischen Länder beeinflusst wird. Dies ist ein weiterer Beleg für die vergleichsweise hohen Ausgaben der nordischen Länder für Umwelthilfe, die ansonsten in diesem Modell nicht modelliert sind. Wie Abschnitt 6.1 zeigen konnte, sind es aber vor allem die grünen Wertvorstellungen und die ohnehin hohen Sozialausgaben, welche die unterschiedliche Höhe der Ausgaben erklären können.

Zusammenfassend ergibt sich ein heterogenes Bild. Im Ergebnis lässt sich aber feststellen, dass die Finanzierung globaler Umweltpolitik eingebunden ist in ein vielschichtiges Geflecht aus Interessen und Normen. In Zusammenschau mit den Ergebnissen des vorherigen Abschnitts 6.1 lässt sich außerdem feststellen, dass (grüne) Normen sowohl auf der Geber- als auch auf der Empfängerseite die größte Erklärungskraft für die Finanzierung besitzen. Bei aller Skepsis, die sozialkonstruktivistische Forscher der internationalen Beziehungen quantitativen Arbeiten entgegenbringen, sollte diese Erkenntnis von großem Wert sein.

6.3 Fazit der Analysen

Die Ausführungen in diesem Kapitel dienten dazu, die Fragen zu beantworten, warum sich wichtige OECD-Geberländer unterschiedlich stark an der Finanzierung internationaler Umweltpolitik beteiligen und welchen Vergabekriterien die Zuweisungen unterliegen. Das Untersuchungsdesign zur Beantwortung dieser Frage unterschied sich vor allem hinsichtlich der Operationalisierung der abhängigen Variable. Die unterschiedliche Beteiligung wurde als der prozentuale Anteil (im Verhältnis zum BNE) der von den Geberländern aufgewendeten Mittel gemessen. Im Mittelpunkt der Analyse standen also vor allem die Geberländer. Für die Vergabekriterien wurde die Perspektive umgekehrt und die Empfängerländer in den Fokus der Analyse gestellt. Die abhängige Variable wurde als Anteil eines Empfängerlandes am Umwelthilfeetat der Geberländer relativ zu den anderen Empfängerländern dargestellt. Zur Prüfung der vermuteten Zusammenhänge wurden Hypothesen formuliert, welche an die Ausführungen des Literaturüberblicks und die allgemeinen Hypothesen des Theorieteils anknüpften und von den Theorien der internationalen Beziehungen inspiriert waren.

Die Ergebnisse der Hypothesentests fallen in der Zusammenschau der beiden Kapitel heterogen aus. Klar ist, dass die Varianz im Allokationsverhalten nicht zufällig existiert. Wie bereits eingangs vermutet, spielen auch im Bereich der Umweltpolitik Interessen und Normen eine wichtige Rolle, wenn es um die Beteiligung an der Finanzierung und die Zuweisung von Finanzmitteln aus dem Umwelthilfeetat der Geberländer geht.

Die klassischen neorealistischen Erklärungsansätze zur Verfolgung von Machtinteressen leisten zwar einen Beitrag zur Erklärung, greifen aber in der Umweltfinanzierung deutlich kürzer als dies in der Entwicklungshilfe der Fall ist. Ihre Erklärungskraft ist stärker, wenn die neorealistischen Machtinteressen auf Seiten der Empfängerländer gemessen werden. Die Machtrelevanz eines Empfängerlandes ist also bei der Vergabe von Umwelthilfe durchaus von Bedeutung. Die Analyse hat gezeigt, dass potentiell mächtigere Staaten weniger Umwelthilfe erhalten als andere. Verglichen mit der Entwicklungshilfe haben sich aber traditionelle Geber-Nehmer-Beziehungen zu ehemaligen Kolonien weitgehend aufgelöst. Unbedeutend ist auch, ob ein Geberland selbst eine neorealistisch ausgerichtete Machtpolitik verfolgt.

Ein differenziertes Bild ergibt sich auch für die jeweiligen handelsliberal inspirierten Hypothesen. Während der Wohlstand eines Geberlandes eine entscheidende Determinante für die unterschiedliche Beteiligung an der Umwelthilfe darstellt, hat das Exportvolumen keinen Einfluss darauf, ob ein Empfängerland bei der Vergabe von Umwelthilfe privilegiert wird oder nicht. Letzteres ist ein überraschendes Ergebnis, da handelsliberale Interessen vor allem in den Arbeiten zur Entwicklungspolitik stets eine hohe Erklärungskraft besaßen. Anders verhält es sich mit der ökologischen Bedeutung eines Empfängerlandes. Sie ist eine entscheidende Determinante, ob ein Empfängerland ein großes Stück von dem zu verteilenden Kuchen abbekommt. Eine derartige Variable wurde bisher in noch keiner dem Autor bekannten Arbeit genutzt. Einschränkend muss aber erwähnt werden, dass es sich bei der ökologischen Bedeutung nicht um einen eindeutig handelsliberalen Indikator handelt. Vielmehr folgt er einer marktliberalen Logik, die Grenzkosten des Umweltschutzes zu minimieren. Knappe finanzielle Ressourcen für den globalen Umweltschutz werden deshalb am besten an Länder vergeben, in denen der größte globale ökologische Umweltnutzen zum günstigsten Preis erzielt werden kann.

Fasst man die neorealistischen und handelsliberalen Hypothesen und Indikatoren zu dem aus der Entwicklungshilfe bekannten Donor-Interest-Modell zusammen, lässt sich von einer im Vergleich zur Entwicklungshilfe abnehmenden Bedeutung dieses Modells sprechen.

Ein homogeneres Bild ergibt sich mit Blick auf die sozialkonstruktivistisch inspirierten Hypothesen. Die Hypothesen und genutzten Indikatoren haben sowohl im Hinblick auf die unterschiedlich starke Beteiligung der Geberländer an der Finanzierung als auch auf die erfolgreiche ‚Qualifizierung' der Entwicklungsländer als Empfängerland eine entscheidende Bedeutung für die Finanzierungshöhe und Vergabeentscheidung. Dies ist die entscheidende Botschaft dieses Kapitels. Bei allen methodischen Schwierigkeiten, umweltpolitische Normen quantitativ messbar zu machen, ist dies durchaus bemerkenswert. Die Erkenntnis ist deshalb auch ein Gradmesser für die Güte und die Wichtigkeit der sozialkonstruktivistischen Theorieströmung innerhalb der internationalen Beziehungen, die sich längst vom Neorealismus und neoliberalen Institutionalismus emanzipiert hat. Das Ergebnis sollte aber gleichzeitig auch ein Anreiz sein, das sozialkonstruktivistische Theoriegebäude noch klarer in Richtung Normen einzugrenzen und die postmodernen Einflüsse abzuschütteln. Auf der anderen Seite sollte es das Ziel weiterer empirischer Forschungsarbeiten in diesem Themengebiet sein, Normen noch besser zu quantifizieren und zwischen Ländern vergleichbar zu machen. Neben der Bedeutung von Normen hat dieses Kapitel auch einen Beleg für die empirische Vermutung eines ‚nordischen Modells' der Umweltfinanzierung geliefert.

"Using limited foreign aid resources to combat environmental degradation is much like this desperate effort to keep a sinking boat afloat. We do not imagine that environmental aid budgets will ever be large enough to provide wholesale solutions to large-scale environmental problems. Financial transfers alone will save neither the ozone layer nor the Brazilian rain forest. Achieving such objectives will depend on the interest and ability of affected actors to attract and make effective use of other, more substantial financial resources"
(Connolly 1996: 327).

7 Zusammenfassung und Ausblick

Die vorliegende Arbeit gehört zu den ersten Forschungsarbeiten überhaupt, welche die Finanzierung internationaler Umweltpolitik empirisch umfassend und theoretisch gehaltvoll aufgearbeitet hat. Bisherige Erklärungsversuche im Bereich der Umwelthilfefinanzierung gingen selten über Ad-hoc-Erklärungen hinaus. Dies ist überraschend, da es sich beim Thema Umwelt- und Klimaschutz um eines der zentralen Zukunftsthemen handelt. Die gegenwärtigen Finanzierungs- und Investitionsentscheidungen im Bereich der Umweltpolitik werden für die nachfolgende Generation von zentraler Bedeutung sein.

Die hier abgeschlossene Arbeit hat sich dem Thema durch die Eingrenzung auf zwei zentrale Fragen angenähert:

1) Warum beteiligen sich die Geberländer unterschiedlich stark an der Finanzierung globaler Umweltpolitik?
2) Unterliegen die bilateralen finanziellen Zuweisungen bestimmten Vergabekriterien, welche die Finanztransfers beeinflussen?

Anknüpfungspunkte und Antworten auf diese Fragen wurden zunächst in der politik- und wirtschaftswissenschaftlichen Literatur zu den Vergabebeziehungen innerhalb der Entwicklungshilfefinanzierung gesucht. In diesem Politikfeld wurden ähnliche Fragestellungen bereits intensiv erforscht. In der traditionellen Entwicklungshilfe wird diese Diskussion unter den Modellen Donor- Interest und Recipient-Need zusammengeführt. Dabei deckt sich die Annahme, dass Geberländer bei der Vergabe von Entwicklungshilfe vor allem ihre politikstrategischen oder ökonomischen Eigeninteressen durchzusetzen versuchen, mit den zentralen Annahmen der neorealistischen oder auch der neoliberalen Theorieschule der internationalen Beziehungen. Die Idee, dass sich Geberländer bei der Vergabe vor allem von den Bedürfnissen der Empfängerländer leiten lassen, spiegelt eine sozialkonstruktivistische Ideenwelt wider. Aufgrund der zahlreichen Analogien dieser Modelle mit den Prämissen der Theorien internationaler Politik wurde die Literatur zu diesem Thema umfassend aufgearbeitet. Im Theorieteil wurden diese Gemeinsamkeiten wieder aufgegriffen und mit dem Neorealismus, dem Liberalismus und dem Sozialkonstruktivismus drei zentrale Theorieströmungen vorgestellt. Im Ergebnis des Theorieteils wurden allgemeine Hypothesen zur Finanzierung globaler Umweltpolitik formuliert. Diese theorieinspirierten Hypothesen wurden in Kapitel 6 spezifiziert und statistisch getestet.

Im Vorfeld wurden in den Kapiteln 4 und 5 die wichtigsten bi- und multilateralen Finanzierungstrends im Bereich der Umwelthilfe systematisch empirisch aufgearbeitet. Dies diente vor allem der Veranschaulichung der erklärungsbedürftigen Varianz im Gebeverhalten. Es stellte sich heraus, dass die Beteiligung an der Finanzierung von Umwelthilfe sehr heterogen ist. Während sich einige Länder und Ländergruppen überdurchschnittlich an der Finanzierung beteiligen, agieren andere Länder deutlich zurückhaltender. Dies gilt insbesondere, wenn die Beteiligung der Geberländer relativ – und im Verhältnis zur Wirtschaftskraft – gemessen wird. Auf der Empfängerseite zeichnet sich eine Tendenz dazu ab, bestimmte Länder bei der Vergabe stärker zu berücksichtigen als andere.

Der empirische Teil konnte außerdem zeigen, dass selbst die multilaterale Umweltfinanzierung nicht losgelöst von politischen Interessen ist und bestimmte Geberländer ihre Machtposition zu nutzen wissen. Als Beleg hierfür kann die Einrichtung des Resource-Allocation-Frameworks innerhalb der GEF gewertet werden. Dieses macht die Verteilung der finanziellen Mittel – zumindest teilweise – abhängig vom potentiellen Nutzen. Obwohl sich fast alle Geberländer gegen das RAF ausgesprochen haben, konnten sich die Vereinigten Staaten mit ihrem Vorschlag durchsetzen, weil sie ihre weitere finanzielle Unterstützung für die GEF von der Einführung eines solchen Mechanismus abhängig machten. Als größte Gebernation konnten die Vereinigten Staaten somit ein Druckmittel mit starker Hebelwirkung einsetzen. Dies Beispiel ist auch ein Beleg dafür, dass finanzielle Zuweisungen – auch absolut betrachtet – einen Unterschied machen können. Der Hinweis darauf ist deshalb wichtig, weil in dieser Arbeit vor allem die relativen Aufwendungen im Vordergrund der Analyse standen.

Als weiteres Ergebnis der empirischen Aufarbeitung der Finanzierungstrends wurden zwei detaillierte Datensätze zur unterschiedlichen Beteiligung an der Umwelthilfe und zu den Vergabekriterien in der Umwelthilfefinanzierung aufgebaut. Diese sorgfältig aufgearbeiteten Datensätze bilden ein Kernstück der Arbeit, da sie die Basis für die empirische Analyse darstellen. Unabhängig von der Analyse haben die Datensätze als solche sich einen wissenschaftlichen Mehrwert, weil sie in weiterführenden Forschungsarbeiten als Grundlage genutzt werden können.

Als Hauptteil der Arbeit diente Kapitel 6: In Anlehnung an den Forschungsstand und inspiriert von Theorien internationaler Beziehungen wurden spezifische Vergabehypothesen formuliert, die anhand der gesammelten Daten einem statistischen Hypothesentest unterzogen wurden. Die Hypothesen sollten als Erklärung dienen, warum sich Staaten im Verhältnis zu ihrer Wirtschaftskraft unterschiedlich stark an der Umwelthilfe beteiligen. Außerdem waren sie darauf ausgelegt, eine Systematik hinter den Vergabebeziehungen von Geber- und Nehmerländern aufzudecken. Dabei wurde sowohl eine Geberperspektive als auch eine Empfängerperspektive eingenommen.

Mit Blick auf eine pointierte Zusammenfassung lässt sich das Ergebnis dieser Arbeit folgendermaßen formulieren: *Die Finanzierung globaler Umweltpolitik ist - auch entgegen anders lautender öffentlicher Darstellungen – in ein vielschichtiges Geflecht unterschiedlicher Interessen und Normen eingebunden.* Innerhalb dieses ‚Geflechts' haben gesellschaftliche grüne Normen in den letzten Jahren eine wachsende Bedeutung erlangt, während die Bedeutung von strategischen und wirtschaftlichen Interessen nachlässt.

Dies gilt nicht nur für die Vergabebeziehungen, sondern auch für die unterschiedliche Beteiligung an den Zuweisungen, die in hohem Maße abhängig von grünen Normen sind. Die Arbeit ist deshalb ein wichtiger Beitrag zur Wirksamkeit internationaler Normen sowie zum Politikfeld der internationalen Umweltpolitik. Wenngleich dies nicht eindeutig zu quantifizieren ist, so scheinen Normen einen größeren Einfluss auf die Vergabekriterien und die Höhe von Umwelthilfe zu haben als klassische Interessensansätze. Letztere fokussieren insbesondere die Auswirkungen von Wirtschafts- und Machtbeziehungen auf das Vergabeverhalten von Staaten.

Fest steht, dass traditionelle Geber-Nehmer-Beziehungen zu ehemaligen Kolonien weitgehend aufgelöst sind. Obwohl die Umwelthilfe nur einen kleinen Anteil am gesamten Entwicklungshilfebudget ausmacht, stellt diese Erkenntnis ein interessantes Ergebnis dar, weil die traditionellen Kolonialbeziehungen in der Entwicklungshilfe eine nachgewiesene große Bedeutung haben.

Hervorzuheben ist auch das Ergebnis, dass eine klassische handelsliberale Erklärung des Vergabeverhaltens nicht trägt, wenn sie in Form von Exportbeziehungen zwischen Geber- und Nehmerländern operationalisiert wird. Anders verhält es sich, wenn sie als ökologischer Nutzen gemessen wird. Die Arbeit konnte zeigen, dass der ökologische Nutzen eines Empfängerlandes dafür verantwortlich ist, in welchem Maße es von der Vergabe von Umwelthilfe profitiert. In der Interpretation heißt dies, dass Geberländer bei der Vergabe von Umwelthilfe bestrebt sind, die Grenzkosten des globalen Umweltschutzes zu minimieren und knappe finanzielle Mittel vor allem an Länder vergeben, in denen der größte globale ökologische Umweltnutzen zum günstigsten Preis erzielt werden kann.

Diese Erkenntnis hat eine normative Kehrseite. Die Vergabeorientierung am globalen Nutzen kann verstärkt dazu führen, dass lokalen Umweltproblemen nicht genügend Bedeutung beigemessen wird. Es sind aber vor allem die lokalen Umweltprobleme, welche die Bevölkerung in den ärmsten Ländern ihrer Lebensgrundlage berauben. Diese werden wiederum durch den Klimawandel weiter verstärkt. Hierzu zählen Dürren, verunreinigtes Grundwasser oder pestizidverseuchtes Ackerland. Diese lokalen Umweltprobleme bleiben einer breiten

Öffentlichkeit weitgehend verborgen, da das Thema Umweltnutzen stark auf das Thema Klimaschutz zugeschnitten ist.

Aus normativer Sicht muss eine Vernachlässigung der Bekämpfung und damit auch der Finanzierung lokaler Umweltprobleme und ein auf den Klimawandel fixiertes Nutzenkalkül dringend vermieden werden. Dies gilt insbesondere auch unter den Gesichtspunkten der Armutsbekämpfung. Es ist deshalb dringend erforderlich, sowohl die globalen als auch die lokalen Umweltprobleme nicht gegeneinander auszuspielen. Es sind nicht zuletzt lokale Umweltschutzbemühungen, welche die Akzeptanz in der Bevölkerung für mitunter teure Umweltschutzmaßnahmen insgesamt erhöhen.

Der Hypothesentest dieser Arbeit liefert einen wertvollen Beitrag zur Theorieentwicklung in den internationalen Beziehungen. Zwar wurden hier nicht im klassischen Sinne Großtheorien der internationalen Beziehungen gegeneinander ausgespielt und getestet, die Hypothesen sind aber stark von den jeweiligen Theorieschulen beeinflusst. Von daher kann die Arbeit auch als Beleg für die wachsende Bedeutung und die hohe Erklärungskraft der sozialkonstruktivistischen Theorieschule der internationalen Beziehungen gelten. *‚Norms do matter';* dieses kurze, wie simple Fazit der sozialkonstruktivistischen Schule gilt auch für die Finanzierung von Umweltpolitik. Diese Erkenntnis ist durchaus bemerkenswert. Bisher gehörten Finanzierungsfragen eher zum harten Kern der Politik, mit denen große Begehrlichkeiten und Interessen verbunden waren.

Die Bedeutung von nationalen und internationalen Normen sollte allerdings nicht dazu verleiten, ihren Einfluss in jeder Hinsicht zu überschätzen. Sie soll auch nicht darüber hinwegtäuschen, dass klassische Interessen weiterhin Bedeutung haben, wenn es um die Finanzierung von Umweltpolitik geht. Die Arbeit liefert eine Vielzahl von Belegen dafür, dass dies auch weiterhin der Fall ist. Es kann aber bedeuten, dass sich Interessen keineswegs nur über Export- und Marktanteile oder militärische Konkurrenz operationalisieren lassen. Genau dies hat der Indikator zum ökologischen Nutzen bewiesen. Es sollte deshalb auch das Ziel zukünftiger Forschungsarbeiten sein, bessere Indikatoren zu entwickeln, welche der Weiterentwicklung der theoretischen Diskussion Rechnung tragen.

Hervorgehoben werden muss auch die besondere Bedeutung einiger Staaten. So wird Japan seinem Ruf als Umweltpionier, der sich überproportional bei der bilateralen Umwelthilfe engagiert, gerecht. Insbesondere aber die nordischen Staaten tragen im Vergleich zu ihrer Wirtschaftskraft überproportional zur Finanzierung globaler Umweltpolitik bei. Dies gilt sowohl für die bilaterale als auch für die multilaterale Finanzierung. Die empirischen Kapitel dieser Arbeit haben dieses Phänomen eindrucksvoll untermauert. Die statistische Analyse hat ein nordisches Modell für die Umwelthilfe bestätigt und gezeigt, dass innerstaatlich gültige Normen einer solidarischen Gesellschaft auch für eine globale Wohlfahrt wie den Umweltschutz gelten.

Das Beispiel der nordischen Länder deutet aber auch auf ein paar Limitierungen der statistischen Datenanalyse hin. Wir erfahren zwar, dass die nordischen Staaten eine Art Sonderstellung einnehmen, aber höchstens indirekt und mit Verweis auf die relevante Literatur, warum dies so ist. Das Ziel weiterführender Forschung im Bereich der Umwelthilfefinanzierung sollte es deshalb sein, die auffälligen Ergebnisse der statistischen Analyse näher zu untersuchen. Hierfür bieten sich einerseits aufwendigere statistische Modelle an, die das komplexe Zusammenspiel der unabhängigen Variablen in Form von Interaktionseffekten berücksichtigen. Andererseits bieten sich auch qualitative Methoden zur Reflektion der statistischen Ergebnisse an.

Die Ergebnisse dieser Arbeit wurden aus einer Top-Down-Perspektive auf Basis hoch aggregierter Daten generiert, die zwar verallgemeinert, aber nur bedingt auf den Einzellfall anwendbar sind. Aus diesem Grund erscheint es sinnvoll, auffällige Phänomene fallstudienartig von einer Bottom-up-Perspektive aus zu betrachten, die sich an qualitativen Methoden orientiert. Neben den nordischen Staaten gilt dies insbesondere für eine nähere Betrachtung der Vergabepolitiken von Staaten wie Japan, der Schweiz, aber auch der Vereinigten Staaten. Dabei scheint es besonders interessant zu sein, wie konkret sich nationale und internationale Normen entwickeln und wie genau sie sich auf die Vergabeentscheidung auswirken. Diese Arbeit hat gezeigt, dass Normen auf die Finanzierung und die Vergabeentscheidung einwirken. Weitergehende Forschung müsste zeigen, wie sie wirken.

Viel Potential für weiterführende Forschung bietet auch die Betrachtung jener Akteure, die in dieser Arbeit explizit von der Betrachtung ausgeschlossen wurden. Dies gilt insbesondere für große (Mega)-Stiftungen, multilaterale Konzerne oder private Zuwendungen. Nicht zuletzt die derzeitige Finanzkrise wird die Umwelthilfeetats der großen Geberländer weiter massiv einschränken: Der erste Lackmustest der künftigen Finanzierungspolitik wird die Gestaltung des Copenhagen-Accords sein. Zwar bekennen sich die Industrieländer grundsätzlich zur Bereitstellung von 100 Mrd. US-$ ab dem Jahr 2020. Es ist aber noch völlig unklar, woher diese Mittel kommen sollen und wie die Lasten innerhalb der Staatengemeinschaft verteilt werden sollen. Es ist absehbar, dass die staatlichen Transfers zum Klimaschutz nicht vollständig aufgebracht werden können. In Gegenzug wird die Bedeutung anderer Akteure steigen.

Neben der umfangreichen empirischen Aufarbeitung der Finanzierungstrends, der Schaffung neuer Datensätze und den wissenschaftlichen Erkenntnissen besitzt diese Arbeit auch eine praktische Relevanz für Entscheidungsträger. Sie zeigt, welchen konkreten Einschränkungen staatliches Handeln unterliegt und welche Faktoren das Vergabeverhalten positiv oder negativ beeinflussen. Das Wissen hierüber mag ein erster Schritt auf dem Weg zu einer gerechten finanziellen Lastenteilung im Bereich globaler Umweltpolitik sein, was die Etablierung einer neuen umweltpolitischen Finanzarchitektur beschleunigen könnte.

8 Literatur

Adler, Emanuel 1997: Seizing the Middle Ground. Constructivism in World Politics. European Journal of International Relations, Jg. 3, Heft 3, 319-363.

Alesina, Alberto und David Dollar 2000: Who Gives Foreign Aid to Whom and Why? Journal of Economic Growth, Jg. 5, Heft 1, 33-63.

Alesina, Alberto und Beatrize Weder 2002: Do Corrupt Governments Receive Less Foreign Aid? American Economic Review, Jg. 92, Heft 4, 1126-1137.

Anheier, Helmut und Siobhan Daly 2005: Philantrophic Foundations: A New Global Force, in: Marlies Glasius; Mary Kaldor und Helmut Anheier (Hrsg.): Global Civil Society 2005/6. London: Sage. 158-176.

Armingeon, Klaus; Philipp Leimgruber; Michelle Beyeler und Sarah Menegale 2006: Comparative Political Data Set 1960-2004. Berne: Institute of Political Science, University of Berne.

Asuka-Zhang, Shoughuan 2003: Development Assistance and Japan's Climate Change Diplomacy: Priorities and Future Options, in: Paul G. Harris (Hrsg.): Global Warming and East Asia. The Domestic and International Politics of Climate Change. London: Routledge. 152-166.

Axelrod, Robert und Robert O. Keohane 1985: Achieving Cooperation under Anarchy: Strategies and Institutions. World Politics, Jg. 38, Heft 1, 226-254.

Axelrod, Robert M. 1984: The Evolution of Cooperation. New York: Basic Books.

Bankobeza, Gilbert M. 2005: Ozone Protection. The International Legal Regime. Utrecht: Eleven International Publishing.

Bannon, Ian und Paul Collier (Hrsg.) 2003: Natural Resources and Violent Conflict. Options and Actions. Washington D.C.: The World Bank.

Barkdull, John und Paul G. Harris 2002: Environmental Change and Foreign Policy: A Survey of Theory. Global Environmental Politics, Jg. 2, Heft 2, 63-91.

Barkin, J. Samuel 2003: Realist Constructivism. International Studies Review, Jg. 5, Heft 3, 325-342.

Barkin, J. Samuel 2004: Realist Constructivism and Realist-Constructivisms. International Studies Review, Jg. 6, Heft 2, 348-352.

Baulch, Bob 2006: Aid Distribution and the MDGs. World Development, Jg. 34, Heft 6, 933-950.

Baumann, Rainer; Volker Rittberger und Wolfgang Wagner 1999: Macht und Machtpolitik. Neorealistische Außenpolitiktheorie und Prognosen über die Deutsche Außenpolitik nach der Wiedervereinigung. Zeitschrift für Internationale Beziehungen, Jg. 6, Heft 2, 245-286.

Baumann, Rainer; Volker Rittberger und Wolfgang Wagner 2001: Neorealist Foreign Policy Theory, in: Volker Rittberger (Hrsg.): German Foreign Policy since Unification. Manchester: Manchester University Press. 37-67.

Beck, Nathaniel und Jonathan N. Katz 1995: What to Do (and Not to Do) with Time-Series Cross-Section Data. American Political Science Review, Jg. 89, Heft 3, 634-647.

Bedarff, Hildegard; Thomas Bernauer; Cord Jakobeit und Martin List 1995: Transferzahlungen in der Internationalen Umweltpolitik. Zeitschrift für Internationale Beziehungen, Jg. 2, Heft 2, 317-345.

Benedick, Richard E. 1998: Ozone Diplomacy. New Directions in Safeguarding the Planet, Enlarged Edition. Cambridge, Massachusetts & London: Harvard University Press.

Biermann, Frank 1997: Financing Environmental Policies in the South: Experiences from the Multilateral Ozone Fund. International Environmental Affairs, Jg. 9, Heft 3, 179-218.

Biermann, Frank 1998: Weltumweltpolitik Zwischen Nord und Süd. Die Neue Verhandlungsmacht der Entwicklungsländer. Baden-Baden: Nomos.

Biermann, Frank und Udo E. Simonis 1998: Eine Weltorganisation für Umwelt und Entwicklung. Funktionen, Chancen, Probleme. SEF Policy Paper 9, Bonn.

Binder, Seth und Eric Neumayer 2005: Environmental Pressure Group Strength and Air Pollution: An Empirical Analysis. Ecological Economics, Jg. 55, Heft 4, 527-538.

Boekle, Henning; Volker Rittberger und Wolfgang Wagner 1999: Normen und Außenpolitik: Konstruktivistische Außenpolitiktheorie. Tübinger Arbeitspapiere zur Internationalen Politik und Friedensforschung. Nr. 34. Tübingen

Boekle, Henning; Volker Ritterberger und Wolfgang Wagner 2001: Constructivist Foreign Policy Theory, in: Volker Rittberger (Hrsg.): German Foreign Policy since Unification. Manchester: Manchester University Press. 105-137.

Bomberg, Elizabeth 2007: Policy Learning in an Enlarged European Union: Environmental NGOs and New Policy Instruments. Journal of European Public Policy, Jg. 14, Heft 2, Mar, 248-268.

Botcheva, Liliana und Lisa L. Martin 2001: Institutional Effects on State Behavior: Convergence and Divergence. International Studies Quarterly, Jg. 45, Heft 1, 1-26.

Boyer, Mark A. 1989: Trading Public-Goods in the Western Alliance System. Journal of Conflict Resolution, Jg. 33, Heft 4, 700-727.

Braumoeller, Bear F. und Anne E. Satori 2004: The Promise and Perils of Statistics in International Relations, in: Detlef F. Sprinz und Yael Wolinsky-Nahmias (Hrsg.): Models, Numbers & Cases. Methods for Studying International Relations. Ann Arbor: The University of Michigan Press. 129-151.

Breitmeier, Helmut 1996: Wie Entstehen Globale Umweltregime? Der Konfliktaustrag zum Schutz der Ozonschicht und des Globalen Klimas. Opladen: Leske & Budrich.

Breitmeier, Helmut 1997: Entstehung und Wandel des Globalen Regimes zum Schutz der Ozonschicht, in: Thomas Gehring und Sebastian Oberthür (Hrsg.): Internationale Umweltregime. Umweltschutz durch Verhandlungen und Verträge. Opladen: Leske & Budrich. 27-44.

Brown, Chris und Kirsten Ainley 2005: Understanding International Relations. Third Edition. Houndmills: plargrave macmillan.

Brown, Seyom (1992) International Relations in a changing global system. Toward a Theory of the World Polity, Colorado, Oxford.

Bryner, Gary C. 1999: Agenda 21: Myth or Reality? in: Norman J. Vig und Regina S. Axelrod (Hrsg.): The Global Environment. Institutions, Law, and Policy. Washington, D.C.: CQ Press. 157-187.

Burchill, Scott; Andrew Linklater; Richard Devetak; Jack Donnelly; Terry Nardin; Matthew Paterson; Christian Reus-Smit und Jacqui True (Hrsg.) 2009: Theories of International Relations. Houndmills et. al.: Palgrave Macmillan.

Buzan, Barry 1991: People, States and Fear. An Agenda for International Security Studies in the Post-Cold-War-Era. New York et. al.: Harvester Wheatsheaf.

Buzan, Barry; Ole Waever und Jaap de Wilde 1998: Security. A New Framework for Analysis. Boulder, London: Lynne Rienner.

Campbell, David 1998: National Deconstruction. Violence, Identity and Justice in Bosnia. Minnesota: University of Minnesota Press.

Carius, Alexander und Kurt M. Lietzmann 1998: Umwelt und Internationale Sicherheit: Herausforderungen für die Internationale Politik. Berlin, Heidelberg, New York: Springer.

Carius, Alexander; Dennis Tänzler und Aike Müller 2003: Thesen zur Friedenspolitischen Wirkung einer verstärkten Nutzung Erneuerbarer Energien: Möglichkeiten einer Friedensdividende. Im Auftrag des Bundesministerium für Umwelt, Naturschutz und Reaktorsicherheit, F+E Vorhaben Nr. 902 19 208. Berlin: Adelphi Research.

Carr, Edward Hallett 1940: The Twenty Years' Crisis, 1919-1939. London: Macmillan.

Chalmers, Malcolm 2000: Sharing Security: The Political Economy of Burdensharing. Houndmills et al.: Palgrave Macmillan.

Checkel, Jeffrey T. 2004: Social Constructivisms in Global and European Politics: A Review Essay. Review of International Studies, Jg. 30, Heft 2, Apr, 229-244.

CIESIN 2002: Environmental Treaties and Resource Indicators (ENTRI) Treaty Status Dataset: Center for International Earth Science Information Network (CIESIN), Columbia University.
Clasen, Jochen und Nico A. Siegel (Hrsg.) 2007: Investigating Welfare State Change. The 'Dependent Variable Problem' in Comparative Analysis. Cheltenham et al.: Edward Elgar.
Clémençon, Raymond 2000: Financing Protection of the Global Commons. The Case for a Green Planet Contribution. GEF Working Paper Nr. 17. Washington, D.C.: Global Environmental Facility.
Clémençon, Raymond 2006a: Resource Needs and Availability for Protecting Global Environmental Public Goods. International Task Force on Global Public Goods. Expert Paper Series - Global Commons. http://www.gpgtaskforce.org/uploads/files/189.pdf (24.05.2007). Stockholm: International Task Force on Global Public Goods.
Clémençon, Raymond 2006b: What Future for the Global Environment Facility? The Journal of Environment & Development, Jg. 15, Heft 1, 50-74.
Clémençon, Raymond 2007: Funding for Global Environment Facility Continues to Decline. Journal of Environment & Development, Jg. 16, Heft 1, 3-7.
Clemens, Michael A. und Todd J. Moss 2005: Ghost of 0.7%: Origins and Relevance of the International Aid Target. http://www.cgdev.org/files/3822_file_wp68.pdf (20.09.2008). Washington D.C.: CGD - Center for Global Development.
Connolly, Barbara 1996: Increments for the Earth: The Politics of Environmental Aid, in: Robert O. Keohane und Marc A. Levy (Hrsg.): Institutions for Environmental Aid. Pitfalls and Promise. Cambridge, London: MIT Press. 327-365.
Cooper, Richard N. 1998: Toward a Real Global Warming Treaty. Foreign Affairs, Jg. 77, Heft 2, 66-79.
Cooper, Richard N. 2000: International Approaches to Climate Change. The World Bank Research Observer, Jg. 15, Heft 2, 145-172.
Daase, Christopher 1991: Der erweiterte Sicherheitsbegriff und die Diversifizierung amerikanischer Sicherheitsinteressen - Anmerkungen zu Aktuellen Tendenzen in der Sicherheitspolitischen Forschung. Politische Vierteljahresschrift, Jg. 32, Heft 3, 425-451.
Derian, James Der und Michael Shapiro (Hrsg.) 1989: International/Intertextual. Postmodern Readings in World Politics. Lexington: Lexington Books.
DeSombre, Elizabeth R. und Joanne Kaufmann 1996: The Montreal Protocol Multilateral Fund: Partial Success Story, in: Robert O. Keohane und Marc A. Levy (Hrsg.): Institutions for Environmental Aid. Pitfalls and Promise. Cambridge, London: MIT Press. 89-126.

Deutscher Bundestag 2002: 14. Wahlperiode. Drucksache 14/9200. Schlussbericht der Enquete-Kommission Globalisierung der Weltwirtschaft – Herausforderungen und Antworten.
Dollar, David und Victoria Levin 2006: The Increasing Selectivity of Foreign Aid, 1984-2003. World Development, Jg. 34, Heft 12, 2034-2046.
Downie, Dabvid Leonard 1995: Road Map or False Trail? Evaluating the 'Precedence' of the Ozone Regime as a Model and Strategy for Global Climate Change. International environmental affairs, Jg. 7, Heft 4, 321-345.
Downs, Anthony 1972: Up and Down with Ecology - the Issue-Attention Cycle, in: Anthony Downs (Hrsg.): The Selected Essays. Political Theory and Public Choice. Cheltenham: Elgar. 100-112.
Doyle, Michael 1983a: Kant, Liberal Legacies and Foreign Policy, Parts I. Philosophy and Public Affairs, Jg. 12, Heft 3, 205-235.
Doyle, Michael 1983b: Kant, Liberal Legacies and Foreign Policy, Parts II. Philosophy and Public Affairs, Jg. 12, Heft 3, 323-353.
ECOLEX 2008: ECOLEX. The Gateway to Environmental Law: IUCN Environmental Law Centre.
Ehrmann, Markus 1997: Die Globale Umweltfazilität. Zeitschrift für ausländisches und öffentliches Recht und Völkerrecht, Jg. 57, Heft 2/3, 565-614.
ENB 2008: Summary of the Twentieth Meeting of the Parties to the Montreal Protocol and Eigth Meeting of the Confernce of the Parties to the Vieanna Convention. 16-20 November 2008. Earth Negotation Bulletin, Jg. 12, Heft 459.
ENB 2009: Summary of the Copenhagen Climate Change Conference: 7-19 December 2009. Earth Negotation Bulletin, Jg. 12, Heft 459.
Esping-Andersen, Gøsta 1990: The Three Worlds of Welfare Capitalism. Cambridge: Polity Press.
Fairman, David 1996: The Global Environmental Facility: Haunted by the Shadow of the Future, in: Robert O. Keohane und Marc A. Levy (Hrsg.): Institutions for Environmental Aid. Pitfalls and Promise. Cambridge, London: MIT Press. 55-88.
Farkas, George 2005: Fixed-Effects Models, in: Kimberly Kempf-Leonard (Hrsg.): Encyclopedia of Social Measurement. Amsterdam et al.: Elsevier. 45-50.
FAZ 2009: Finanzierung von Klimaschutzprojekten Umstritten. EU-Staats- und -Regierungschefs ringen um Hilfszusagen an die Entwicklungsländer. Frankfurter Allgemeine Zeitung vom 30.10.2009, Seite 14.
Figaj, Monika 2010: Who Gets Environmental Aid? The Characteristics of Global Environmental Aid Distribution. Environmental Economics and Policy Studies Jg. 12, Heft 3, 97-114.

Finnemore, Martha 1993: International Organizations as Teachers of Norms: UNESCO and Science Policy. International Organization, Jg. 47, Heft 3, 565-597.
Foreign Policy 2006: Ranking the Rich. Foreign Policy. September/Oktober 2006, 68-75.
FTD Deutschland 2009: Europäer Ringen um Geld für Klimaschutz. Bundeskanzlerin Merkel Verlangt Zusagen von Amerikanern und Schwellenländern wie China - Osteuropäer Fordern Ausnahmen. Financial Times Deutschland Vom 30.10.2009, Seite 15.
Führer, Helmut 1996: ocde/gd(94)67. The Story of Official Development Assistance. A History of the Development Assistance Committee and the Development Co-Operation Directorate in Dates, Names and Figures. Paris: OECD.
Gawel, Erik 1995: Bürokratietheorie und Umweltverwaltung - Ökonomische Einsichten in Verwaltungsrechtliches Handeln im Umweltschutz. Zeitschrift für Angewandte Umweltforschung, Jg. 8, 79-89.
GEF 2001: Annual Report 2001. Investments for the 21st Century. Washington, D.C.: GEF - Global Environmental Facility.
GEF 2002: Summary of Negotiations on the Third Replenishment of the GEF Trust Fund. Nr. GEF/C.20/4. Washington D.C.: GEF - Global Environment Facility.
GEF 2003: GEF Annual Report 2003. Washington D.C.: GEF- Global Environment Facility.
GEF 2004: Instrument for the Establishment of a Restructured Global Environment Facility. Washington D.C.: GEF - Global Environment Facility.
GEF 2005a: GEF Annual Report 2005. Fertile Ground. Seeding National Actions for the Global Environment. Washington D.C: GEF- Global Environment Facility.
GEF 2005b: The GEF Resource Allocation Framework.. GEF/C.27/Inf.8/Rev.1. Washington D.C.: GEF - Global Environment Facility.
GEF 2005c: Joint Summary of the Chairs Special Meeting of the Council. August 31 - September 1, 2005. http://gefweb.org/Documents/Council_Documents/documents/Joint_Summary_of_the_Chairs-English_000.pdf (9.5.2007). Washington D.C.: GEF - Global Environment Facility.
GEF 2005d: Reference Exchange Rates for Use in the Fourth Gef Replenishment (Prepared by the Trustee). Nr. GEF/R.4/5. Washington D.C.: GEF - Global Environment Facility.
GEF 2006a: GEF News Release. World Environment Body gets a US$ 3.13 Billion boost. New Funds Will Combat Environmental Degradation. http://207.190.239.170/whats_New/documents/News_Release_GEF_4th_

Replenishment_Final.pdf (1.9.2006). Washington D.C.: GEF- Global Environment Facility.
GEF 2006b: GEF Resource Allocation Framework: Indicative Resource Allocation for Gef-4, for the Biodiversity and Climate Change Focal Areas. http://www.gefweb.org/Documents/RAF_Public_Disclosure_Document_15sep2006.pdf (9.5.2007). Washington D.C.: Global Environment Facility.
GEF 2006c: Operational Report on GEF Projects. CD-ROM. June 2006. Washington D.C.: GEF- Global Environment Facility.
GEF 2006d: Summary of Negotiations on the Fourth Replenishment of the Gef Trust Fund. Nr. GEF/C.29/3. Washington D.C.: GEF- Global Environment Facility.
GEF 2007: GEF Project Database Online. Washington D.C: GEF- Global Environment Facility.
GEF 2008a: GEF Council Meetings and Documents. www.gefweb.org/interior_right.aspx?id=17146 (5.1.2008). Washington D.C.: GEF- Global Environment Facility.
GEF 2008b: GEF Trustee Report. Nr. GEF/C.33/Inf.3. GEF Council Meeting. April 22-25, 2008. Washington D.C.: Global Environment Facility.
GEF 2009: GEF Project Database Online (Update). Washington D.C: GEF- Global Environment Facility.
Gehring, Thomas 1996: Das Internationale Regime zum Schutz der Ozonschicht: Modell für das Klimaregime, in: Hans Günter Brauch (Hrsg.): Klimapolitik: Naturwissenschaftliche Grundlagen, Internationale Regimebildung und Konflikte, Ökonomische Analysen sowie Nationale Problemerkennung und Politikumsetzung. Heidelberg: Springer.
Gilbert, Christopher L. und David Vines 2000: The World Bank: An Overview of Some Major Issues, in: Christopher L. Gilbert und David Vines (Hrsg.): The World Bank. Structure and Policies. Cambridge: Cambridge University Press. 10-37.
Gilpin, Robert 1981: War and Change in World Politics. Cambridge: Cambridge University Press.
Gilpin, Robert 1987: The Political Economy of International Relations. Princeton, New York: Princeton University Press.
Gilpin, Robert 2001: Global Political Economy. Understanding the International Economic Order. Princeton, Oxford: Princeton University Press.
Glasius, Marlies; Mary Kaldor und Helmut Anheier (Hrsg.) 2005: Global Civil Society 2005/6. London: Sage.
Gleditsch, Nils Peter 2001: Resources and Environmental Conflict: The State-of-the-Art, in: Eileen Petzold-Bradley; Alexander Carius und Arpád Vincze (Hrsg.): Responding to Environmental Conflicts: Implications for Theory and Practice. Dordrecht: Kluwer Academic Publishers. 53-66.

Gleditsch, Nils Petter und Thoms Risse-Kappen 1995: Democracy and Peace. European Journal of International Relations. Special Issue, Jg. 1, Heft 4.
Goddard, Stacie. E. und Daniel. H. Nexon 2005: Paradigm Lost? Reassessing Theory of International Politics. European Journal of International Relations, Jg. 11, Heft 1, 9-61.
Gödel, Sophia 2006: Das Umweltprogramm der Vereinten Nationen (UNEP) und seine Rolle im System der International Environmental Governance. Frankfurt am Main: Peter Lang.
Goldsmith, Benjamin E. 2003: Bearing the Defense Burden, 1886-1989 - Why Spend More? Journal of Conflict Resolution, Jg. 47, Heft 5, Oct, 551-573.
Grafton, Quentin; Frank Jotzob und Merrilyn Wassond 2004: Financing Sustainable Development: Country Undertakings and Rights for Environmental Sustainability Cures. Ecological Economics, Jg. 51, Heft 1-2, Nov 1, 65-78.
Greenpeace International 2008: Historic Supporter Figures Greenpeace Worldwide. Persönliche Kommunikation mit Rodin Riahipour vom 19. Mai 2008. Amsterdam: Greenpeace International.
Greenpeace Nordic 2008: Historic Supporter Figures Greenpeace Nordic. Persönliche Kommunikation mit Nora Christiansen vom 22. April 2008. Stockholm: Greenpeace Nordic.
Grieco, Joseph M. 1990: Cooperation among Nations. Europe, America and Non-Tariff Barriers to Trade. Neorealism and Neoliberalism. The Contemporary Debate. Ithaca, New York: Cornell University Press.
Grieco, Joseph M. 1994: Anarchy and the Limits of Cooperation: A Realist Critique of the Newest Liberal Institutionalism, in: David A. Baldwin (Hrsg.): Neorealism and Neoliberalism. The Contemporary Debate. New York: Columbia University Press. 116-141.
Griffiths, Martin; Terry O'Callaghan und Steven C. Roach 2007: International Relations: The Key Concepts. London und New York: Routledge.
Grossman, Gene M. und Alan B. Krueger 1995: Economic Growth and the Environment. Quarterly Journal of Economics, Jg. 110, Heft 2, 353-377.
Grundmann, Reiner 1999: Transnationale Umweltpolitik zum Schutz der Ozonschicht. USA und Deutschland im Vergleich. Frankfurt, New York.: Campus.
Guzzini, Stefano und Anna Leander (Hrsg.) 2006: Constructivism and International Relations. Alexander Wendt and His Critics. London, New York: Routledge.
Haas, Peter M.; Robert O. Keohane und Levy Marc A. (Hrsg.) 1993: Institutions for the Earth. Sources of Effective International Environmental Protection. Cambridge (Massachusetts) & London: MIT Press.

Handelsblatt 2009a: Brüssel fordert Milliarden für Klimaschutz. EU-Kommision will ihren Etat aufstocken - Deutschland soll Löwenanteil zahlen. Handelsblatt vom 07.09.2009, Seite 3.
Handelsblatt 2009b: EU kneift bei Finanzhilfe für den Klimaschutz. Polen blockiert innereuropäische Einigung - USA rücken weiter von Kyoto-Abkommen ab. Handelsblatt vom 15.06.2009, Seite 6.
Harnisch, Sebastian 2003: Theorieorientierte Außenpolitikforschung in einer Ära des Wandels, in: Gunther Hellmann; Klaus Dieter Wolf und Michael Zürn (Hrsg.): Die Neuen Internationalen Beziehungen. Forschungsstand und Perspektiven in Deutschland. Baden-Baden: Nomos.
Harris, Paul G. 2001a: International Environmental Affairs, in: Paul G. Harris (Hrsg.): The Environment, International Relations, and U.S. Foreign Policy. Washington D.C.: Georgetown University Press.
Harris, Paul G. 2001b: International Equity and Global Environmental Politics. Aldershot: Ashgate.
Harris, Paul G. 2002: Sharing Burdens of Environmental Change: Comparing EU and U.S. Policies. Journal of Environment & Development, Jg. 11, Heft 4, 380-401.
Harris, Paul G. (Hrsg.) 2009a: Climate Change and Foreign Policy: Case Studies from East to West. Cheltenham et. al.: Edward Elgar.
Harris, Paul G. (Hrsg.) 2009b: Environmental Change and Foreign Policy: Theory and Practice. Cheltenham et. al.: Edward Elgar.
Hassler, Björn 2003: Science and Politics of Foreign Aid. Swedish Environmental Support to the Baltic States. Dordrecht: Kluwer.
Hellmann, Gunther und Reinhard Wolf 1993: Systemische Theorien nach dem Ende des Ost-West-Konflikts. Bilanz und Perspektiven der Neorealismus-Institutionalismus-Debatte. Österreichische Zeitschrift für Politikwissenschaft, Jg. 22, Heft 2, 153-167.
Herz, John 1950: Idealist Internationalism and the Security Dilemma. World Politics, Jg. 2, Heft 2, 157-180.
Hicks, Robert L.; Bradley C. Parks; J. Timmons Roberts und Michael J. Tierney 2006: The Political Market for Environmental Aid: Explaining Cross-National Donation Patterns. Paper Presented at the 2006 International Studies Association Annual Meeting, March 22-25, 2006, San Diego, California.
Hicks, Robert L.; Bradley C. Parks; J. Timmons Roberts und Michael J. Tierney 2008: Greening Aid? Understanding the Environmental Impact of Development Assistance. Oxford, New York: Oxford University Press.
Hinckley, Barbara 1994: Less Than Meets the Eye. Chicago: University of Chicago Press.
Holsti, Kalevi Jaakko 1992: International Politics. A Framework for Analysis. Sixth Edition. Englewood Cliffs: Prentice-Hall International.

Holzinger, Katharina 1987: Umweltpolitische Instrumente aus Sicht der staatlichen Bürokratie, Ifo Studien zur Umweltökonomie 6. München: Ifo-Institut für Wirtschaftsforschung.
Homer-Dixon, Thomas F. 1991: On the Threshold: Environmental Changes as Causes of Acute Conflict. International Security, Jg. 16, Heft 2, 76-116.
Hook, Steven W. 1995: National Interest and Foreign Aid. London: Lynne Rienner Publishers.
Hopkins, Raymond F. 2000: Political Economy of Foreign Aid, in: Finn Tarp (Hrsg.): Foreign Aid and Development. Lessons Learnt and Directions for the Future. London, New York: Routledge. 423-449.
Hüfner, Klaus 2003: Finanzierung des UN-Systems, in: Sabine von Schorlemer (Hrsg.): Praxishandbuch UNO: Die Vereinten Nationen im Lichte globaler Herausforderungen. Berlin: Springer. 615-641.
Hüfner, Klaus 2006: Die Finanzierung Des VN-Systems 1971–2003/2005. Bonn: UNO-Verlag.
Humphrey, John und Dirk Messner 2006: Emerging Global Governance Actors: Challenges for Developing and Developed Countries. IDS Bulletin, Jg. 37, Heft 1, 107–114.
IEA 2009: World Energy Outlook 2009. Paris: IEA - International Energy Agency.
Inglehart, Ronald 1990: Culture Shift in Advanced Industrial Society. Princeton: Princeton University Press.
Inglehart, Ronald 1997: Modernization and Postmodernization. Cultural, Economic, and Political Change in 43 Societies. Princeton University Press: Princeton.
IPCC 2007: IPCC Fourth Assessment Report. Climate Change 2007. Synthesis Report. http://www.ipcc.ch/ipccreports/ar4-syr.htm (12.12.2007). IPCC - Intergovernmental Panel on Climate Change.
ITFGPG 2006: Meeting Global Challenges: International Cooperation in the National Interest. Stockholm: ITFGPG - International Task Force on Global Public Goods.
Ivanova, Maria 2005: Assessing UNEP as Anchor Institution for the Global Environment: Lessons for the UNEO Debate, in: Andreas Rechkemmer (Hrsg.): Uneo - Towards an International Environment Organization. Approaches to a Sustainable Reform of Global Environmental Governance. Baden-Baden: Nomos Verlagsgesellschaft.
Ivanova, Maria 2006: Assessing the United Nations Environment Programme. International Task Force on Global Public Goods. Expert Paper Series - Global Commons. http://www.gpgtaskforce.org/uploads/files/191.pdf (24.05.2007) Stockholm: International Task Force on Global Public Goods. Stockholm: International Task Force on Global Public Goods.

Jakobeit, Cord 1996: Nonstate Actors Leading the Way: Debt-for-Nature Swaps, in: Robert O. Keohane und Marc A. Levy (Hrsg.): Institutions for Environmental Aid. Pitfalls and Promise. Cambridge, London: MIT Press. 127-166.

Jakobeit, Cord 2000: Innovative Finanzierungsmechanismen zur Finanzierung globaler Umweltaufgaben. Analyse und Handlungsempfehlungen. Externes Gutachten für den WBGU. Berlin: WBGU.

Jervis, Robert 1998: Realism in the Study of World Politics. International Organization, Jg. 52, Heft 4, 971-991.

Jha, R. 2004: Innovative Sources of Development Finance: Global Cooperation in the Twenty-First Century. World Economy, Jg. 27, Heft 2, 193-214.

Jordan, Andrew 1995: Designing New International Organizations: A Note on the Structure and Opera-Tion of the Global Environment Facility. Public Administration, Jg. 73, Heft 2, 303-312.

Kameyama, Yasuko 2003: Climate Change as Japanese Foreign Policy: From Reactive to Proactive, in: Paul G. Harris (Hrsg.): Global Warming and East Asia. The Domestic and International Politics of Climate Change. London: Routledge. 135-151.

Katzenstein, Peter J. (Hrsg.) 1996: The Culture of National Security. New York: Columbia University Press.

Kaul, Inge; Pedro Conceição; Katell Le Goulven und Ronald U.Mendoza (Hrsg.) 2003: Providing Global Public Goods. Managing Globalization. New York, Oxford: Oxford University Press.

Kaul, Inge; Isabelle Grunberg und Marc A. Stern (Hrsg.) 1999: Global Public Goods. International Cooperation in the 21st Century. New York, Oxford: Oxford University Press.

Kaul, Inge und Katell Le Goulven 2003: Financing Global Public Goods: A New Frontier of Public Finance, in: Inge Kaul; Pedro Conceição; Katell Le Goulven und Ronald U.Mendoza. (Hrsg.): Providing Global Public Goods. Managing Globalization. New York, Oxford: Oxford University Press. 329-370.

Keohane, Robert O. 1984: After Hegemony. Cooperation and Discord in the World Political Economy. Princeton: Princeton University Press.

Keohane, Robert O. 1989: International Institutions: Two Approaches, in: Robert O. Keohane (Hrsg.): International Institutions and State Power. Essays in International Relations Theory. Boulder: Westview Press.

Keohane, Robert O. 1996: Analyzing the Effectiveness of International Environmental Institutions, in: Robert O. Keohane und Marc A. Levy (Hrsg.): Institutions for Environmental Aid. Pitfalls and Promise. Cambridge, London: MIT Press. 3-27.

Keohane, Robert O. und Marc A. Levy (Hrsg.) 1996: Institutions for Environmental Aid. Pitfalls and Promise. Cambridge, London: MIT Press.

Keohane, Robert O. und Joseph S. Nye 1987: Power and Interdependence. World Politics in Transition. Glenview: Little, Brown and Company.

Keohane, Robert O. und Joseph S. Nye 1989: Power and Interdependence. Glenview, IL: Scott, Foresman.

Khare, Arvind; Sara Scherr; Augusta Molnar und Andy White 2005: Forest Finance, Development Cooperation and Future Options. Review of European Community & International Environmental Law, Jg. 14, Heft 3, 247-254.

Kittel, Bernhard 2005: Pooled Analysis in der Ländervergleichenden Forschung: Probleme und Potenziale, in: Sabine Kropp und Michael Minkenberg (Hrsg.): Vergleichen in der Politikwissenschaft. Wiesbaden: VS Verlag für Sozialwissenschaften. 96-115.

Kittel, Bernhard 2006: Panelanalyse, in: Joachim Behnke; Tomas Gschwend; Delia Schindler und Kai-Uwe Schnapp (Hrsg.): Methoden der Politikwissenschaft: Neuere Qualitative und Quantitative Analyseverfahren. Baden-Baden: Nomos. 239-249.

Klingemann, Hans-Dieter; Richard I. Hofferbert und Ian Budge 1994: Parties, Policies and Democracy. Boulder: Westview Press.

Kohler, Ulrich und Frauke Kreuter 2006: Datenanalyse mit Stata. Allgemeine Konzepte der Datenanalyse und ihre praktische Anwendung. München et al.: Oldenbourg.

Korn, Host; Jutta Stadler und Gisela Stolpe 1999: Internationale Übereinkommen, Programme und Organisationen im Naturschutz - Eine Übersicht. 2. Auflage. Bonn-Bad Godesberg: Bundesamt für Naturschutz (BFN).

Kratochwil, Friedrich 1989: Rules, Norms and Decisions. On the Conditions of Practical and Legal Reasoning in International Relations and Domestic Society. Cambridge: Cambridge University Press.

Kuhlmann, Uta 1998: Globale Umweltprobleme und die Rolle der Weltbank. Eine Institutionenökonomische Analyse. Hagen: ISL-Verlag.

Kuznets, Simon 1955: Economic Growth and Income Inequality. American Economic Review, Jg. 45, Heft 1, 1-28.

Lachmann, Werner 1999: Entwicklungspolitik. Band 4: Entwicklungshilfe. München, Wien: Oldenbourg.

Laferrière, Eric und Peter J. Stoett 1999: International Relations Theory and Ecological Thought. Towards a Synthesis. London: Routledge.

Langhammer, Rolf J. 2002: Halving Poverty by Doubling Aid: How Well Founded Is the Optimism of the World Bank? Kiel Working Paper Nr. 1116. Kiel: Institut für Weltwirtschaft.

Lemke, Christiane 2008: Internationale Beziehungen. Grundkonzepte, Theorie und Problemfelder. München: Oldenbourg.

Lewis, Tammy L. 2003: Environmental Aid: Driven by Recipient Need or Donor Interests? Social Science Quarterly, Jg. 84, Heft 1, Mar, 144-161.

Litfin, Karen T. 1994: Ozone Discourses: Science and Politics in Global Environmental Cooperation. New York: Columbia University Press.
Lofstedt, R. E. 1995: What Factors Determine Sweden Provision of Environmental Aid to Eastern-Europe. Global Environmental Change-Human and Policy Dimensions, Jg. 5, Heft 1, Mar, 41-49.
Lumsdaine, David Holloran 1993: Moral Vision in International Politics. The Foreign Aid Regime, 1949-1989. Princeton: Princeton University Press.
Mace, M. J 2005: Funding for Adaptation to Climate Change: UNFCCC and GEF Developments since Cop-7. Review of European Community & International Environmental Law, Jg. 14, Heft 3, 225-246.
Maizels, Alfred und Machiko K. Nissanke 1984: Motivations for Aid to Developing-Countries. World Development, Jg. 12, Heft 9, 879-900.
Mansfield, Edward D. 2004: Quantitative Approaches to the International Political Economy, in: Detlef F. Sprinz und Yael Wolinsky-Nahmias (Hrsg.): Models, Numbers & Cases. Methods for Studying International Relations. Ann Arbor: The University of Michigan Press. 152-176.
March, James G. und Johan P. Olsen 1989: Rediscovering Institutions: The Organizational Basis of Politics. New York: Free Press.
March, James G. und Johan P. Olsen 1998: The Institutional Dynamics of International Political Orders. International Organization, Jg. 52, Heft 4, 943–969.
Martin, Christian 2005: Bringing Kuznets Back to Environmental Kuznets Curves: The Relationship between Income Inequality and the Environment Reconsidered. Joint Session of Workshops des ECPR, Granada, Spanien,14.-19. April 2005. Granada, Hamburg.
McKinlay, Robert D. und Richard Little 1977: Foreign-Policy Model of United-States Bilateral Aid Allocation. World Politics, Jg. 30, Heft 1, 58-86.
McKinlay, Robert D. und Richard Little 1978a: Foreign-Policy Model of Distribution of British Bilateral Aid, 1960-70. British Journal of Political Science, Jg. 8, 313-332.
McKinlay, Robert D. und Richard Little 1978b: The French Aid Relationship: A Foreign Policy of the Distribution of French Bilateral Aid, 1964-70. Development and Change, Jg. 9, 459-478.
McKinlay, Robert D. und Richard Little 1978c: German Aid Relationship - Test of Recipient Need and Donor Interest Models of Distribution of German Bilateral Aid 1961-70. European Journal of Political Research, Jg. 6, Heft 3, 235-257.
Mearsheimer, J. J. 1990: Back to the Future - Instability in Europe after the Cold-War. International Security, Jg. 15, Heft 1, 5-56.
Mearsheimer, John J. 2001: The Tragedy of Great Power Politics. New York: Norton.

Meernik, James; Eric L. Krueger und Steven C. Poe 1998: Testing Models of US Foreign Policy: Foreign Aid During and after the Cold War. Journal of Politics, Jg. 60, Heft 1, 63-85.
Mendez, Ruben P. 1992: International Public Finance. A New Perspective on Global Relations. New York, Oxford: Oxford University Press.
Miles, Kate 2005: Innovative Financing: Filling in the Gaps on the Road to Sustainable Environmental Funding. Review of European Community & International Environmental Law, Jg. 14, Heft 3, 202-211.
Milner, Helen V. 2006: Why Multilateralism? Foreign Aid and Domestic Principal-Agent Problems, in: Darren G. Hawkins; David A. Lake; Daniel L. Nielson und Michael J. Tierney (Hrsg.): Delegation and Agency in International Organizations. Cambridge: Cambridge University Press. 107-139.
Miltrany, David 1966: A Working Peace System. London: Macmillan.
Miltrany, David 1975: The Functional Theory of Politics. London: Martin Robertson.
MoFA 2003: Japan's Official Development Assistance Charter. http://www.mofa.go.jp/policy/oda/reform/revision0308.pdf (25.07.2007). Tokio: MOFA - Ministry of Foreign Affairs, Government of Japan, Economic Co-operation Bureau.
MoFA 2007: Japan's Environmental Oda. Steady Progress Towards Sustainable Development. http://www.mofa.go.jp/policy/oda/category/environment/pamph/2001/oda.html (15.07.2007). MOFA - Ministry of Foreign Affairs, Government of Japan, Economic Co-operation Bureau.
Moltke, Konrad von 1996: Why UNEP Matters, in: Helge Ole Bergesen und Georg Parmann (Hrsg.): Yearbook. Oxford: Oxford University Press. 55-64.
Moravcsik, Andrew 1997: Taking Preferences Seriously: A Liberal Theory of International Politics. International Organization, Jg. 51, Heft 4, 513-553.
Morgenthau, Hans 1962: A Political-Theory of Foreign-Aid. American Political Science Review, Jg. 56, Heft 2, 301-309.
Morgenthau, Hans Joachim 1967: Politics among Nations.The Struggle for Power and Peace Verfasser. 4th Edition. New York: Knopf.
Müller-Rommel, Ferdinand (Hrsg.) 2002: Green Parties in National Governments. London: Frank Cass.
Müller, Aike 2003a: Finanzierung Internationaler Umwelt- und Entwicklungspolitik. Strukturen - Schwächen - Herausforderungen. Berlin: Diplomarbeit. Freie Universität Berlin. Otto-Suhr-Institut für Politikwissenschaft.
Müller, Aike 2009: Financing for the Environment: Explaining Unequal Burden Sharing, in: Environmental Change and Foreign Policy: Theory and Prac-

tice. Routledge Advances in International Relatios and Global Politics. London and New York: Paul G. Harris. 186-201.
Müller, Aike; Moira Feil und Alexander Carius 2005: Umwelt, Konflikt und Prävention. Eine Rolle Für Unternehmen? Adelphi Report Nr. 02/05. Berlin: Adelphi Research.
Müller, Friedemann 2003b: Versorgungssicherheit. Die Risiken der Internationalen Energieversorgung. Internationale Politik, Jg. 58, Heft 3, 3-10.
Navon, Emmanuel 2001: The 'Third Debate' Revisited. Review of International Studies, Jg. 27, Heft 4, 611-625.
Neues Deutschland 2009: Schlechtes EU-Klima für den Klimaschutz. Gipfeltreffen ohne konkrete Zusagen an die Armen Staaten / Lastenteilung in der Union bleibt Streitpunkt. Neues Deutschland vom 02.11.2009, Seite 7.
Neumayer, Eric 2003a: Do Human Rights Matter in Bilateral Aid Allocation? A Quantitative Analysis of 21 Donor Countries. Social Science Quarterly, Jg. 84, Heft 3, 650-666.
Neumayer, Eric 2003b: The Pattern of Aid Giving. The Impact of Good Governance on Development Assistance. London: Routhledge.
Nitsch, Joachim und Bernd Wenzel 2009: Langfristszenarien und Strategien für den Ausbau Erneuerbarer Energien in Deutschland - Leitszenario 2009. Berlin: Bundesministerium für Umwelt, Naturschutz und Reaktorsicherheit (BMU).
Noël, Alain und Jean-Philippe Thérien 1995: From Domestic to International Justice - the Welfare-State and Foreign-Aid. International Organization, Jg. 49, Heft 3, 523-553.
Obser, Andreas 1999: Communicative Structuration and Governance of the Global Environment through Policy Net-Works of International Aid Organizations. Baden-Baden: Nomos.
OECD 2002: Development Co-Operation. 2001 Report. International Development. Organisation for Economic Co-Operation and Development. The DAC Journal, Jg. 3, Heft 1.
OECD 2007: Social Expenditure Database (SOCX 2007). Paris: OECD.
OECD 2008: International Trade by Commodity Statistics (ITS). Paris: OECD - Organisation for Economic Co-Operation and Development.
OECD.Stat 2007a: CRS Online. Development Database on Aid Activities: The Creditor Reporting System (CRS) Database. Paris: Development Co-operation Directorate (DCD-DAC).
OECD.Stat 2007b: DAC Online Database on Annual Aggregatess. International Development Statistics (IDS) Online Database.
OECD/DAC 2002: Dcd/Dac(2002)21. Reporting Directives for the Creditor Reporting System. Paris: OECD - Organisation for Economic Co-operation and Development.

OECD/DAC 2005a: Dcd/Dac(2002)21/Add4. Reporting Directives for the Creditor Reporting System - Addendum 4. Annex 3. Paris: OECD.
OECD/DAC 2005b: International Development Statistics 2005. CD-Rom. Paris: OECD - Organisation for Economic Co-Operation and Development.
OECD/DAC 2006a: International Development Statistics 2006. CD-Rom. Paris: OECD - Organisation for Economic Co-Operation and Development.
OECD/DAC 2006b: International Development Statistics CD-ROM 2006 Edition. CRS Aid Activities Documentation. Paris: OECD - Organisation for Economic Co-Operation and Development.
OECD/DAC 2007a: CRS User's Guide: What Policies Does Aid Support? Guidance for Analyses of the Policy Objectives of Aid. http://www.oecd.org/document/21/0,2340,en_2649_34469_24661909_1_1_1_1,00.html (5.1.2007). Paris: OECD - Organisation for Economic Co-operation and Development.
OECD/DAC 2007b: International Development Statistics 2007. CD-ROM. Paris: OECD - Organisation for Economic Co-Operation and Development.
OECD/DAC 2007c: The International Development Statistics (IDS) Online Databases. http://www.oecd.org/dataoecd/50/17/5037721.htm (03.02.2007).
Olson, Mancur 1965: The Logic of Collective Action. Public Goods and the Theory of Groups. Cambridge/Massachusetts.: Harvard University Press.
Olson, Mancur und Richard Zeckhauser 1966: Economic Theory of Alliances. Review of Economics and Statistics, Jg. 48, Heft 3, 266-279.
Oneal, John R. 1990: The Theory of Collective Action and Burden Sharing in Nato. International Organization, Jg. 44, Heft 3, 379-402.
Onuf, Nicholas G. 1989: World of Our Making: Rules and Rule in Social Theory and International Relations. Columbia: University of South Carolina Press.
Ozon-Sekretariat 2007: Ozone-Project Database 1991-2006. Auf mündliche Anfrage per Email zugesandter Datensatz des Ozon-Sekretariates. Montreal: The Secretariat of the Multilateral Fund for the Implementation of the Montreal Protocol. 1800 McGill College Avenue, 27th Floor, Montreal, Quebec, Canada H3A 3J6.
Palan, Ronen 2000: A World of Their Making: An Evaluation of the Constructivist Critique in International Relations. Review of International Studies, Jg. 26, Heft 4, 575-598.
Panayotou, Theodore 1998: Instruments of Change. Motivating and Financing Sustainable Development. London: Earthscan Publications.
Parson, Edward A. 1993: Protecting the Ozone Layer, in: Peter M. Haas und Robert O. Keohane (Hrsg.): Institutions for the Earth. Sources of Effective International Environmental Protection. Cambridge (Massachusetts) & London: MIT Press. 27-74.

Payne, Rodger A. 1998: The Limits and Promise of Environmental Conflict Prevention: The Case of the Gef. Journal of Peace Research, Jg. 35, Heft 3, 363-380.

Pearson, Lester B. 1969: Der Pearson-Bericht: Bestandsaufnahme und Vorschläge Zur Entwicklungspolitik. Bericht der Kommission für Internationale Entwicklung. Wien, München, Zürich: Molden.

Perkins, Richard und Eric Neumayer 2007: Implementing Multilateral Environmental Agreements: An Analysis of EU Directives. Global Environmental Politics, Jg. 7, Heft 3, 13-41.

Peterson, Spike (Hrsg.) 1992: Gendered States: Feminist (Re)Visions of International Relations Theory. Boulder: Lynne Rienner Publishers.

Pinter, Frances 2001: Funding of Global Civil Society Organisations, in: Helmut Anheier; Marlies Glasius und Mary Kaldor (Hrsg.): Global Civil Society 2001. London: Sage. 195-217.

Plümper, Thomas; Vera E. Troeger und Philip Manow 2005: Panal Data Analysis in Comparative Politics: Linking Method to Theory. European Journal of Political Research, Jg. 44, Heft 2, 327-354.

Porter, Gareth; Janet Welsh Brown und Pamela S. Chasek 2000: Global Environmental Politics. Dilemmas in World Politics. Colorado, Oxford: Westview Press.

Porter, Gareth; Raymond Clémençon; Waafas Ofosu-Amaah und Michael Phillips 1998: Study of GEF's Overall Performance. Washington D.C.: GEF - Global Environment Facility.

Radelet, Steven 2003: Challenging Foreign Aid: A Policymaker's Guide to the Millennium Challenge Account. Washington, DC: Institute for International Economics.

Reinicke, Wolfgang H. und Francis Deng 2000: The United Nations, Networks, and the Future of Global Governance. Ottawa: International Development Research Centre.

Ricardo, David 1997: Principles of Political Economy and Taxation. Amherst: Prometheus Books.

Richter, Rudolf und Eirik G. Furubotn 2003: Neue Institutionenökonomik. Eine Einführung und Kritische Würdigung. Tübingen: Mohr.

Risse, Thomas 2000: "Let's Argue!": Communicative Action in World Politics. International Organization, Jg. 54, Heft 1, 1-39.

Risse, Thomas 2003: Konstruktivismus, Rationalismus und Theorien Internationaler Beziehungen - Warum Empirisch Nichts so Heiß Gegessen Wird, Wie es Theoretisch Gekocht Wurde, in: Die Neuen Internationalen Beziehungen. Forschungsstand und Perspektiven in Deutschland. Baden-Baden: Nomos. 99-132.

Rittberger, Volker (Hrsg.) 2001: German Foreign Policy since Unification. Manchester: Manchester University Press.

Rittberger, Volker und Wolfgang Wagner 2001: German Foreign Policy since Unification. Theories Meet Reality, in: Volker Rittberger (Hrsg.): German Foreign Policy since Unification. Manchester: Manchester University Press. 299-325.

Rittberger, Volker und Bernhard Zangl 2003: Internationale Organisationen. Politik und Geschichte. 3. Auflage. Opladen: Leske + Budrich.

Roan, Sharon 1989: Ozone Crisis. The 15-Year Evolution of a Sudden Global Emergency. New York, Chichester, Brisbane, Toronto & Singapore.: Wiley.

Roodman, David 2006: The Commitment to Development Index: 2006 Edition. http://www.cgdev.org/doc/cdi/2006/techdescript2006.pdf (27.02.2007). Washington DC: Center for Global Development.

Rose, Gideon 1998: Neoclassical Realism and Theories of Foreign Policy. World Politics, Jg. 51, Heft 1, 144-172.

Rosecrance, Richard 1986: The Rise of the Trading State. Commerce and Conquest in the Modern World. New York: Basic Books.

Ross, Michael L. 2004: How Do Natural Resources Influence Civil War? Evidence from Thirteen Cases. International Organization, Jg. 58, Heft 1, 35-67.

Round, Jeffery I. und Matthew Odedokun 2004: Aid Effort and Its Determinants. International Review of Economics & Finance, Jg. 13, Heft 3, 293-309.

Ruggie, John Gerard 1998: What Makes the World Hang Together? Neo-Utilitarianism and the Social Constructivist Challenge. International Organization, Jg. 52, Heft 4, 855-885.

Russet, Bruce 1993: Grasping the Democratic Peace. Principles for a Post-Cold War World. Princeton: Princeton University Press.

Samuelson, Paul, A. 1954: The Pure Theory of Public Expenditure. Review of Economics and Statistics, Heft 36, 387-389.

Sandler, Todd und Daniel G. Arce 2007: New Face of Development Assistance: Public Goods and Changing Ethics. Journal of International Development, Jg. 19, Heft 4, 527-544.

Schieder, Siefried 2003: Neuer Liberalismus, in: Siegfried Schieder und Manuela Spindler (Hrsg.): Theorien der Internationalen Beziehungen. Opladen: Leske + Budrich. 169-198.

Schmidt, Manfred G. 2004: Die Öffentlichen und Privaten Bildungsausgaben Deutschlands im Internationalen Vergleich. Zeitschrift für Staats- und Europawissenschaften, Jg. 2, Heft 4, 7-31.

Schmidt, Manfred G.; Tobias Ostheim; Nico A. Siegel und Reimut Zohlnhöfer 2007: Der Wohlfahrtsstaat. Eine Einführung in den Historischen und Internationalen Vergleich. Wiesbaden: VS Verlag für Sozialwissenschaften.

Schrade, Christina 1997: Machtstaat, Handelsstaat Oder Zivilstaat? Deutsche Entwicklungspolitik nach dem Ende des Ost-West-Konflikts. Zeitschrift für Internationale Beziehungen, Jg. 2/1997, 255-294.

Schraeder, Peter J.; Steven W. Hook und Bruce Taylor Tables 1998: Clarifying the Foreign Aid Puzzle: A Comparison of American, Japanese, French, and Swedish Aid Flows. World Politics 50, Jg. 50, Heft 2, 294-323.

Shandra, John M. 2007: International Nongovernmental Organizations and Deforestation: Good, Bad, or Irrelevant? Social Science Quarterly, Jg. 88, Heft 3, Sep, 665-689.

Shandra, John M.; Eran Shor und Bruce London 2008: Debt, Structural Adjustment, and Organic Water Pollution - a Cross-National Analysis. Organization & Environment, Jg. 21, Heft 1, Mar, 38-55.

Sharma, Shalendra D. 1996: Building Effective International Environmental Regimes: The Case of the Global Environmental Facility. Journal of Environment & Development, Jg. 5, Heft 1, 73-86.

Siegel, Nico A. 2007: When (Only) Money Matters: The Pros and Cons of Expenditure Analysis, in: Jochen Clasen und Nico A. Siegel (Hrsg.): Investigating Welfare State Change. The 'Dependent Variable Problem' in Comparative Analysis. Cheltenham et al.: Edward Elgar. 43-71.

Silard, Stephen 1995: The Global Environment Facility: A New Development in International Law and Organization. The George Washington Journal of International Law and Economics, Jg. 28, Heft 3, 607-654.

SIPRI 2007: Sipri Military Expenditure Database. http://www.sipri.org/contents/milap/milex/mex_database1.html (12.9.2007). Stockhom: SIPRI - Stockholm International Peace Research Institute.

Sjöberg, Helen 1999: Restructuring the Global Environment Facility. Gef Working Paper Nr. 13. Washington, D.C.: Global Environmental Facility.

Smillie, Ian und Larry Minear 2004: The Charity of Nations. Humanitarian Action in a Calculating World. Bloomfield: Kumarian Press.

Smith, Adam 1996: Der Wohlstand der Nationen. Eine Untersuchung seiner Natur und seiner Ursachen. München: dtv.

Smith, Jackie 2004: Exploring Connections between Global Integration and Political Mobilization. Journal of World-Systems Research, Jg. 10, Heft 1, 255-285.

Smith, Jackie und Dawn Wiest 2005: The Uneven Geography of Global Civil Society: National and Global Influences on Transnational Association. Social Forces, Jg. 84, Heft 2, 621-652.

Soroos, Marvin S. 1999: Global Institutions and the Environment: An Evolutionary Perspective, in: Norman J. Vig und Regina S. Axelrod (Hrsg.): The Global Environment. Institutions, Law, and Policy. Washington, D.C: CQ Press. 27-51.

Steele, Brent J. 2007: Liberal-Idealism: A Constructivist Critique. International Studies Review, Jg. 9, Heft 1, 23-52.
Steiner, Achim 2006: Zukunftsaufgabe Globaler Umweltschutz. Das UNEP vor Neuen Herausforderungen. Vereinte Nationen, Jg. 6/2006, 232-237.
Sterling-Folker, Jennifer 2000: Competing Paradigms or Birds of a Feather? Constructivism and Neoliberal Institutionalism Compared. International Studies Quarterly, Jg. 44, Heft 1, 97–119.
Stern, David I.; Michael S. Common und Edward B. Barbier 1996: Economic Growth and Environmental Degradation: The Environmental Kuznets Curve and Sustainable Development. World Development, Jg. 24, Heft 7, 1151-1160.
Stern, Nicholas 2007: The Economics of Climate Change. The Stern Review. Cambridge: Cambridge University Press.
Streck, Charlotte 2001a: The Global Environment Facility – a Role Model for International Governance? Global Environmental Politics, Jg. 1, Heft 2, 71-94.
Streck, Charlotte 2001b: Umweltpolitik in Globalen Netzen. Die Globale Umweltfazilität als Zukunftsweisendes Modell. Ökologisches Wirtschaften, Heft 3-4/2001, 16-17.
Swanson, Eric V.; Margaret J. Miller und Shantayanan Devarajan 2002: Goals for Development: History, Prospects, and Costs. World Bank Working Paper Nr. 2819. Washington, D.C.: Weltbank.
Thielemann, Eiko 2003: Between Interests and Norms: Explaining Burden Sharing in the European Union. Journal of Refugee Studies, Jg. 16, Heft 3, 253-273.
Tsuru, Shigeto und Helmut Weidner (Hrsg.) 1989: Environmental Policy in Japan. Berlin: edition sigma.
Ulbert, Cornelia 2003: Sozialkonstruktivismus, in: Siegfried Schieder und Manuela Spindler (Hrsg.): Theorien der Internationalen Beziehungen. Opladen: Leske + Budrich. 391-420.
Ulbert, Cornelia 2005: Konstruktivistische Analysen der Internationalen Politik. Theoretische Ansätze und Methodische Herangehensweisen, in: Cornelia Ulbert und Christoph Weller (Hrsg.): Konstruktivistische Analysen der Internationalen Politik. Wiesbaden: VS Verlag für Sozialwissenschaften. 9-34.
Umbach, Frank 2003: Globale Energiesicherheit. Strategische Herausforderungen für die Europäische und Deutsche Außenpolitik. München: Oldenbourg.
UN 1972: UN General Assembly (xxvii). Resolution 2997. Institutional and Financial Arrangements for International Environmental Cooperation. http://www.unep.org/pdf/un_ga_2997.pdf (01.05.2008). New York: UN - United Nations.

UN 2002: Report of the International Conference on Financing for Development. Monterrey, Mexico, 18-22 March 2002: United Nations.
UN 2008: United Nations Membership Data. http://www.un.org/sc/members.asp (20.05.2008). New York: United Nations.
UNEP 2001: UNEP in 2001. Annual Report. Nairobi: United Nations Environment Programme.
UNEP 2004: UNEP/Ozl.Pro/Excom/42/54. Report of the Forty-Second Meeting of the Executive Committee of the Multilateral Fund for the Implementation of the Montreal Protocol. Montreal: UNEP - United Nations Environment Programme.
UNEP 2006a: UNEP - Organization Profile. http://www.unep.org/pdf/uneporganizationprofile.pdf (25.01.2007). Nairobi: UNEP - United Nations Environment Programme.
UNEP 2006b: UNEP in 2006 Annual Report. Nairobi: UNEP - United Nations Development Programme.
UNEP 2006c: UNEP/Ozl.Conv.7/7–Unep/Ozl.Pro.17/11. Report of the Seventh Meeting of the Conference of the Parties to the Vienna Convention for the Protection of the Ozone Layer and the Seventeenth Meeting of the Parties to the Montreal Protocol on Substances That Deplete the Ozone Layer. Dakar: UNEP - United Nations Environment Programme.
UNEP 2007a: Financing of UNEP. Regular Budget http://www.unep.org/rmu/en/financing_of_unep/regular_budget/index.asp (1.6.2007). Nairobi: UNEP - United Nations Environment Programme. Resource Mobilisation Unit.
UNEP 2007b: Income by Sources of Funds 1973 - 2005. Auf mündliche Anfrage per Email zugesandter Datensatz. Nairobi: Corporate Services Section of UNEP / Fund Management Service.
UNEP 2007c: UNEP Partnership Agreements. http://www.unep.org/rms/en/partnership_agreement/index.asp (20.05.2007). Nairobi: United Nations Environment Programme.
UNEP 2007d: UNEP/Ozl.Pro/Excom/51/3/Rev.1. Status of Contributions and Disbursements. The Status of the Fund as at 16 March 2007. Report from the Treasurer. Montreal: UNEP - United Nations Environment Programme.
UNEP 2008: UNEP/Ozl.Conv.8/7-Unep/Ozl.Pro.20/9. Report of the Eighth Meeting of the Conference of the Parties to the Vienna Convention for the Protection of the Ozone Layer and the Twentieth Meeting of the Parties to the Montreal Protocol on Substances That Deplete the Ozone Layer. Montreal: UNEP - United Nations Environment Programme.
UNEP/RMU 2006: UNEP Environment Fund Contribution History. Auf mündliche Anfrage per Email zugesandter Datensatz. Neue Daten ergänzt durch

http://www.unep.org/rmu/en/financing_of_unep/environment_fund/index.asp (15.5.2007). Nairobi: UNEP - Resource Mobilization Unit.
UNMFS 2007: The Montreal Protocol on Substances that Deplete the Ozone Layer. Achievements in Stratospheric Ozone Protection. Progress Report 1987-2007 http://ozone.unep.org/publications/mp_acheivements-e.pdf (5.6.2007). Nairobi: UNMFS - The Secretariat of the Multilateral Fund for the Implementation of the Montreal Protocol.
Vogler, John und Mark Imber 1996: The Environment and International Relations. London, New York: Routledge.
von Stein, Jana 2008: The International Law and Politics of Climate Change: Ratification of the United Nations Framework Convention and the Kyoto Protocol. Journal of Conflict Resolution, Jg. 52, Heft 2, 243-268.
Wagschal, Uwe 1999: Statistik Für Politikwissenschaftler. München, Wien: Oldenbourg.
Walker, RBJ. 1990: Inside/Outside. International Relations as Political Theory. Cambridge: Cambridge University Press.
Wall, David 1972: The Charity of Nations: The Political Economy of Foreign Aid. London: MacMillan.
Waltz, Kenneth N. 1979: Theory of International Politics. New York: McGraw-Hill.
Waltz, Kenneth 1996: International Politics Is Not Foreign Policy. Security Studies, Jg. 6, Heft 1, 54-57.
WBGU 1994: Welt im Wandel. Die Gefährdung der Böden. Jahresgutachten Wissenschaftlicher Beirat der Bundesregierung Globale Umweltveränderungen. Bonn: Economica Verlag.
WBGU 2001: Welt im Wandel. Neue Strukturen Globaler Umweltpolitik. Jahresgutachten. Wissenschaftlicher Beirat der Bundesregierung Globale Umweltveränderungen. Berlin, Heidelberg: Springer.
WBGU 2002: Entgelte für die Nutzung Globaler Gemeinschaftsgüter. Berlin: WBGU - Wissenschaftlicher Beirat der Bundesregierung Globale Umweltveränderungen.
WEF 2010: Green Investing 2010. Policy Mechanisms to Bridge the Financing Gap. World Economic Forum. www.weforum.org/pdf/climate/greeninvesting2010.Pdf (02.02.2010). Davos.
Weller, Christoph 2005: Perspektiven eines Reflexiven Konstruktivismus für die Internationalen Beziehungen, in: Konstruktivistische Analysen der Internationalen Politik. Wiesbaden: VS Verlag für Sozialwissenschaften. 35-64.
Weltbank 2001: World Development Report 2000/2001. Attacking Poverty. Washington: Oxford University Press.

Weltbank 2006: World Development Indicators 2006 Edition. CD-Rom (Single User).
Weltbank 2007: Data & Research. Data by Topic. http://econ.worldbank.org/ (22.05.2007). Washington D.C.: Weltbank.
Wendt, Alexander 1992: Anarchy Is What the States Make of It: The Social Construction of Power Politics. International Organization, Jg. 46, Heft 2, 391-425.
Wendt, Alexander 1999: Social Theory of International Politics. Cambridge: Cambridge University Press.
Wendt, Alexander 2000: On the Via Media: A Response to the Critics. Review of International Studies, Jg. 26, Heft 1, 165-180.
Wolf, Reinhard 2003: Zum Praktischen Mehrwert Aktueller Theoriebeiträge: Die Zukunft der Innerwestlichen Beziehungen im Lichte Konkurrierender Ansätze. Zeitschrift für Internationale Beziehungen, Jg. 10, Heft 1, 111-141.
Wood, Alexander 1993: The Mulitlateral Fund for the Implementation of the Montreal Protocol. International environmental affairs, Jg. 5, Heft 4, 335-354.
World Bank 2006: World Development Indicators 2006 Edition. CD-ROM (Single User).
World Bank 2007: World Development Indicators 2007 Edition. CD-ROM (Single User).
World Bank 2008: World Development Indicators 2008 Edition. CD-ROM (Single User).
WWS 2007: World Values Survey. Four-Wave Aggregate Dataset Version 20060423. http://www.worldvaluessurvey.org (15.6.2007).
Zedillo, Ernesto 2001: Technical Report of the High-Level Panel on Financing for Development. un/a/55/1000. http://www.Un.Org/Reports/Financing/Full_Report.Pdf (15.07.2006).
Zehfuss, Maja 2002: Constructivism in International Relations. The Politics of Reality. Cambridge: Cambridge University Press.
Zürn, Michael 1994: Neorealistische und Realistische Theorieschule, in: Andreas Boeckh (Hrsg.): Lexikon der Politik. Band 6. Internationale Beziehungen. München: C.H. Beck. 309-322.
Zürn, Michael 1996: Die Implementation Internationaler Umweltregime und Positive Integration. MPIFG-Discussion Paper 96/3. Köln: Max-Planck-Institut für Gesellschaftsforschung.

9 Appendizes

9.1 Allgemeiner Umweltschutz nach dem CRS

CRS Code	Beschreibung	Zusatzinformationen
41010	**Environmental policy and administrative management**	Environmental policy, laws, regulations and economic instruments; administrational institutions and practices; environmental and land use planning and decision-making procedures; seminars, meetings; miscellaneous conservation and protection measures not specified below.
41020	**Biosphere protection**	Air pollution control, ozone layer preservation; marine pollution control.
41030	**Bio-diversity**	Including natural reserves and actions in the surrounding areas; other measures to protect endangered or vulnerable species and their habitats (e.g. wetlands preservation).
41040	**Site preservation**	Applies to unique cultural landscape; including sites/objects of historical, archeological, aesthetic, scientific or educational value.
41050	**Flood prevention/control**	Floods from rivers or the sea; including sea water intrusion control and sea level rise related activities.
41081	**Environmental education/ training**	-
41082	**Environmental research**	Including establishment of databases, inventories/accounts of physical and natural resources; environmental profiles and impact studies if not sector specific.

Nach OECD/DAC 2006b: 30.

9.2 Allgemeiner Umweltschutz aus ODA-Mitteln

In Mio. US-$	2002	2003	2004	2005	∑ 1991-2005
Australia	4.9	9.2	0.2	14.8	301.2
Austria	2.9	2.4	4.4	7.3	68.2
Belgium	9.0	7.3	2.6	8.2	52.5
Canada	54.0	29.6	14.2	14.7	433.7
Denmark	42.3	51.5	67.9	112.2	610.0
Finland	14.0	6.8	6.1	22.6	143.8
France	133.8	95.8	171.3	139.6	811.1
Germany	85.3	100.5	193.6	147.8	1,387.1
Greece	4.9	3.9	2.8	2.0	13.6
Ireland	0.9	1.7	0.9	1.4	6.9
Italy	11.3	42.3	53.5	53.5	159.5
Japan	366.1	112.6	259.7	301.2	5,088.1
Luxembourg	0.6		0.2	0.9	1.7
Netherlands	76.3	121.8	169.6	225.2	1,442.1
New Zealand	0.7	1.4	2.6	2.6	8.3
Norway	22.9	41.2	71.1	81.1	521.0
Portugal	0.9	0.7	2.0	3.2	9.4
Spain	13.6	24.1	18.2	32.6	186.5
Sweden	29.4	31.1	71.0	69.6	372.0
Switzerland	77.3	41.7	47.4	42.5	492.7
United Kingdom	44.4	6.0	83.6	9.3	402.8
United States	298.4	182.3	194.3	259.9	2,674.4
Summe Bilateral	**1,293.7**	**913.8**	**1,437.0**	**1,498.9**	**15,186.8**
AfDF	-	6.7	1.3	61.2	154.5
AsDF	-	35.0	47.6	-	775.6
EC	74.8	134.3	198.2	266.0	1,478.4
IDA	101.7	51.2	72.8	13.0	1,478.2
IDB Sp.Fund	33.0	2.5	-	10.0	227.7
IFAD	29.0	-	-	-	46.6
UNICEF	5.0	6.0	7.8	7.5	28.8
Summe Multilateral	**243.4**	**235.7**	**327.6**	**357.7**	4,205.8
Summe Total	***1,537.2***	***1,152.8***	***1,765.0***	***1,838.7***	***19,378.4***

Werte gerundet, Datengrundlage OECD/DAC 2007c (Zugriff: 5.3.2007)

9.3 CRS-Kategorien im Datensatz bilaterale Umwelthilfe

	CRS Code	Description	Clarifications / Additional notes on coverage
General Environmental Protection	41010	Environmental policy and administrative management	Environmental policy, laws, regulations and economic instruments; administrational institutions and practices; environmental and land use planning and decision-making procedures; seminars, meetings; miscellaneous conservation and protection measures not specified below.
	41020	Biosphere protection	Air pollution control, ozone layer preservation; marine pollution control.
	41030	Bio-diversity	Including natural reserves and actions in the surrounding areas; other measures to protect endangered or vulnerable species and their habitats (e.g. wetlands preservation).
	41040	Site preservation	Applies to unique cultural landscape; including sites/objects of historical, archeological, aesthetic, scientific or educational value.
	41050	Flood prevention/control	Floods from rivers or the sea; including sea water intrusion control and sea level rise related activities.
	41081	Environmental education/ training	
	41082	Environmental research	Including establishment of databases, inventories/accounts of physical and natural resources; environmental profiles and impact studies if not sector specific.
8	14010	Water resources policy and administrative management	Water sector policy, planning and programmes; water legislation and management; institution capacity building and advice; water supply assessments and studies; groundwater, water quality and watershed studies; hydrogeology; excluding agricultural water resources (31140).
9	14040	River development	Integrated river basin projects; river flow control; dams and reservoirs [excluding dams primarily for irrigation (31140) and hydropower (23065) and activities related to river transport (21040)].
10	14050	Waste management/disposal	Municipal and industrial solid waste management, including hazardous and toxic waste; collection, disposal and treatment; landfill areas; composting and reuse.
11	14081	Education and training in watersupply and sanitation	
12	23010	Energy policy and administrative management	Energy sector policy, planning and programmes; aid to energy ministries; institution capacity building and advice; unspecified energy activities including energy conservation.
13	23030	Power generation/renewable resources	Including policy, planning, development programmes, surveys and incentives.

	CRS Code	Description	Clarifications / Additional notes on coverage
14	23066	Geothermal energy	
15	23067	Solar energy	Including photo-voltaic cells, solar thermal applications and solar heating.
16	23068	Wind power	Wind energy for water lifting and electric power generation.
17	23069	Ocean Power	Including ocean thermal energy conversion, tidal and wave power.
18	23070	Biomass	Densification technologies and use of biomass for direct power generation including biogas, gas obtained from sugar cane and other plant residues, anaerobic digesters.
19	31210	Forestry policy and administrative management	Forestry sector policy, planning and programmes; institution capacity building and advice; forest surveys; unspecified forestry and agro-forestry activities.
20	31220	Forestry development	Afforestation for industrial and rural consumption; exploitation and utilisation; erosion control, desertification control; integrated forestry projects.
21	31281	Forestry education/training	
22	31282	Forestry research	Including artificial regeneration, genetic improvement, production methods, fertilizer, harvesting.
23	31310	Fishing policy and administrative management	Fishing sector policy, planning and programmes; institution capacity building and advice; ocean and coastal fishing; marine and freshwater fish surveys and prospecting; fishing boats/equipment; unspecified fishing activities.
24	31320	Fishery development	Exploitation and utilisation of fisheries; fish stock protection; aquaculture; integrated fishery projects.
25	31381	Fishery education/training	Pilot fish culture; marine/freshwater biological research.
26	31382	Fishery research	

9.4 Identifizierung von öffentlichen Umweltgütern

International Public Goods (IPGs)	CRS Code	National Public Goods (NPGs)	CRS Code
Water resources policy and administrative management	14010	Power generation/non-renewablesources	23020
River development	14040	Nuclear Power Plants	23064
Waste management/disposal	14050	Geothermal energy	23066
Education and training in water-supply and sanitation	14081	Solar energy	23067
Energy policy and administrative management	23010	Wind power	23068
Energy research	23082	Ocean Power	23069
Forestry policy and administrative management	31210	Biomass	23070
Forestry development	31220	Agricultural Policy	31110
Forestry education/training	31281	Agricultural development	31120
Forestry research	31282	Agricultural land resources	31130
Fishing policy and administrative management	31310	Agrarian reform	31164
Fishery development	31320	Agricultural alternative development	31165
Fishery education/training	31381	Fishery services	31391
Fishery research	31382		
Environmental policy and administrative management	41010		
Biosphere protection	41020		
Bio-diversity	41030	Allgemeine Umwelthilfe	
Site preservation	41040		
Flood prevention/control	41050		
Energy education/training	41081		
Environmental research	41082		

Angelehnt an Mascarenhas/ Sandler 2005.

9.5 Empfänger- und Geberländer im Referenzdatensatz

56 berücksichtigte Empfängerländer		21 Geberländer
ANGOLA	MALAWI	AUSTRALIA
BANGLADESH	MALAYSIA	AUSTRIA
BOLIVIA	MALI	BELGIUM
BRAZIL	MAURITANIA	CANADA
BURKINA FASO	MAURITIUS	DENMARK
CAMBODIA	MEXICO	FINLAND
CAMEROON	MOZAMBIQUE	FRANCE
CAPE VERDE	MYANMAR	GERMANY
CHAD	NAMIBIA	GREECE
CHILE	NEPAL	IRELAND
CHINA	NICARAGUA	ITALY
COLOMBIA	NIGER	LUXEMBOURG
COSTA RICA	NIGERIA	JAPAN
ECUADOR	PAKISTAN	NETHERLANDS
EGYPT	PANAMA	NEW ZEALAND
EL SALVADOR	PERU	NORWAY
ERITREA	PHILIPPINES	PORTUGAL
ETHIOPIA	POLAND	SPAIN
GHANA	RUSSIA	SWEDEN
GUATEMALA	RWANDA	SWITZERLAND
GUINEA	SENEGAL	UNITED KINGDOM
HUNGARY	SOUTH AFRICA	UNITED STATES
INDIA	SRI LANKA	
INDONESIA	TANZANIA	
ISRAEL	THAILAND	
JORDAN	UGANDA	
KENYA	YEMEN	
MADAGASCAR	ZIMBABWE	

9.6 Beiträge zu den Wiederauffüllungen der GEF

	GEF Pilot 1991-1993	GEF 1 1994-1997	GEF 2 1998-2001	GEF 3 2002-2006	GEF 4 2007-2010	in 1000 US-$ ∑ Total
Australia	13.240	29.200	32.200	34.990	45.613	155.243
Austria	35.580	20.000	20.170	22.440	32.799	130.989
Belgium	6.840	32.000	34.200	41.800	62.130	176.970
Canada	8.660	86.600	101.600	102.580	131.078	430.518
Denmark	22.220	35.100	28.700	35.440	51.065	172.525
Finland	-	21.600	22.100	26.550	41.880	112.130
France	150.530	143.300	144.800	163.350	189.123	791.103
Germany	150.450	240.000	220.000	293.670	295.572	1,199.692
Greece	-	5.000	5.500	5.710	7.715	23.925
Ireland	-	2.400	5.500	5.710	7.715	21.325
Italy	89.080	114.700	90.500	105.220	107.948	507.448
Japan	37.410	414.600	412.600	422.720	305.594	1,592.924
Luxembourg	-	5.600	5.500	5.070	5.878	22.048
Netherlands	51.610	71.400	72.800	82.110	109.770	387.690
New Zealand	-	5.600	5.500	5.070	5.878	22.048
Norway	26.750	31.200	31.300	25.310	35.429	149.989
Portugal	6.150	5.600	5.500	5.070	7.039	29.359
Spain	13.680	19.570	16.510	19.170	26.612	95.542
Sweden	33.560	58.300	57.800	72.740	111.975	334.375
Switzerland	41.110	44.800	43.900	58.250	69.786	257.846
United Kingdom	74.840	134.600	138.900	190.070	252.575	790.985
United States	150.000	430.000	430.000	500.000	320.612	1,830.612
Total ∑	**911.710**	**1,951.170**	**1,925.580**	**2,223.040**	**2,223.784**	**9,235.284**
arith. Mittel	53.630	88.690	87.530	101.050	101.08	419.790

Werte gerundet, Datenquellen: GEF 2003, GEF 2005d.

9.7 Rangkorrelation der GEF-Wiederauf-füllungsrunden

		PILOT	REP1	REP2	REP3	REP4
PILOT	Spearman-Rho	1.000	**.738(**)**	.697(**)	.717(**)	.668(**)
	Sig. (2-seitig)	.	.000	.001	.001	.002
	N	18	18	18	18	18
REP1	Spearman-Rho	**.738(**)**	1.000	**.986(**)**	.977(**)	.968(**)
	Sig. (2-seitig)	.000	.	.000	.000	.000
	N	18	22	22	22	22
REP2	Spearman-Rho	.697(**)	**.986(**)**	1.000	**.988(**)**	.984(**)
	Sig. (2-seitig)	.001	.000	.	.000	.000
	N	18	22	22	22	22
REP3	Spearman-Rho	.717(**)	.977(**)	**.988(**)**	1.000	**.991(**)**
	Sig. (2-seitig)	.001	.000	.000	.	.000
	N	18	22	22	22	22
REP4	Spearman-Rho	.668(**)	.968(**)	.984(**)	**.991(**)**	1.000
	Sig. (2-seitig)	.002	.000	.000	.000	.
	N	18	22	22	22	22

** Zweiseitig signifikant auf dem 0,01 Niveau signifikant.

9.8 Beiträge zu Wiederauffüllungsrunden des Ozon-Fonds

In Mio. US-$	(Inter.) 1991-93	(Rep. 1) 1994-96	(Rep. 2) 1997-99	(Rep. 3) 2000-02	(Rep. 4) 2003-05	(Rep. 5) 2006-08	(Rep. 6) 2009-11	Total ∑
Australia	4.32	7.85	8.16	7.45	9.45	7.98	8.68	53.89
Austria	2.09	4.12	4.77	4.73	5.50	4.31	4.31	29.82
Belgium	3.14	5.45	5.55	5.54	6.56	5.36	5.35	36.95
Canada	8.69	16.25	17.10	13.84	14.86	14.10	14.46	99.31
Denmark	1.88	3.52	3.96	3.47	4.35	3.60	3.59	24.37
Finland	1.51	3.06	3.40	2.72	3.03	2.67	2.74	19.14
France	17.20	31.40	35.32	32.86	37.56	30.23	30.60	215.16
Germany	25.68	46.73	49.85	49.28	56.74	43.42	41.65	313.36
Greece	1.06	1.88	2.09	1.76	3.13	2.66	2.89	15.48
Ireland	0.50	0.99	1.16	1.13	1.71	1.75	2.16	9.41
Italy	11.59	22.45	28.65	27.29	29.42	24.49	24.66	168.56
Japan	33.35	65.15	85.08	100.42	104.28	88.09	80.73	557.10
Luxembourg	0.17	0.33	0.39	0.34	0.46	0.39	0.41	2.49
Netherlands	4.43	8.00	8.75	8.20	10.09	8.47	9.10	57.03
New Zealand	0.67	1.26	1.32	1.11	1.40	1.11	1.24	8.11
Norway	1.54	2.89	3.09	3.07	3.76	3.40	3.80	21.55
Portugal	0.53	1.18	1.52	2.10	2.69	2.36	2.56	12.92
Spain	5.51	11.02	13.02	13.01	14.63	12.63	14.41	84.24
Sweden	3.26	6.01	6.77	5.45	5.97	5.00	5.20	37.65
Switzerland	3.14	5.98	6.67	6.11	7.34	6.00	5.91	41.14
United Kingdom	13.83	26.27	29.30	25.58	32.16	30.71	32.26	190.10
United States	60.00	113.75	116.50	110.00	104.28	88.09	88.00	680.62
Total ∑	204.10	385.55	432.42	425.44	459.37	386.82	384.71	2,678.41

Werte gerundet, Datenquellen UNEP 2008, UNEP 2007d, UNEP 2004; UNEP 2006c.

9.9 Ausstattung des Umweltfonds in Mio. US-$

In Mio. US-$	∑ 73-03	2004	2005	2006	∑ Total
Australia	14.19	0.42	0.43	0.41	15.45
Austria	9.92	0.51	0.52	0.50	11.45
Belgium	9.21	0.76	0.73	0.78	11.47
Canada	29.60	1.98	2.06	2.03	35.67
Denmark	31.67	2.66	2.44	2.60	39.37
Finland	52.61	3.36	3.60	3.65	63.22
France	38.49	3.93	4.00	4.34	50.75
Germany	113.07	6.95	6.64	7.01	133.67
Greece	0.57	0.18	0.18	0.20	1.12
Ireland	2.44	0.38	0.40	1.00	4.22
Italy	24.00	3.07	2.89	–	29.96
Japan	140.05	3.40	3.23	3.02	149.70
Luxembourg	0.78	0.17	0.19	0.42	1.55
Netherlands	43.29	6.02	6.00	6.27	61.58
New Zealand	2.36	0.16	0.16	0.16	2.83
Norway	44.63	2.13	2.37	2.22	51.36
Portugal	0.38	0.04	0.02	0.02	0.46
Spain	14.19	0.95	0.71	1.84	17.69
Sweden	70.34	2.80	2.88	2.77	78.79
Switzerland	40.75	2.83	3.00	2.91	49.49
United Kingdom	114.92	7.67	7.99	7.88	138.46
United States	292.63	5.91	6.00	5.75	310.29
∑ Total	1,090.07	56.28	56.43	55.76	1,258.55

Werte gerundet, Datenquellen: UNEP/RMU 2006, UNEP 2007a.

9.10 UNEP-Einnahmequellen 1985-2005

Jahr	**Umwelt-fonds**	*%*	**Treu-hand-fonds**	*%*	**Ergänzende Einnahmen**	*%*	**UN Haushalt**	*%*	**Summe**	*%*
	Mio. US-$		Mio. US-$		Mio. US-$		Mio. US-$		Mio. US-$	
1985	28.401	*71.9*	5.673	*14.4*	0.557	*1.4*	4.884	*12.4*	39.514	*100.0*
1986	29.267	*71.2*	6.544	*15.9*	1.344	*3.3*	3.930	*9.6*	41.085	*100.0*
1987	31.105	*67.8*	7.745	*16.9*	1.995	*4.3*	5.050	*11.0*	45.894	*100.0*
1988	34.487	*72.7*	6.524	*13.7*	1.914	*4.0*	4.545	*9.6*	47.469	*100.0*
1989	38.996	*67.6*	7.485	*13.0*	5.557	*9.6*	5.625	*9.8*	57.663	*100.0*
1990	50.339	*64.7*	18.506	*23.8*	4.320	*5.5*	4.684	*6.0*	77.849	*100.0*
1991	59.186	*40.1*	75.181	*51.0*	6.938	*4.7*	6.158	*4.2*	147.463	*100.0*
1992	62.835	*65.0*	19.426	*20.1*	8.913	*9.2*	5.521	*5.7*	96.695	*100.0*
1993	66.503	*59.5*	32.956	*29.5*	5.193	*4.6*	7.027	*6.3*	111.679	*100.0*
1994	65.072	*54.9*	41.357	*34.9*	7.970	*6.7*	4.236	*3.6*	118.635	*100.0*
1995	56.955	*58.0*	29.407	*30.0*	6.245	*6.4*	5.565	*5.7*	98.173	*100.0*
1996	45.599	*41.6*	49.950	*45.6*	9.940	*9.1*	4.115	*3.8*	109.603	*100.0*
1997	44.385	*41.0*	52.222	*48.2*	7.555	*7.0*	4.115	*3.8*	108.278	*100.0*
1998	46.079	*38.2*	62.981	*52.2*	7.455	*6.2*	4.197	*3.5*	120.712	*100.0*
1999	50.226	*38.5*	62.425	*47.8*	13.320	*10.2*	4.639	*3.6*	130.609	*100.0*
2000	40.231	*28.9*	82.228	*59.1*	12.684	*9.1*	4.010	*2.9*	139.152	*100.0*
2001	44.512	*23.5*	117.484	*62.1*	21.093	*11.2*	5.971	*3.2*	189.059	*100.0*
2002	47.466	*22.6*	133.940	*63.8*	24.309	*11.6*	4.222	*2.0*	209.937	*100.0*
2003	48.402	*22.1*	119.361	*54.4*	46.882	*21.4*	4.768	*2.2*	219.413	*100.0*
2004	56.043	*24.2*	138.761	*59.9*	31.378	*13.5*	5.486	*2.4*	231.668	*100.0*
2005	62.487	*20.5*	168.720	*55.2*	68.720	*22.5*	5.549	*1.8*	305.476	*100.0*

Werte gerundet, Datenquelle UNEP 2007b, eigene Berechnungen.

9.11 Deskriptive Statistiken der verwendeten Variablen

Variable	N	Arithmetisches Mittel	Standardabweichung	Min	Max	Quelle
Multilaterale GEF-Umwelthilfe	318	-5.99	0.69	-8.09	-4.67	GEF 2008b:3, eigene Berechnungen (e.B.)
Bilaterale Umwelthilfe (Geber)	279	-4.50	1.17	-9.04	-2.17	OECD/DAC 2007b, OECD.Stat 2007a, OECD/DAC 2006a, World Bank 2007
Bilaterale Umwelthilfe (Empfänger, Anteil am Gesamtetat)	783	-0.98	1.60	-4.61	3.52	OECD/DAC 2007b, OECD.Stat 2007a, OECD/DAC 2006a
Militärausgaben (Geber)	330	0.53	0.46	-0.51	1.59	SIPRI 2007
Mitgliedschaft UN Sicherheitsrat	330	0.24	0.43	0	1	UN 2008, Dummy, e.B.
BNE pro Kopf	330	26.04	9.86	7.36	68.81	World Bank 2007
Sozialausgaben in % des BNE	330	22.20	4.99	11.5	37.3	OECD 2007
Greenpeace Unterstützer	308	1.17	1.70	-5.67	3.99	Greenpeace International 2008 / Greenpeace Nordic 2008, World Bank 2007, e.B.
Grüne Parteien	330	2.57	3.36	0	13.3	Armingeon et al. 2006, Müller-Rommel 2002, e.B.
Militärausgaben (Empfängerländer)	840	2.76	3.60	0	39.61	SIPRI 2007
Kolonialbeziehungen	840	31.69	26.87	0	60	Alesina/Dollar 2000
Exporte	840	-1.39	1.86	-5.49	2.82	OECD 2008, e.B.
Bevölkerungszahl	840	16.75	1.49	12.80	20.98	World Bank 2007
Ökologischer Nutzen	840	1.27	2.85	-5.52	12.59	GEF 2006b, e.B.
Ratifikationstreue	835	4.01	0.70	-2.04	4.61	ECOLEX 2008, e.B.
Wohlstand	825	1,627.94	2521.93	93.01	18,367.1	World Bank 2007
Nordische Staaten	840	0.77	0.42	0	1	Dummy

e.B.: eigene Berechnungen

Kolibri 360 GmbH
Ferdinand-Jühlke-Straße 7
99095 Erfurt, Deutschland
produktsicherheit@kolibri360.de